인간과 언어

언어학을 통해 본 서양철학

김형엽 지음

한울
아카데미

　언어학이 학문의 한 분야로서, 역사적으로 많은 시간이 흘렀음에도 불구하고 그 시작과 현재의 모습이 체계적으로 알려지기까지에는 많은 노력이 필요하다고 생각되었다. 그리고 학문 발전에 엄청난 노력과 시간이 소요되었던 것에 비교하여 관련 연구자와 관심을 가질 수 있는 일반인들의 이해는 그다지 높지 않다고 할 수 있겠다. 따라서 이 분야를 어느 정도 알고 있는 사람이라도 현대 언어학 이론들이 역사적으로 어떻게 지금처럼 형성될 수 있었는지에 대해서도 시원한 해답을 주기란 쉽지 않은 것이 지금의 상황이다. 본서의 목적은, 이런 학문적 공백을 벗어나고 나아가 현재의 이론들이 형성될 수 있도록 밑거름 역할을 담당하였던 역사상의 여러 언어학 이론들을 체계적인 방식으로 밝혀보는 데에 있다고 할 수 있다. 이런 연구는 비단 언어연구자들에게 역사적인 배경을 제공할 뿐만 아니라 이론 발전에 대한 통시적(通時的) 방법을 제시함으로써 연구자들의 언어이론에 대한 이해를 한층 배가하는 데 중요한 발판이 될 수 있을 것으로 생각한다.

　이와 같은 목적을 위하여 본서는 두 가지 방향을 주축으로 구성되었다. 첫째는, 역사상 언어학 이론의 초기라고 할 수 있는 시대부터 현재까지 학문적 발전을 통시적으로 보이는 것이다. 둘째는, 시대적으로 분리되어 구분되었던 이론들이 상호 연관성이 있었음을 밝혀보는 것이다. 물론 내용의 대부분은 주로 첫 번째 사항에 초점이 맞추어지겠지만 경우에 따라서는 두 번째 부분도 여러 시대에 발흥했던 이론들에 초점을 맞추어 다루어지도록 하였다.

예를 들어 그리스 시대를 보면 우선적으로 이 시대에 발생되고 발전되었던 언어관련 이론들을 상세히 소개하고 설명하는 것이다. 이처럼 첫 부분에 대한 언급이 끝나면 이 시대의 이론들이 다음 시대에 나타날 이론들과 어떠한 연관성이 있는지를 생각해보는 것이다. 바로 이것이 본서의 두 번째 목적에 부합하는 내용으로서 그리스의 경우에는 다음 시대의 언어학 이론들의 효시가 될 수 있는 자격으로서 그 관련성을 부각시킨다는 것이다. 또한 이와 같은 영향력을 단순히 순차적인 측면으로만 설명하지 않고 그 시대의 언어이론들의 영향 범위를 현대까지 생각해봄으로써 그리스 시대의 정신적 발전 및 학문적 공헌을 긴 시간대를 걸쳐 조망해본다는 것이다.

이 내용을 바탕으로 언어학에 관심이 있는 학생들은 언어학과 관련성이 있는 이론들을 정확하게 이해할 수 있을 것이다. 그리고 언어학에 대한 배경이 없는 일반인들도 언어이론들이 각 시대의 철학사상들과 밀접하게 연관되어 있음을 인지함으로써 언어학을 연구자들만을 위한 특수 분야로만 생각하지 않고 좀 더 친근감을 가지고 이해하려는 노력을 기울일 것으로 생각한다. 이런 사실은 언어학과 대중이 어느 정도의 친화력을 가질 수 있는 가능성을 시사하는 바이기도 하다.

본서가 완성되기까지 오랜 동안 옆에서 끊임없는 조언과 비판을 아끼지 않았던 주변 동료들에게 고마움을 표시하고 싶다. 또한 나와 같은 분야에 종사하면서 지금까지 동료와 경쟁자의 상반된 역할을 마다하지 않고 이 논지가 본래의 목적대로 완성될 수 있도록 지속적인 관심을 보여준 아내에게도 고마움을 표시하고 싶다. 본서는 본 필자가 평생의 숙원 계획들 중에서 반드시 완성하기를 갈망하던 것으로서 이처럼 완성을 임하게 되어 기쁘게 생각한다.

2001년 여름

김형엽

| 차례 |

1

고대 인도의 대표적 언어이론

기원전 2세기말경 인도의 사상가들은 이미 언어학과 관련된 학문적 활동들을 행하고 있었다. 이처럼 언어학에 관련된 학문적 활동들이 다른 곳이 아닌 인도에서 먼저 시작하게 된 데는 나름대로 특별한 이유가 있었다. 인도의 대표적 사상가인 종교인들이 성전의 내용을 보존하고자 관련된 언어에 대하여 많은 연구를 한 결과라고 할 수 있다. 그들은 성전의 내용을 있는 그대로 보존하여 후세에 전달하기 위하여 유일한 전달수단인 언어를 주의 깊게 관찰하기 시작하였다. 이와 같은 학문적 성향은 언어연구를 학문적 분야의 하나로 구축시키는 데 적지 않은 도움을 주게 되었고, 따라서 많은 언어이론들이 어느 시대보다 눈부시게 발전하게 되었다.

인도 사상가들이 시공을 초월하여 조금의 오차도 허용하지 않았던 성서란 바로 『베다(Veda)』를 일컫는 것으로서 내용의 대부분은 과거부터 전해온 신들의 말씀을 인도의 고유어인 산스크리트어(Sanskrit)로 표기한 내용들이었다. 당시의 표기방식은 주로 음성적 방법에 의존하였는데, 신들의 말씀을 문자로 기록하기보다는 암송에 의하여 후대에 전해지고 있었다. 이러한 방법은 인도에만 한정된 것은 아니었으며 기록에 의존하는 대신에 반복적 학습의 결과인 암기를 통하여 선대의 종교인들이 동일한 내용을 후대에 남겼던 예는 여러 시대에서 어렵지 않게 찾아볼 수 있다.

만일 이와 같은 전달방식이 모든 문화에 사용되었더라면 현재의 언어학자들은 고대에 존재했던 언어가 어떤 모습이었는지 전혀 알 길이 없었을 것이다. 그러나 다행스럽게도 또 다른 여러 지역에서 역사적 전달방식에 있어서 소리표기뿐만 아니라 문자기록을 사용하였기에 우리는 현재 기록상으로 전혀 남아 있지 않은 언어에 대해서도 간접적인 방법을 동원하여 어느 정도 그 모습들을 추측 정도는 할 수 있게 되었다.

인도에는 종교인들이 소중하게 간직해왔던 성전을 소리로만 전달하기 위하여 성서 내용을 암송해야만 했던 특별한 계급이 존재하였다. 그러나 그 내용이 너무 많아 모든 사항들을 정확히 암기하기란 쉬운 일이 아니었다. 종교인들은 신에게 구원을 갈구하기 위해서 성전의 내용을 시로써 보존하였는데 이 시들의 내용에 사용된 소리들이 모두 조금의 오차도 없이 정확하게 암송되어야 한다고 믿었기 때문에 제전을 집전하였던 승려들은 성서에 나오는 시들을 정확하게 외우고 다른 승려들에게 가르치는 것이 엄격하게 요구되었다. 이와 유사한 전통은 오늘날 불교 승려들이 불경을 대하고 있는 태도에서도 어느 정도 엿볼 수 있다. 특히 불경을 암송할 때 그 내용이 글로써 기록되어 있음에도 불구하고 글자 하나 틀리지 않고 정확하게 암기하려는 노력에서 과거의 종교인들이 내용 보존에 적지 않은 노력을 기울였음을 어렵지 않게 짐작할 수 있다.

성서를 정확하게 외워서 똑같이 반복하는 것은 자신들의 종교적 의지를 있는 그대로 실행하는 데 아주 중요한 수단이라고 믿었다. 따라서 인도의 종교인들에게는 성서를 주어진 대로 한 치의 차이도 없이 정확하게 보존하는 것이 무엇보다도 중요한 일이었다. 당시에는 글로써 기록할 수 없었기 때문에 내용을 보존하는 수단은 선대의 승려가 암송하는 내용을 정확하게 반복하는 것이었다. 이와 같은 방법은 국악에서 우리가 지금까지 감상할 수 있는 판소리가 전수된 과정에서도 엿볼 수 있다. 결국 암송하는 방법을 발전시키기 위하여 소리 표기방식의 기본이라고 할 수 있는 발음방식(phonetic description)을 정립하였다. 이 방식을 통하여 후대의 승려들은 선대까지 존속한 내용들을 정확하게 재생할 수 있게 되었다.

여기서 주목해볼 사안은 어떤 내용을 암송을 통하여 보존할 때는 해당되는 내용과 내용을 암송하는 방법이 동시에 고려되어야 한다는 점이다. 그러나 초기의 암송수단은 주로 내용보존에만 급급했던 나머지 이 내용들을 효과적으로 암기할 수 있는 방법에 대해서는 그다지 심각하게 생각하지 않았던 것 같다. 위에서 말한 암기할 수 있는 효과적인 방법이란 암송하는 형식을 가리키는 것으로써 하나의 암송형태(form)를 의미하는 것이다. 따라서 성서의 내용이 산문이기보다 시라는 형식을 바탕으로 구성된 것은 그렇게 놀란 만한 것은 아니라고 할 수 있다. 그 이유는 시는 산문보다는 훨씬 분명한 형식을 보여주고 있기 때문이다. 이처럼 시에 사용되는 형식 중에 대표적이라고 할 수 있는 운율은 독자로 하여금 시를 산문보다도 쉽고 빠르게 암기할 수 있도록 해준다. 또한 무속인들이 자신들의 주문을 암송할 때도 전체 내용만을 그저 주절주절 반복하는 것이 아니라 적절한 운율을 주어 반복하는 데서도 같은 경향을 발견할 수 있다. 시나 주문은 암기할 때 글자 수를 맞추어 다섯 자나 열 자 등 여러 수 배열을 이용하여 끊어감으로써 암송의 형식을 보여주고 있다. 이처럼 동일하게 주어진 마디를 시나 주문에 사용되는 형태라고 할 수 있다. 인도의 종교인들은 성서의 내용을 보존하기 위해서 성서의 내용을 위에서 언급한 유형의 형태에 의존하여 암기하고 여러 승려 및 신자들 앞에서 암송하였다.

이와 같은 경향은 승려들로 하여금 성서를, 내용보다는 형태적 측면에서만 보게 하는 극단적 결과를 낳게 하였다. 이로 인하여 성서의 내용은 쉽사리 형태에 가려지곤 하였다. 승려들은 형태를 제대로 갖추기 위하여 한 사람의 방법에만 치우치지 않고 여러 사람들이 모여 공통된 형태를 마련하고자 노력을 아끼지 않았는데 그 결과로 형태만을 염려하여 만들어진 모임도 나타나게 되었다. 이들 모임은 주로 승려 셋이나 넷 이상으로 구성되었으며 이들 모임을 통하여 정확한 암기방식으로써 17가지 이상의 방법들이 고안되기도 하였다. 이처럼 형태가 내용보다 중시되는 시대적 조류는 결과적으로 성서의 내용을 경시하게 하는 성향을 낳게 하였고 결국 성서의 내용이 소실되는 일마저 일어나게 하였다.

인도인들은 형태에만 자신들의 관심을 한정시킨 나머지 소리의 가장 작은 단위인 음소(phoneme)들이 단어 안에서 차지하는 위치에 따라서도 소리상의 변화를 나타낼 수 있다는 것에는 별로 신경을 쓰지 않았던 것 같다. 그러나 인도어인 산스크리트어는 산디(sandhi)라는 음운현상을 많이 포함하고 있었다. 즉, 단어를 형성하는 음소들이 조합된 방식에 따라서 다른 음소로 변하는 현상을 의미한다. 이처럼 음소들이 상호 영향을 미치는 일은 성서 내용을 암기라는 대전제하에 형태라는 수단에만 한정하여 보존하려는 승려들에게 적지 않은 부담을 안겨주었다.

이 음운현상이 성서를 정확하게 전달하는 데 끼치는 영향은 다음의 설명에서 잘 알 수 있다. 승려들이 같은 내용을 암송할 때 각 음소들 사이에서 발생하는 음운적 변화는 내용을 그대로 전수하는 데 적지 않은 문제점이 되었다. 특정 음소가 주어진 환경에서 변할 수밖에 없는 상황에서 그 음소가 가지고 있던 고유 소리를 유지하는 것은 거의 불가능하였다. 이와 같은 음운적 현상은 언어를 소리로 사용할 때 어떠한 언어에서나 발생할 수 있는 것이었다. 현재에도 각 언어에서는 동일한 현상들이 발견되고 있는데 많은 음운학자들은 이 현상들을 따로 묶어 음운규칙으로 설명하고 있는 실정이다.

우선 간단히 예를 들자면 영어에서 부정의 의미를 어간에 부여하는 기능을 가지고 있는 접두사(prefix) 'in-'은 어간의 초두음이 어떤 음소로 되어 있는가에 따라서 'in-, im, il' 등으로 바뀌게 된다. 이처럼 특정 음소만이 아니라 대부분의 음소들은 다른 음소들과 조합을 만들 때 어울리게 되는 다른 음소에 따라서 환경적 변이를 하게 된다. 그래서 인도의 승려들은 다른 환경에서 변화된 소리로 나타나는 음소들은 다시 분석하여 본래의 음가를 찾는 데 주의를 기울이게 되었다. 이것은 현대 언어학의 한 분야인 음운론에서 흔히 이루어지고 있는 이론적 현상이다. 소리 변이가 일어날 수 있는 가능성이 있는 해당 자료를 자세히 관찰하여 한 음소가 다른 환경에서 어떻게 변화하는지를 찾아내고 그 결과를 토대로 변이의 출발점이라고 할 수 있는 기저형을 성립시켜 나가는 것이다. 여기서 기저형이란 해당 음소가 변화하기 이전의 모습을 가리키는 것이다. 인도에서는 이처럼 기저형을 찾아서 별도로 성서 내용을 기록하였는데 이런 형식을 따른 경전을 파다파다(padapātha)라고 하였다.

그러나 언어는 다른 모든 현상들과 마찬가지로 항상 변화할 수밖에 없다. 승려들은 자신들이 설정한 발음방법을 기초로 하여 변화해가는 자신들의 언어를 지속적으로 재분석하고 또한 그 내용을 반드시 다시 기술해야만 했다. 언어에서 변화를 논할 때 가장 많이 언급되는 현상이 다름 아닌 방언(dialect)의 발생이다. 방언의 발생은 사회적인 측면과 지역적인 측면으로 설명할 수 있는데 산스크리트어도 하나의 언어로서 위에 언급한 현상에 예외가 될 수 없었다. 인도에는 산스크리트어를 중심으로 하여 많은 수의 방언이 존재하였다. 예를 들면 파라크리트(para-krit)가 그 많은 방언들 중 하나라고 할 수 있다. 이 방언은 특히 사회적 계층 간의 격차가 만들어낸 방언으로서 사회적 방언의 예로도 잘 알려진 바 있다.

널리 알려져 있듯이 인도에는 카스트(caste)라는 상당히 엄격한 사회계급제도가 존재하고 있었다. 그 계급은 크게 네 계층으로 나뉘어 있었으며, 각각 브라만(Brahman), 크샤트리아(Kshatriya), 바이샤(Vaisya), 수드라(Sudra)라 칭한다. 이들 중 첫 번째 계급에는 승려들이 속하고, 두 번째 계급에는 무사 등 귀족계급이 속하였다. 또한 세 번째 계급과 네 번째 계급에는 각각 농민과 노예가 속하였는데 이들 하위계급들은 상위 두 계급과 상당한 사회적 격차가 있었다.

이와 같은 사회계층 간의 격차는 언어행위에도 반영되었다. 첫 번째와 두 번째 계급에서는 산스크리트어의 고유형을 고집하려는 경향이 강한 데 반하여 하위 두 계급에서는 위에서 언급한 '파라크리트'를 방언으로서 사용하였다. 이 현상은 산스크리트어가 모국어로서 자연스럽게 후세에 전달되는 과정을 방해하는 결과를 초래하였다. 상위계급에 속하는 사람들은 변화되지 않은 언어를 자신들의 후세에 전달하기 위하여 학교에서 자신들이 원하는 대로 산스크리트어의 고유형을 가르치도록 하였다. 이와 같은 교육지침은 언어교육에 인위적 규칙을 중심으로 만들어진 규범문법(prescriptive grammar)을 탄생하도록 하였으며 지금도 언어교육에서 동일한 현상을 어렵지 않게 찾아볼 수 있다. 지금도 학교에서 가르치는 언어교재는 학습자로 하여금 반드시 지키지 않으면 안 되는 법칙을 중심으로 구성되어 있다. 따라서 이들 법칙들은 절대절명의 내용으로서 학생들에게 아직까지 교육되고 있다. 대부분의 교재는 규칙들의 모음집이라고까지 생각해볼 수 있다.

여기서 언급한 규범문법은 특정 사회에 존재하는 다양한 언어현상(diglossia)이 서로 다른 사회적 계층에 각기 다른 반응을 불러일으키지 않도록 하기 위하여 설정된 것이라고 생각할 수 있다. 사회 내부에서 특정 언어가 계층에 따라서 다른 변화를 보일 때 대개 상위계층에서는 이런 변화를 막으려는 경향을 보이는 데 반하여 하위계층에서는 이 변화를 당연한 것으로서 받아들이려는 경향이 두드러진다. 상위계층에서는 자신들의 사회적 위치를 정당화하기 위하여 자신들의 후세에게 자신들이 물려받은 언어를 그대로 전수하려는 언어교육 방법을 모색하게 된다. 만일 그 사회에 특정 종교가 존재할 때에는 종교에 종사하는 이들도 자신들이 신의 말씀으로 여겨온 내용이 변하는 것을 신에 대한 불경으로 여겨 변화 자체를 아예 없애버릴 방법을 모색하게 된다. 이런 경향들은 과거부터 발전해온 언어를 다시 정확하게 분석하게 할 뿐만 아니라 이렇게 분석된 결과는 규범집을 만드는 중요한 근거를 마련해준다. 이와 같은 현상은 사회계급이 뚜렷한 인도에서 상위계급에 속해 있던 사람들을 중심으로 두드러지게 일어났으며 이로 인하여 인도는 규범문법을 시작한 근원지로서 잘 알려지게 되었다. 그리고 규범문법에 사용된 방법들은 현재에도 많은 사람들에 의해 여러 분야에 적용되었으며 대표적으로는 언어 교육 및 학습에 널리 적용되고 있는 실정이다.

인도의 언어학적인 발달에서 특기할 만한 것은 위에서 언급하였듯이 종교적인 필요성에 의하여 문법적인 방법이 발전하였다는 사실이다. 이런 언어학적 발전과정은 언어이론을 단순히 종교에만 한정시키지 않고 여러 언어교육 분야에 사용될 수 있게 해주었다. 즉, 필요성이 대두될 때 거기에 대한 적절한 방안을 마련해주었던 언어연구자들의 끊임없는 의지는 당시뿐만 아니라 오늘날까지도 인도의 사회적 문제로 여겨지고 있는 언어의 무분별한 다원화를 체계적인 방식을 토대로 설명해줄 수 있는 원동력이 되어왔다.

먼저 언어의 다원화(diglossia)를 간단하게 살펴보면 언어의 다원화란 동일한 사회 속에 여러 종류의 언어가 존재하는 현상을 가리킨다. 현재 인도에는 약 200가지 이상의 다른 언어가 있다고 알려져 있으며 비록 같은 국가에 속해 있다고 하더라도 지역에 따라서는 전혀 소통이 불가

능한 경우도 있다. 오늘날 인도 정부는 전 국토 내에서 통용되고 있는
언어들 중 다섯이나 여섯 가지를 선택하여 표준어로 사용하고 있다. 이
들 표준어에는 영어, 힌디어, 말레이얄람어 등이 속해 있다. 이러한 현
상은 과거 종교적 필요성에 국한되어 발전했던 언어학 이론 발전을 사
회적 측면으로까지 범위를 확대하게 하였다. 이와 같이 사회적 측면이
고려된 언어학적 방법론을 오늘날에 와서는 사회언어학(sociolinguistics)
이라고 하며 대부분 인도에서 사회언어학 분야의 방법론적 발전의 기원
을 찾고 있다.

지금까지는 인도에서 볼 수 있었던 언어학 이론적 발전과정을 살펴보
았다. 다음에는 이와 같은 인도의 언어학 이론 발전에 기여한 사람들을
중심으로 그 내용을 검토해보고자 한다. 인도에는 역사의 깊이 만큼이
나 언어학 이론에 막대한 영향을 끼친 학자들이 적지 않지만 문법학자
라고 한다면 항상 두 학자가 거론되는데, 파니니(Pāṇini)와 바르트라리
(Bhartṛhari)가 바로 그들이다.

1. 파니니

파니니(Pāṇini)는 기원전 6세기경의 사람으로 알려져 있으며 그가 저
술한 대표적 문법서로는 『아쉬타댜이』(Aṣṭādhyāyī)가 있다. 이 제목은 책
내용이 8장으로 이루어져 있다는 것을 의미한다. 즉, 앞부분인 'Aṣṭā'는
8이란 숫자를 뜻하며 뒷부분인 'dhyāyī'는 장(chapter)을 의미한다.

이 책은 저술되기 이전에 이미 구전을 중심으로 전수되었던 것으로서
이후에 나타날 다른 문법서들에 상당한 영향을 미치게 된다. 이처럼 후
세에 나타날 문법서들 중 하나가 『톨카피얌』(Tolkāppiyam)인데 이것은
인도 중서부에서 사용되었던 타밀(Tamil)어의 문법서였다. 그리고 이 문

법서는 티베트(Tibet)에서 문법적인 방법론들이 발생·발전하는 데에도 많은 영향을 주었다. 이러한 영향력은 오늘날까지 계속되어 현재 인도에 존재하고 있는 각 학교에서도 이 저서가 여전히 교육용으로 사용되고 있다.

파니니의 저술서는 문법서라고는 하지만 실제로는 단어 형성을 중심으로 이루어져 있어 현재 통용되고 있는 일종의 영문법서들과는 다른 모습을 보여주고 있다. 이와 같은 특징은 산스크리트어의 언어적 특징에 그 원인이 있는 것이다. 산스크리트어가 사용되고 있는 방식은 하나의 문장이라도 마치 하나의 긴 단어인양 보인다는 것이다. 따라서 문장의 형식을 분명하게 보이고 있는 영어와 같은 언어를 위하여 만들어진 문법서들과는 상당한 차이를 보여주고 있다. 그러나 근대에 와서 널리 사용되고 있는 다른 언어와 관련된 문법서와 파니니의 저서를 비교해보면 오늘날의 문법서들이 비록 산스크리트어가 아닌 다른 언어를 위하여 만들어졌음에도 불구하고 여전히 단어 형성과 관련된 부분을 아주 많이 포함하고 있음을 어렵지 않게 찾아볼 수 있다. 예를 들면 영어를 다루고 있는 문법서에서도 저서 앞부분을 단어와 관련된 정보분석에 많이 할애하고 있는 것을 알 수 있다. 단어의 기능에 따른 품사를 분류하고 이들 품사의 특징들을 설명하고 있을 뿐만 아니라 각각의 단어들이 기능을 확대하면서 파생 및 굴절 현상을 보이는 부분을 상당히 많이 포함하고 있다.

언어의 문법을 보여주는 아수타댜이의 구조는 규칙들의 나열로 이루어져 있다. 각 규칙은 수트라스(sūtras)라고 하며 각 규칙들의 모습은 다음 예에 잘 나타나 있다.

(1) a. kṛtyānāṁ kartair vā[50ṣaṣṭhī]
    이 규칙은 동명사인 kṛtya의 주어형은 소유격으로 나타내야 한다

는 것을 언급하고 있다. 이 규칙에서 vā는 우선적으로(preferably)
라는 의미를 가지고 있다.

b. vibhāṣā kṛvṛṣoḥ[109kyap]
이 규칙은 kṛ 'make'와 vṛṣ 'rain'이 어떻게 미래수동형으로 변형
되는지를 보여준다. 이 변형 규칙에서는 kyap가 접미사로서 변형
을 보여주는 역할을 한다.

이와 같은 규칙형태들은 파니니의 문법서에 두 가지 특징을 부여한
다. 첫째는, 문법서 내용 자체를 상당히 간결하게 해준다. 이런 형태는
현재 널리 이용되고 있는 다른 문법서에도 많이 받아들여지고 있다. 즉,
해당 언어에서 관찰될 수 있는 현상들을 규칙으로 간결하게 정형화시
켜, 보는 이로 하여금 언어습득을 용이하게 해줄 수 있기 때문이다. 둘
째는, 규칙 형태로 표기함으로써 설명을 필요 이상으로 나열하지 않고
도 읽는 이로 하여금 이해를 가능하게 해주는 경제성이 있다. 만일 산
스크리트어에 (1) a.와 같은 규칙이 없다면 그 언어를 배우는 사람은 한
가지 현상을 배우고자 많은 문헌을 스스로 관찰해야 하는 번거로움을
겪어야 할 것이다. 그러나 위와 같이 일반화된 규칙이 있음으로써 배우
는 사람은 이 규칙을 해당되는 여러 환경에 적용하여 언어습득을 쉽게
이행할 수 있을 것이다.

파니니의 문법서에서 또 하나 특기할 사항은 동사를 문장(sentence)의
중심으로 보는 것이다. 이것은 현재 널리 통용되고 있는 언어학적인 방
법론(주로 구문론에서 하는 방법을 가리킴)에서 흔히 볼 수 있는 현상이다.
이것은 주부와 술부로 구성된 문장을 구분하는 데 동사와 다른 부분들
과의 관계를 토대로 문장 성격을 설정하는 데서 쉽게 관찰될 수 있다.
파니니는 동사와 다른 문장 속의 요소들 간의 관계를 정해가는 방법을
'kāraka'라는 용어를 이용하여 설정하였다. 'kārakas'는 구문론 상의 요

소(syntactic element), 구구조(constituent), 또는 품사(parts of speech)로 이해될 수 있으며 이것은 필모어(Filmore)가 주장하는 격(cases)에 대한 특성들과 거의 일치한다고 볼 수 있다.

다음에 주어진 예는 심층구조(underlying representation)에서 주격 (agent)으로 표시된 것이 표층구조(surface representation)에 나타날 수 있는 세 가지 경우를 예시한 것이다. 첫 번째 경우는 본래 주어로 나오는 것이고, 두 번째 경우는 수동형에서의 주어형을 가리키며, 세 번째 경우는 동사가 명사로 파생될 때 주어가 동사의 원래 주어로서 의미적 상의 주어로 나타나는 것이다.

```
(2)  kāraka    'agent'
     karo-ti   kumbhā-n        'he makes pots'
     make-he   pots-ACC

     kumbhāh   kriynate        'pots are made'
     pots      be-made

     kumbhākarah               'potter'
     pot maker
```

지금까지 파니니가 저술했던 문법서의 특징에 대하여 살펴보았다. 그러나 파니니의 문법서에는 두 가지의 문제점이 있다. 첫째는, 그의 문법서가 교육을 목적으로 만들어졌다기보다는 문법에 관련된 학자들을 중심으로 쓰여졌다는 점이다. 부연하자면 이용자중심이 아니라 문법가를 위한 문법서라는 것이다. 그것은 이 문법서가 극도의 간결성을 추구하는 과정에서 도출된 결과이다. 여기서 언급하고 있는 간결성이란 표현을 극도로 제한된 용어에 국한시키는 것을 의미하며 그러한 예는 수트라스라는 규칙 표기방법에 잘 나타나 있다. 이 문제점은 후에 여러 학자들에 의하여 수정·보완되어야 할 중요한 요소로 인식되었으며, 그런 이유로 상당히 많은 수의 주석서들이 이 문법서를 다시 풀어서 저술되었다. 그중에서 파타냐리(Patañjali)의 『마하바샤』(*Mahābhāṣya*)는 '위대한 주석서'라는 의미로서 인도에서 저술된 주석서들 중에서 가장 널리 알려져 있다. 이 문법서를 근간으로 그 언어학적 발전의 기본을 잡았던 그리스의 언어학에서는 이 문법서의 문제점을 잘 보완하였다. 그 학자들 중 대표적인 인물로는 디오니시우스 트락스(Dionysius Thrax)를 들 수 있다. 그는 자신이 저술한 문법서인 '*Téchnē*'에서 앞서 저술된 파니니의 문제점들이 어떻게 보완되었는지를 아주 잘 보여주었다.

둘째는, 파니니의 문법서의 근거라고 할 수 있는 언어는 산스크리트어이지만 사실 이 문법서로는 산스크리트어의 모든 면을 다 설명하지 못했다는 점이다. 또한 문법서가 만들어질 때 자료로 사용된 언어가 산스크리트리라는 한 언어에만 한정되었기 때문에 그 문법서의 법칙들이 과연 다른 언어에도 적용될 수 있는가에 대한 보편 타당성이 문제점으로 지적되었다.

이와 같은 문제점들에도 불구하고 파니니의 문법서는 언어학 발전에 있어 중요한 분기점에 형성하였다는 사실은 어떤 이유로든 부인할 수 없을 것이다. 구조주의 언어학의 위대한 학자였던 블룸필드(Bloomfield)는 이 문법서를 일컬어 "인간 지성사에 있어서 가장 위대한 금자탑"(one of the greatest monument of human intelligence)이라고 하였다. 비록 이 문법서가 교육적 목적에는 만족할 만큼 부응하지 못하지만 이 문법서로 인하여 후대의 대표적 언어이론이라고 할 수 있는 기술언어학(descriptive linguistics)의 기틀이 마련되었으며 19세기에 역사언어학(historical linguistics)이 태동할 수 있었던 바탕을 마련해주기도 하였다.

2. 바르트라리

바르트라리(Bhartṛhari)는 5∼6세기경의 사람으로, 위에서 설명한 파니니와 달리 언어학의 연구를 단순히 언어 자체에만 국한시키지 않고 문학으로까지 확대시켰다. 또한 그는 누구보다도 언어학의 이론을 끌어가는 데 있어 언어현상의 생성적(generative)인 면을 강조하여 근대 언어학의 주류를 이루고 있는 생성문법의 근간을 제시하기도 하였다.

그의 언어이론 발전에 대한 공헌은 언어현상을 불변요소(invariant)와 가변요소(variant)를 구분하여 설명해낸 사실이다. 그는 전자를 스포타(sphoṭa)라고 명명했으며 후자를 드바니(dhvani)라고 명명하였다.

다음 보기는 현대 영어에서 두 요소 각각에 해당할 수 있는 예들을 보인 것이다. 좌측은 최근의 구조주의 이론에 의하면 음소(phoneme)에 해당하는 것으로 /p/와 관련이 있는 모든 음을 대표하는 것을 가리킨다. 우측은 음소로서 정해진 대표음이 실제 상황에서 다르게 변화하여 실현된 결과들을 나열한 것으로서 후일 구조주의 언어학(structuralistic linguistics)에서는 이렇듯 음성적으로 실현된 음성표기를 이음(allophone)이라고 불렀다. 각각의 이음들을 차례로 설명하면, 첫 번째 것은 그 음소가 특정 단어의 제일 앞에 오는 경우에 실현되는 것으로서 이와 같이 표기된 음을 기식음(aspirated sound)라고 한다. 두 번째 것은 그 음소가 단어 끝에 오는 경우에 실현되는 것을 가리키며, 세 번째 것은 그 음소가 단어의 앞에 나타나되 's'가 반드시 그 음소 앞에 있는 경우에 실현되는 음성표시를 가리킨다. 좌측에 나오는 대표음과 우측에 나오는 실제의 음성표시는 각각 다른 표기 안에 넣음으로써 그 차이를 나타낸다. 대표음을 상징하는 음소는 '/ /'의 안에 표시하며 음성표시의 경우는 '[ ]'의 안에 표시함으로써 좌우 상호 간의 차이를 나타낸다.

(3)   structural   invariant(phoneme)   variant(allophone)

　　　　　　　　　　/p/   [pʰ]

　　　　　　　　　　　　　　　　　　　　　　　　　　　　[p]

　　　　　　　　　　　　　　　　　　　　　　　　　　　　[p´]

　　　　　　　　　　sphoṭa   dhvani

　　스포타와 드바니는 후일 소쉬르(Saussure)에 의해 분류된 랑그(langue)와 파롤(parole)로 생각해볼 수 있다. 랑그가 아직 실현화되지 않은 의미의 추상적 결정체라고 한다면, 파롤은 그러한 의미가 소리라는 수단을 이용하여 표기되어 사용된 결과를 가리킨다고 하겠다. 고대 인도에서는 이런 차이점을 이미 알고 이 부분에 대하여 상당한 연구를 진행시켰다. 스포타란 언어에 있어 아직 음성이란 수단을 거쳐 실현화되지 않은 추상적(abstract)인 대상을 가리키는 말인 데 반하여 드바니는 바르나(varṇa)라는 음성단위(sound unit) 수단으로 실현된 구체적인 결과를 가리키는 말이다. 이처럼 스포타는 직접 표기되어 나타나는 것이 아니며, 또한 스스로에게 변화가 일어나는 것을 허용하지 않는다. 다시 말하자면 스포타란 영원히 변하지 않는 대상을 가리키는 것이라고 할 수 있겠다. 그에 반해 드바니는 실현된 결과를 의미하기 때문에 만일 일정한 수의 사람들이 존재하는 경우 여기에 속하는 사람들이 각각 지니고 있는 습성 및 다른 조건들 때문에 발생할 수 있는 개인 상호 간의 차이점들도 포함할 수 있다. 이 말은 소리를 이용하여 하나의 뜻을 상대에게 전달하는 경우 음색이 다른 사람 둘이서 그 행위를 이행할 때에는 개개인의 특성으로 인하여 음성표시에 차이점이 발견된다는 것을 뜻한다. 이처럼 개인적 조건의 차이로 인하여 도출된 결과들은 드바니에서만 관찰할 수 있으며 개인적 차이에 상관없이 기본적인 표기만을 이행하는 스포타에서는 전혀 기대할 수 없다.

　　바르트라리는 스포타로부터 드바니를 어떻게 도출해내는지에 대해서

도 자세히 설명하였다. 그는 우선 스포타를 기본적인 표기로 나타내고
세 단계를 설정하여 스포타로부터 드바니가 나오는 과정을 보여주었다.

(4) 음운적 표기(phonological pattern)
          |
    환경에 따른 개개적인 변형(individual variation)
          |
    개인의 발화에 따른 음성적 실현(individual utterance)

위에 표기된 것은 현대 언어학에서 음성표기가 도출되는 과정과 흡사
한 모습을 하고 있다. 바르트라리는 하나의 문장의 의미라고 일컬어지
는 스포타가 음성표기로서 나타나는 과정 중에서 두 번째 과정을 프라
크르타 드바니(prākṛta dhvani)라고 불렀으며 세 번째 과정을 바이크르
타 드바니(vaikṛta dhvani)라고 불렀다.

스포타가 드바니로 실현화되기 위해서는 음성표시인 바르나가 필요
한데 음성표시에 있어 무분별한 음성으로 전환되는 것이 아니라 의미를
제대로 전달할 수 있는 의미적인 분별력이 있는 음으로 표기되어야 함
을 중시하였다. 이것은 음소들이 단어들 사이의 의미적 차이점을 분명
하게 보여줄 수 있는 기준이 된다는 면에서 동일하게 이해할 수 있다.
예를 들자면 영어에서 'tap'과 'cap'의 경우 두 단어의 의미 차이는 't'
와 'k'에 달려 있다고 할 수 있다. 이처럼 의미상의 차이를 보일 수 있
는 음이 무엇인가가 잘 설명된 환경에서만 음성표시의 가치를 평가받을
수 있는 것이다.

이와 같은 방법은 바르트라리뿐만 아니라 파타냐리(Patañjali)의 바르
나 스포타(varṇa sphoṭa)에 대한 개념정리에서도 찾아볼 수 있다. 이 학
자 또한 스포타의 음성표시는 체계화된 음성표기로만 이루어져야 한다
는 것을 언급하였다. 근대 음성학이 음성체계를 밝히는 데 주력하여 정

형화된 음성기호들을 발견한 데서 이런 현상과 같은 맥락을 발견할 수
있다. 오늘날의 음성학은 이들 음성기호들이 각 언어에서 어떤 모습을
하고 있는지를 밝히고 각각의 음성기호들을 통하여 언어 상호 간의 유
사성을 찾아 일반화된 음성기호체계를 수립하는 데 모든 노력을 경주하
고 있다.

2

그리스의 언어이론

그리스의 언어학 이론은 유럽 대륙에서 근대 언어학 이론들이 발전할수 있는 기틀이 되었다. 유럽을 중심으로 발전하기 시작한 근대 언어학이론의 태동은 거의 그리스에서의 언어이론 발전에 그 기원을 두고 있으며 대부분의 언어이론들은 그리스에서 창안되고 발전된 언어이론에상당히 의존하였다고 볼 수 있다. 그러나 그리스에서 언어학 이론이 시작된 근거는 인도에서 언어학 이론이 발생했던 환경과는 상당한 차이를보여주고 있다. 그리스의 언어학은 철학이라는 정신적인 학문의 하위학문 분야로서 발전하였기 때문에 언어와 관련된 이론들은 철학의 사상적 조류에 의하여 적지 않은 영향을 받았지만 인도에서는 종교적 교리보존을 위하여 언어에 관련된 이론들이 발전하였다. 다음의 내용은 그리스에서 시작된 언어학 이론이 어떻게 인도에서 시작된 언어학 이론들과 차이가 나는지를 보여주는 것으로서 각 항목들은 그리스 이론과 인도 이론들의 차이점을 자세히 다루고 있다.

첫째는, 그리스 언어학은 당시 그리스에서 활동하였던 철학자들의 학문적 취향에 의하며 아주 많이 좌우되었던 것 같다. 우리는 그들의 학

문적 취향을 그 학자들이 추구하였던 철학사상의 일반화 과정에서 어렵
지 않게 알 수 있다. 궁극적인 답을 구하려는 그리스 철학자들의 학문
적 방법은 무엇보다도 간결함을 최우선 조건으로 삼고 있었다. 당시 그
리스에서 활동하였던 철학자들은 자신들의 설명방법에 있어 복잡한 접
근방식을 그렇게 달갑게 생각하지 않았다. 자신들이 설명하고 싶은 사
항이 있으면 근본적인 답을 구하는 데 주로 노력을 기울였을 뿐 설명을
장황하게 늘어놓음으로써 자신들이 학문적 규명을 우아하게만 보이려
고 하는 노력을 가급적이면 피하려고 하였다. 따라서 그리스 철학자들
의 학문적 활동은 세상에 존재하는 물체와 현상들을 근본적으로 분석하
고 이해하는 데 거의 대부분이 할애되었으며 설명만을 그럴듯하게 하려
는 부분에는 거의 무관심하였던 것 같다.

둘째는, 그리스 언어이론가들이 철학적인 방법에 의거하여 어떤 대상
이든 궁극적(ultimate)인 대답을 얻어내고자 상당히 많은 노력을 기울였
다. 그러나 인도의 학자들은 실리적인 대답을 찾는 데 좀 더 많은 노력
을 기울였다. 예를 들면 인도인들은 자신들의 부를 축적하기 위하여 어
떻게 신의 도움을 얻어내느냐 하는 부분에 주로 관심을 가졌다. 당시
인도에서 부의 상징은 화폐에 의존하지 않았다. 소의 숫자와 소유한 소
들의 상태에 따라 부의 척도가 가려졌기 때문에 인도인들은 신으로 하
여금 자신들의 소들을 번성하게 하고 살찌우게 하는 데 많은 도움을 얻
는 방법을 강구하는 데 주로 신경을 썼다. 하지만 그리스에서는 "자연
이란 무엇인가"(What is nature?)와 같은 질문을 던짐으로써 인간의 삶
과 환경에 대한 형이상학적 의문에 관한 궁극적 대답을 발견하고자 부
단히 노력하였다. 이와 같은 현상은 인도인들의 실용적인 측면과는 상
당한 차이점을 보이는 것이다. 형이상학적 현상에 대한 그리스인들의
집착은 그들만의 특성이라고 할 수 있다. 그래서 인도와 그리스를 연구
한 많은 학자들은 인도의 사상을 종교에 의거한 실용적인 것으로 묘사

하였던 반면 그리스의 사상을 형이상학과 연결된 정신적인 것으로 인식
하였다.

셋째는, 그리스의 사상가들은 자신들의 사상체계를 다른 사람들에게
이해시키기 위하여 부단히 노력하였다. 그렇지만 인도의 학자들은 자신
의 학문적 업적을 다른 사람들이 어떻게 생각하든지 또는 그들이 자신
들의 학문적 성과를 있는 그대로 믿어주든 말든 별로 상관하지 않았던
것 같다. 이처럼 두 지역의 학자들이 보여준 다른 성향들은 그리스에서
만 유독 논리학이 발전하게 된 연유를 잘 설명해줄 수 있으리라고 생각
한다. 따라서 인도에서는 그리스와 달리 논리학이 그렇게 번성하지 않
고 되었고 오늘날 대부분의 논리학관련 방법들이 그리스에서 시작된 방
식에 의존하는 결과를 낳게 하였다. 논리학은 그 기본 목적이 상대방으
로 하여금 나의 사상을 정확하게 이해시키는 데 중요한 열쇠로서 이 역
할은 모든 학문 분야에도 반드시 필요한 부분이기도 하다. 그러나 다른
사람들의 자신들에 대한 이해 척도에 별로 신경을 쓰지 않았던 인도의
학자들은 자신들의 사상을 이해시키는 별도의 방법을 필요한 것으로써
심각하게 생각하지 않았다. 반면에 상대방에게 자신들의 사고 내용을
한 치의 오차도 없이 정확하게 전달하고 이해시키려 하였던 그리스 학
자들은 논리학의 발전에 좀 더 많은 박차를 가하였으며 이와 같은 논리
학의 발전은 삼단논법(syllogism)과 같은 귀납적 방법(induction)이 생겨
나는 데 중요한 몫을 담당하였다.

넷째는, 인도의 학문들과 달리 그리스에서 발전하였던 학문이론들은
인간중심 철학(anthropocentric philosophy)을 근본으로 삼고 있다. 이것
은 우주에서 인간을 중심적 주체 요소로서 이해하려 하였던 사상적 조
류를 가리키며 모든 이론적 설명은 위에서 언급한 '인간중심주의'를 모
태로 하여 발전되었다. 다음에서는 그리스의 인간중심 철학을 알 수 있
게 해주는 예를 들어보고자 한다. 이 예는 우리 인간 사이에서 널리 받

아들여지고 있는 통념들인데 그리스의 철학자들은 이 통념들의 보편 타
당성을 좇아 그에 대한 설명방법을 찾아보려고 하였다. 이들 통념들이
만들어진 것은 이들 생각들이 인간과 어떤 관련성이 있는지에 따라서
달라질 수 있다. 먼저 다음의 내용들은 인간 생활양식에 비추어 반드시
지켜져야만 하는 필연적 사항인지 아니면 사람들이 단순하게 하지 않겠
다고 약속한 사항들이 관례화된 것인지에 대해서는 많은 연구가 시도되
었던 것 같다.

> (5) 부모를 구타하여서는 안 된다.
>   친구를 배반해서는 안 된다.
>   선생님 말씀에 말대꾸해서는 안 된다.

그리스의 철학자들은 위에 예시된 윤리적 강목들을 단순하게 받아들
이지 않고 그것들이 있어야만 할 이유를 찾는 과정을 그 무엇보다도 중
요하게 생각하였다. 그리고 그 이유를 신이라는 제3의 존재를 통하여
찾으려 하기보다는 인간 자신의 내부로부터 이유들을 밟아가려고 하였
기 때문에 모든 것이 신으로부터 주어졌다고 생각하는 신탁이론보다는
해당 내용이 어떤 근거로 우리 앞에 존재할 수 있는가를 찾는 수순을
항상 밟고 있었다. 그리스인들은 주변에 주어진 모든 것들을 바라볼 때
모든 물체와 현상들이 요구될 수밖에 없는 필연적 존재인지 아니면 사
람들이 각자나 서로가 약속한 내용에 불과한 것인지를 심도있게 생각했
던 것 같다. 또한 모든 학문적 발전은 분야별로 주어진 해당 내용들이
필연적인지 아니면 관습적인지에 따라서 다른 양상을 보여주었다.

1. 그리스 시대의 언어학적 발전

그리스 시대 언어학 발전의 특징은 세 가지 측면에서 찾아진다. 자신의 언어사용에서 방언(dialect)에 대한 인식, 글자체계(alphabet), 문법(grammar)이라는 개념들이다. 다음부터는 이들 항목들을 내용별로 순서에 따라 차근차근 살펴보기로 하겠다.

그리스 언어학의 첫 번째 업적은 그리스에서 언어학적인 면에 관련되었던 학자들이 자신들이 살고 있던 지역의 언어에 지역 간의 편차가 반영되어 있는 현상을 찾아냈다는 것이다. 비록 그리스라고 지칭되는 지역에서 동일한 그리스어를 사용한다 하더라도 지역에 따라서 약간의 변이를 보여주었던 방언들이 각 지역에 존재함을 인식하기 시작하였던 것이다. 이와 같이 동일한 그리스어에 여러 방언이 존재하였던 원인은 당시 그리스 영토 내에서 번성하였던 도시국가(city states)들의 정치적 형태에서 찾을 수 있다. 그러나 수많은 방언이 존재함에도 불구하고 이들 방언들이 그리스어라는 한 언어에 속한다는 소속감을 가졌다는 사실은 그리스가 페르시아인(Persian)들의 침공을 받았을 때 도시국가들이 잠정적으로 서로 뭉쳐 도전에 응전하였던 역사적 사실에서 엿볼 수 있다. 당시 헤로도투스(Herodotus)는 각 국가에서 모인 병사들에게 "한 핏줄과 한 언어로 이루어진 하나의 전체로서의 그리스"(the whole Greek community, being of one blood and one tongue)라는 선언문을 외우도록 하였다. 이것은 그리스어가 내부적으로 방언들에 의하여 갈라져 있는 듯이 보이지만 정작 중요한 시점에서는 그리스어를 사용한다는 이유만으로 이들이 뭉칠 수 있음을 보여주는 것이라고 생각할 수 있다.

두 번째 업적으로 현재 서구 언어들의 문자체계의 근간이 되는 자모음의 형성을 들 수 있다. 사실 이들 자모음은 그리스인들이 스스로 만들어냈다기보다는 이미 다른 지역에서 사용되고 있던 체계를 받아들여 발전시킨 것이라고 할 수 있다. 그중에서 가장 중요한 역할을 한 것이 페니키아(Phoenician) 문자체계이다. 그러나 당시의 페니키아 문자는 주로 자음(consonant)에 근간을 두고 있었으며 모음(vowel)은 화자들이 필요하다고 여길 때 적절히 넣도록 되어 있었다. 그리스인들은 이처럼 아직 정립되지 못한 모음을 성정하기 위하여 히브리어처럼 중동지역에 주로 널리 사용되었던 언어에서 자음을 가리키는 것들 중에서 그리스어에 이르러서는 의미상의 분별력이 없는 자음들로 하여금 그리스어의 모음을 표기하도록 하였는데 그 결과 그리스어는 자음과 모음이 어우러진 균형된 문자체계를 마침내 완성하기에 이르렀다. 예를 들어 설명하자면 'alpha'는 본래 페니키아어에서 자음을 가리키던 'aleph'라는 문자였는데 그리스어에 와서 'A'로서 /a/라는 모음을 나타내는 데 쓰이게 되었다.

세 번째의 업적은 '문법'이라는 용어에 대한 개념의 정립이다. '문법'이라는 용어의 설정과정은 그리스인들의 문자에 대한 인식변화과정에서 어렵지 않게 찾아낼 수 있다. 먼저 'grammatikós'(γραμματικός)란 용어는 플라톤(Plato)과 아리스토텔레스(Aristotle)가 활동하던 시대까지는 문자의 사용법을 잘 이해하는 사람을 가리킬 때 사용되었다. 그 이후 읽고 쓰는 기술을 가리키는 말로서 'téchnē grammatikē'(τέχνη γραμματική)가 생겨났으며 현재 문법이라는 의미로서 사용되고 있는 의미는 이 용어를 토대로 하여 생겨난 것이다. 여기서 제시된 의미는 문법분야가 후세에까지 발전할 수 있었던 원인을 설명해줄 뿐만 아니라 언어학의 학문적 발전에도 많은 공헌을 하였다.

다음의 내용은 철학과 관련된 그리스 사상 조류들이 언어학적 발전에 어떻게 반영되고 있는지를 생각해보는 것이다. 이것은 각 철학사상들이 언어학 이론들과 학문적 연계를 맺는 과정을 보여주는 것이기도 하다.

1) 소피스트

소피스트(Sophists)라는 용어의 의미는 그리스어에서 '현명하다'(wise)를 뜻하는 'sophos'라는 단어에서 유래되었다. 여기에 관련했던 많은 철학자들은 그들의 관심을 주로 인간에게 두었으며 우주와 같은 주변환경 요소들을 인간을 위한 부차적인 것들로써 이해하였다. 이들의 사상 중에서 가장 중요한 것의 하나는 인간이 우주만물의 중심이라는 것이었다. 이러한 사상을 바탕으로 그들이 추구하였던 궁극의 목표는 성공적 삶을 영유할 수 있게 해주는 방법을 찾는 것이다. 따라서 대부분의 학자들은 사람들이 자신의 인생을 영유해가는 데 있어 어떻게 하면 성공적인 삶을 이루어가느냐 하는 것에 관하여 많은 연구 업적을 보여주었다.

이처럼 이들의 사상적 기반이 인간 삶의 효율적인 경영에 있었기 때문에 같은 사상을 가지고 있었던 철학자들 중 많은 이들이 민중의 투표에 의하여 형성된 정부조직에 가담하였다. 따라서 소피스트라고 불렸던 학자들은 당시에 모든 분야에 걸쳐 국가 및 사회를 이끌어간 엘리트 계급이었음을 알 수 있다.

또한 이들 소피스트들은 그들이 의도한 계획대로 국가의 경영과 관련된 조직을 이끌어가기 위해서 자신들의 사상을 민중들에게 잘 이해시키기 위한 세련된 전달방법을 발전시키기도 하였다. 따라서 웅변이 그들의 주된 방식이 되었다. 이 방법의 필요성은 그들에게 전달방법에 있어 가장 많이 사용되던 언어를 좀 더 기능에 중심을 두어 연구해야만 할 동기를 부여해주었으며 그들은 어떻게 하면 언어를 효과적으로 이용하여 자신들의 목적을 성공적으로 달성할 수 있을지에 대하여 많은 연구를 하게 되었다.

이와 같은 동기에 근거하여 언어를 중심으로 소피스트들이 괄목할 만하게 발전시킨 분야가 바로 웅변과 관련된 수사학(rhetoric)이었다. 당시

에는 지금처럼 통신시설이 발전하지 않았기 때문에 정부조직에 들어가
고 싶은 사람이나 정부조직에 종사하고 있던 사람이 군중들을 말로 설
득하는 것이 의사전달방법의 전부였다. 소피스트들은 수사학을 발전시
킴에 있어 이론적으로만 추론해보는 방법보다 직접 현실에 적용해보고
과정을 관찰하여 결과를 도출하는 실험적인 방법을 사용하여 여러 종류
의 수사학적 방법론들을 정립해나갔다.

특히 프로타고라스(Protagoras)는 문장에 기능에 따른 종류가 있다는
사실을 처음으로 찾아냈다는 측면에서 언어에 대한 업적을 인정받고 있
다. 프로타고라스는 문장을 네 종류로 분류하였는데 기원문(prayer), 의
문문(question), 서술문(statement), 명령문(command)이 여기에 속하는
것들이다. 고르기아스(Gorgias)는 수사학에서 지금까지 사용되고 있는
각종 용어들을 처음으로 정립했다는 데서 그 공헌을 인정받고 있다. 그
가 만들어낸 용어들로 대조(antithesis), 유사음(assonance), 우언(allegory),
반복(repetition), 은유(metaphore), 동음이의어의 재담(pun) 등을 들 수
있다. 히피아스(Hippias)는 자신의 선배들보다 소리의 성격을 파악하는
데 더 많은 노력을 기울인 것으로 잘 알려져 있었다.

소피스트의 언어학 이론을 발전시키는 데 공헌한 내용들 중에서 특기
할 사항은 언어 내부에 계층을 나누어 언어연구를 진행하였다는 점이
다. 다음 예는 그들이 나누었던 언어 내부 계층을 보인 것이다. 예시된
내용의 오른쪽 서술 부분들은 각 계층들을 어떻게 연구했는지를 간략하
게 설명한 내용들이다.

(6)

동의성(synonymy)	설득을 함에 있어서 동일한 의미를 가지고 있는 단어들 중에서 가장 효율성이 높은 단어를 찾아내고자 함.

문장구조 및 문체(stylistic)	논증을 효율적으로 하기 위하여 언어에서 논증의 중심이 되는 문장 구조와 문장이 어우러져 형성된 문단의 문체를 연구함.
음절(syllable)	하나의 문장을 이루어가는 데 있어서 소리의 중요 성을 알아내고 소리가 어우러지는 방법 중의 하나 인 음절을 자세히 연구함.

2) 소크라테스

소크라테스(Socrates)는 사상적 측면에서 소피스트들의 철학적 방법론
에 강하게 반대하였다. 특히 소크라테스는 자신의 목적을 위하여 언어
에 인위적인 변화를 가하는 데 반대하였다. 이미 언급하였듯이 소크라
테스는 자신의 실리적인 목적을 위하여 많은 사람들을 설득할 필요를
느꼈으며 이러한 필요성은 언어학적 이론들의 발전에 적잖이 기여하였
다고 볼 수 있다.

그리고 소크라테스는, 언어는 있는 그대로 사용하여야 한다고 생각하
였으며 특정한 목적을 위하여 인위적으로 변형시키는 것(manipulation)
에 대해 단호히 비판하였다. 또한 인간의 사고체계에 대해서도 소피스
트들과 다른 양상을 보여주었다. 그의 사상에 의하면 인간은 각자 나름
대로 사고를 가지고 있으며 이들 사고들은 추상적으로 전혀 그 모습을
알 수 없는 것이 아니라 우리들이 사고된 내용의 윤곽을 잡아내는 것이
가능하다는 것이다.

소크라테스의 언어관은 후일 의미론이 발전하는 데 적지 않은 공헌을
해주었다. 우선 언어를 바라봄에 있어서 언어 자체 내부에서 이론상의
진리를 찾아내고자 부단히 노력하였는데 이와 같은 노력은 인간 주변에
존재하는 하나의 대상물이 어떤 이유로 특정 단어로만 지칭되는지를 알
아내는 데 중요한 토대가 되기도 하였다.

3) 플라톤

플라톤(Plato)은 소크라테스의 제자 중에 한 명이었다. 그는 자기 나름대로 철학적 사상을 발전시켰을 뿐만 아니라 '*Cratylus*'라는 기록서에 소크라테스의 사상을 플라톤 자신과 다른 학생들과의 대화체로 잘 표현한 업적으로도 유명하다. 이 기록서는 역시 그가 집필했던 '*Theatetus*'와 함께 그 자신뿐만 아니라 스승이었던 소크라테스의 언어에 대한 사상을 잘 보여준다는 면에서 중요하다고 할 수 있다.

플라톤은 자신의 언어학적 개념을 위에 언급된 기록을 통하여 잘 보여주었다. 우선 이 기록은 플라톤이 문법범주(grammatical category)를 어떻게 발전시켰는지를 잘 보여주고 있는데 그 기록 내용의 탁월성은 후대에도 아주 높은 평가를 받고 있다. 여기에서 말하는 문법범주는 오늘날의 품사라는 개념과 동일한 것인데 플라톤은 언어에서 크게 두 가지의 문법범주를 찾아냈다. 이 두 가지는 'onoma'와 'rhēma'인데 전자는 명사를 의미하고 후자는 동사를 의미한다. 이밖에도 그는 문장이라는 개념을 처음으로 다룬 철학자이기도 하다. 문장이라는 의미를 가리킨 용어로서 'logos'를 제안하기도 하였다. 다음 예는 각 문법용어들에 대한 설명을 보여주고 있다.

(7) onoma(ὄνΟμα)
nouns—이름, 대상, 사람 등이 속함.
rhēma(ῥήμα)
verb—행동이나 과정을 가리킴.
logos
sentence—onoma와 rhēma로 이루어진 구조를 가리킴.

여기서 우리가 주목해야 할 점은 세 가지의 단위들이 의미론적 측면에서 정의되었다는 것이다. 오늘날에 이르러서는 문법 내용에서 명사를 정의할 때 문장 속의 위치에 근거하여 명사를 정의하였는데, 이것이 분포양상을 토대로 명사를 이해하는 양상을 보여주는 데 반하여 플라톤은 의미적으로만 명사를 정의하고 있다. 따라서 의미적으로만 명사의 요건을 갖추고 있는 것만을 명사로 생각하였다. 위의 예에서 명사에 대한 정의를 보면 명사에 속하는 요소들을 단순 나열함으로써 명사를 정의하는 것을 잘 알 수 있다.

현재 언어학에서 널리 통용되고 있는 여러 가지 용어들은 대부분 그리스에서 발전되고 차근차근히 정립되었다. 이 용어들은 로마 시대를 거치면서 상당 부분 걸러져 재정립되는 과정을 거치게 된다. 그러나 이들 용어들이 로마 시대를 거치는 동안 잘못 번역되어 본래의 취지에서 벗어나게 되는 경우가 왕왕 있었다. 품사라는 의미를 가진 'part of speech'가 대표적인 것이다. 그리스 시대에 'speech'라는 용어는 지금처럼 발화된 결과만을 가리키는 것이 아니라 'sentence'라는 의미를 가지고 있었다. 과거 그리스에서 'part of speech'는 문장 속에서의 구성 위치를 품사의 기준으로 이해한 것인데 로마 시대에는 'speech'를 원래의 의미는 간과한 채 있는 단어 모양만 보고 그 의미만을 받아들여 해석하였기 때문에 현재와 같은 모습으로 남게 되게 되는 오류를 범하였다.

4) 아리스토텔레스

그리스 철학사에서 아리스토텔레스(Aristotle)의 출현은 언어학적으로 중요한 의의를 가진다. 그 이유는 오늘날 널리 받아들여지는 전통문법(traditional grammar)의 역사가 이 학자에게까지 거슬러 올라가기 때문이다. 하지만 그는 우리가 생각하는 것과 달리 언어학을 학문의 목표로써 추구하지는 않았다. 아리스토텔레스는 플라톤의 제자로서 주로 논리학과 시학에만 관심을 기울였다. 그러나 이 분야들이 언어학적인 측면과 관련이 깊었기 때문에 그의 학문에 대한 열정은 자연히 언어학적인 측면의 업적도 만들어냈다.

언어학에 있어 아리스토텔레스의 첫 번째 업적은 플라톤에 이어 문법 범주를 지속적으로 발전시킨 것이다. 플라톤이 문법범주를 'onoma'와 'rhēma', 둘로 나누었는데 아리스토텔레스는 여기에 또 하나의 문법범주를 첨가하였다. 문장 속에 나타나는 요소들 사이의 관계를 설정해주는 역할을 하는 'sýndesmoi'가 바로 그것이다. 현재에는 이 단위에 관사(article), 접속사(conjunction), 전치사(preposition)들이 관련된 것으로 알려져 있다. 이들 세 요소들은 서술문(apophantikòs lógos=declarative sentence)에서 각각의 부분들을 분석하기 위하여 만들어진 단위들이었다. 다음은 이들 단위들을 현재의 영어에 적용시킨 것을 보인 것이다.

> (8) John puts the book on the table.
>   onoma: John(name), book(object), table(object)
>   rhēma: put
>   sýndesmoi: the(article), on(preposition)

두 번째 업적은 시간의 개념이 동사에 표기된다는 사실을 알아낸 것이다. 또한 직접적인 표현이라기보다는 암시적으로 문장 속에 나타나는 조동사의 기능(modality)이 동사에도 같이 나타난다는 것을 보여주었다. 그는 시제체계를 두 가지 기준을 중심으로 설정하였는데, 첫 번째 기준은 행동의 완결성(complete)과 비완결성(incomplete)에 준한 것이며, 두 번째 기준은 시간대에 있어 현재와 과거로만 기준을 잡은 것이다. 다음은 그의 시제체계를 보인 것이다.

(9)

	present	past
imcomplete	present	imperfect
complete	perfect	pluperfect

언어학에 있어서 아리스토텔레스의 세 번째의 업적은 문장을 논리로 다룬 것이다. 이것은 그의 삼단논법(syllogism)에 잘 나타나 있는데 삼단논법 형식은 아리스토텔레스에 이르러서야 제대로 모습을 갖추게 되었다.

(10) All men are mortal.
   (모든 사람을 죽는다)
   I am a man.
   (나는 사람이다)
   Therefore, I am mortal.
   (그러므로, 나도 죽는다)

네 번째 업적으로 문장에 대한 이분적(dichotomic) 분석을 들 수 있다. 이분적 분석이란 문장을 크게 주부(subject)와 술부(predicate)로 나누는 것을 의미한다. 여기서 주의할 점은 아리스토텔레스는 문장 속에서 관찰될 수 있는 명사들의 논항(argument)적 기능에는 별로 신경을 쓰지 않았다는 점이다. 따라서 그의 언어와 관련된 주장에는 행동주(agent)니 피동주(patient)니 하는 개념이 나타나 있지 않다. 이와 같이 아리스토텔레스가 문장을 이분화하여 분석한 것은 그의 논리학에 대한 지대한 관심의 결과라고 볼 수 있다. 그 이유는 논리학에서는 하나의 명제가 문장의 형식을 빌어 나오는데 위에서 보았듯이 두 요소들간의 논리적인 관계는 마치 문장 속에서의 주부와 술부와의 관계처럼 보일 수 있기 때문이다.

다섯 번째 업적은 아리스토텔레스의 언어에 대한 관심은 언어에서의 보편성을 찾아내는 계기를 마련해주었는데, 이로써 언어의 보편성(universality)이 처음으로 세상에 알려지게 되었다. 아리스토텔레스는 단어를 외부세계의 인식을 통하여 인간의 의식의 내부에 축적된 내용을 상

징하는 표기들을 소리를 이용하여 나타낸 것으로 이해하였다. 여기서
'인식된 내용'이란 하나의 단어가 지니는 의미적인 측면을 가리키며
'상징표기'란 소리를 표시하는 수단을 가리키는 것인데, 다시 부연하자
면 음성적 기호들을 가리킨다.

그의 철학적 사고에 의하면 모든 인간은 동일한 사고체계를 가지고
있다. 같은 대상에 대하여 개개인들이 다른 말로 명명하는 것은 단지
각각의 개인들이 별개의 언어를 이용하기 때문이라는 것이다. 이런 사
고방식은 현대 언어학 이론의 기본이 되는 것이며 현대 언어이론의 아
버지라고 할 수 있는 촘스키도 모든 언어현상을 동일한 규칙체계로 설
명할 수 있는 가능성을 바로 아리스토텔레스의 보편성에 대한 주장에
이론적 기반을 두고 있다. 이것은 언어현상과 인간의 사고체계를 이원
화시켜 이해한 것이다. 아리스토텔레스의 이원적인 주장은 다음과 같이
도형적으로 설명될 수 있다.

(11) oneness of all mankind.
     (사람들은 모두 동일한 사고체계를 타고난다.)

| Universal Grammar(보편성에 의거한 문법) |

different languages are simply surface differences.
(여러 다른 언어들이 보여주는 차이는 단지 표면적 현상에 지나지
않는다.)

여기서 유의할 점은 모든 인간이 소유하고 있는 동일한 사고체계란
인간이 태어날 때부터 지니고 있는 것이 아니라는 점이다. 이것은 후일
다른 언어학 이론과 비교할 때 다시 언급될 사항인데 촘스키의 경우는
동일한 사고체계를 가정하는 데 있어서는 아리스토텔레스와 맥을 같이
하지만 그것을 본래부터 소유하고 있는지, 아니면 태어난 후에 습득하

는지에 대해서는 다른 견해를 보여주고 있다. 즉, 동일한 사고체계의 선천성과 후천성의 문제에서 촘스키는 전자의 입장을 취한 반면 아리스토텔레스는 후자의 입장을 취하였다. 이것을 도표로 나타내면 다음과 같다.

(12)

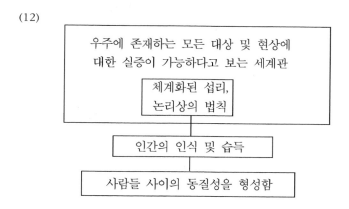

다시 설명하자면 아리스토텔레스는 실증이 가능하다고 믿는 세계관과 유사한 철학적 우주관을 가지고 있었으며 우주 속에 하나의 체계화된 섭리가 논리성에 의거한 법칙과 함께 존재하고 있다고 생각하였다. 사람들은 태어난 이후 살아가면서 이들 섭리와 법칙을 인식하고 습득한다는 것이 그의 철학적 믿음이었다. 사람들이 어떤 언어를 사용하든지 간에 이와 같은 섭리와 법칙은 동일하기 때문에 비록 언어 자체에 차이가 있다고 하더라도 본래의 동질성에는 변화가 없다는 것이 아리스토텔레스의 생각이었다. 이러한 생각을 뒷받침하는 예로 그가 언급한 것을 나타내면 다음과 같다. 이것은 하나의 동일한 의미가 언어상으로 다르게 표기되는 예를 든 것이다.

(13) horse　　(English)
　　　cheval　　(French)

```
pferd      (German)
caballo    (Spanish)
mal        (Korean)
```

여섯 번째 업적은 아리스토텔레스에 의하여 집필되었다고 생각되는 『시론』(*Poetics*)이 언어학 이론 발전에 많이 공헌하였음을 분명하게 보여 주고 있다는 측면에서 찾아볼 수 있다. 그가 저술한 『시론』 중 20장은 다음에서처럼 언어학에 관련된 용어들로 소제목을 삼아 다시 나누어질 수 있기 때문이다.

> (14) 음운론에 관한 것
> 음성과 관련된 문자, 즉 자음과 모음뿐만 아니라 각 문자가 조음되는 방법까지 언급함.
> 어휘적인 것
> 발음된 단어, 은유적인 단어, 동의어와 관련된 단어, 파생된 단어 등에 대하여 언급함.
> 문법적인 것
> 명사, 동사 및 전치사나 접속사와 같은 기능어, 성, 시제 등이 언급됨.
> 문체적인 것
> 논리적인 단어, 수사학과 관련된 단어, 시어로서의 단어, 기록된 단어, 발화된 단어, 일반 단어 등에 대해 언급함.

5) 스토아 학파

스토아(Stoics) 철학은 기원전 300년경에 '제노'(Zeno)에 의하여 설립되었다. 이 학파가 생겨난 시대는 헬레니즘 시대(Hellenistic age)라고 명명되던 시대였다. 이 학파에 관련되었던 학자들은 언어학을 그 어느 때보다도 철학 속에서 각별하게 연구·발전시켰다. 연구된 결과들 자체

가 괄목할 만큼 광범위하지는 않았지만 두 가지 측면을 유의해서 보면
이들이 언어학적 발전에 어떻게 공헌하였는가를 알아볼 수 있다.

첫째는, 언어학의 각각 분야를 분리하여 보았다는 점에서 학문적 의
의를 찾을 수 있다. 즉, 음성학(phonetics), 문법(grammar), 어원학(ety-
mology) 등을 분리하여 각각에 대하여 상당한 관심을 기울였다. 그중에
서도 문법 분야는 다른 분야보다 더 괄목할 만한 발전을 보였는데 그들
은 언어의 문법적인 측면을 단순히 묘사하는 데만 그치지 않고 문법에
관련된 이론과 특수 용어들을 고안해내는 업적을 남기기도 하였다.

스토아학파는 음성적인 측면에서 상당한 발전을 보여주었다. 예를 들
어 그들은 발음된 소리를 연구할 때 소리를 기술하는 문자를 크게 세
가지로 분류하였다. 음성상의 음가(phonetic value), 직접 표기된 것, 해
당 표기에 주어지는 명칭이 그것들이다. 다음은 음가, 표기, 명칭의 예
를 보인 것이다.

(15) 음가 [a]
    표기 α
    명칭 alpha

이 학파의 음성학적 측면에 대한 연구는 여기에만 그치는 것이 아니
다. 이들은 음성표기상의 연구뿐만 아니라 음절(syllable)의 개념도 발전
시켰다. 이것은 정해진 단위 속에서 각각의 소리들이 일렬로 나열될 수
있는지를 가늠하는 중요한 척도가 된다. 이것은 현대 언어학 이론 중에
서 음운론에 관련된 것이며 음절의 개념은 어떤 이유로 특정 음들만이
어우러질 수 있는지를 설명해줄 수 있는 중요한 기준이 되고 있다.

언어의 의미적인 측면(semantics) 또한 스토아학파의 중요한 언어학적
공헌이다. 그들은 의미를 나타내는 데 있어 어형(form)과 의미(meaning)
의 이분성(dichotomy)의 필요성을 인식하였다. 이것은 언어학에 있어

의미론의 발전의 근간이 된 것이며, 이와 같은 방법론은 현대에 널리 통용되고 있는 의미론의 토대가 되고 있다. 그뿐만 아니라 최근에 기호학(Semiotics)의 근본을 이루는 기호의미부(signifier)와 기호작용부(signi-fied)의 차이점을 알아내고 기호작용부를 단순히 정신적인 현상에만 국한시키지 않고 인간의 언어행위(language performance)와 관련된 사람들 마음 속에 존재할 수 있는 의미적인 측면까지 확대 해석함으로써 후대 소쉬르(Sausseur)의 의미작용부(signifié)와의 연계성을 보여주었다.

이들이 언어학에 있어서 이루어낸 의미론상의 발전은 다음의 예에 잘 나타나 있다.

> (16) semainon　　　　　 －'sign'이라는 것으로부터 유래됨
> the signi<u>er</u>　　　　밑줄 친 곳에 해당하는 능동형(active partici-
> 　　　　　　　　　　　ple)을 가리킴.
> semainomenon(or lekton) －'sign'으로부터 유래됨
> the signi<u>ed</u>　　　　밑줄 친 곳에 해당하는 수동형(passive partici-
> 　　　　　　　　　　　ple)을 가리킴.

스토아학파는 위에서처럼 하나의 단어를 두 가지 요소들로 구성되어 있는 것으로서 이해하였다.

> (17) word ┬ orthography(문자 표기) －signifier(기호의미부)
> 　　　　　 └ the meaning －signified(기호작용부)

이들의 의미론적인 체계는 소쉬르와 유사하지만 차이점도 존재한다. 소쉬르의 의미론 체계에는 없는 세 번째 요소를 하나 더 가지고 있었다는 것인데 이것은 'tungchanon'(to happen to be, objective structure in

reality)과 'pragma'(thing or situation)라는 것이었다. 이것들의 통합적
인 의미는 정해진 의미를 지칭하는 요소가 '우연하게 존재하게 된 경
우'(what happen to be the case), 즉 환경적인 요인을 가리킨다. 지금까
지 살펴본 스토아학파에서 정립했던 의미론적 체계를 정리하면 다음과
같다.

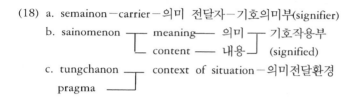

(18) a. semainon—carrier—의미 전달자—기호의미부(signifier)
　　b. sainomenon ┬ meaning—— 의미 ┬ 기호작용부
　　　　　　　　　└ content —— 내용 ┘ (signified)
　　c. tungchanon ┬ context of situation—의미전달환경
　　　　pragma ──┘

　이뿐만 아니라 스토아학파에서는 위의 의미론의 체계에서 기호작용
부에 속하는 'sainomenon' 혹은 'lekton'을 좀 더 세부적으로 분류하여
이 부분에 대한 이해에서 발생할 수 있는 오해의 여지를 완벽하게 불식
시켰다. 이와 같은 세부적 분류는 아리스토텔레스에게서 일어날 수 있
는 개념상의 애매함을 좀 더 분명하게 함으로써 의미론의 발전의 중요
한 전환점을 마련해주었다고 할 수 있다.

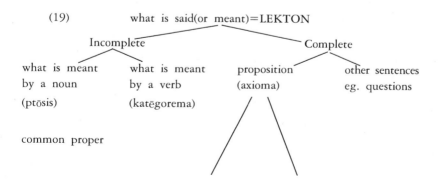

(19)　　　　　what is said(or meant)=LEKTON
　　　Incomplete　　　　　　　　　　　　Complete
what is meant　　what is meant　　proposition　　other sentences
by a noun　　　by a verb　　　　(axioma)　　　eg. questions
(ptōsis)　　　　(katēgorema)

common proper

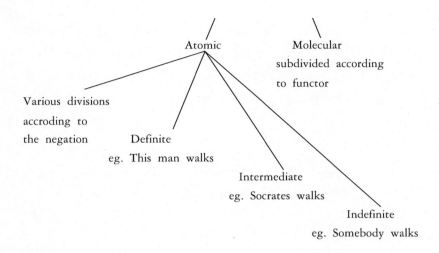

　위와 같은 의미론적인 체계는 중세로 넘어갈 때 나타나는 의미론적인 발전에 상당한 영향을 미치게 된다. 그 시대에 의미론상의 발전에 상당한 공헌을 하게 될 페트루스 히스파누스(Petrus Hispanus)는 스토아 철학사상에서 발전한 의미론 체계를 바탕으로 하여 자신의 의미론적인 사상체계를 발전시키게 된다.

　그렇지만 이러한 언어학적인 업적을 살피는 데 문제가 없는 것은 아니다. 그중 하나가 이들 업적의 대부분이 소실되었다는 점이다. 많은 학자들은 스토아학파의 언어학적인 업적이 이보다 훨씬 더 많을 것으로 추정하지만 소실로 인하여 그들의 언어학 이론상의 업적의 상당 부분은 확인할 길이 없다. 단지 후에 성 아우구스틴(St. Augustine)에 의하여 그 일부만이 남겨졌을 뿐이다.

2. 그리스 시대의 두 논쟁

그리스 시대에 일어났던 언어학적 발전은 언어학자 개개인이 내세운 이론들에서 엿볼 수 있었지만 좀 더 우리가 살펴보아야 할 이 시대의 특징은 언어학 이론들을 크게 두 종류로 분류하여 생각해볼 수 있다는 것이다. 이처럼 두 분류로 나뉠 수 있었던 이론들은 철학자들 사이에 언어에 대하여 두 종류의 논쟁이 발생할 수 있는 기회를 마련해주었다. 또한 이와 같은 사실은 언어학 이론이 더욱 성장할 수 있었던 기회를 제공하였다고 볼 수 있다. 그 이유는 이론이 좀 더 성숙한 단계에 이르기 위해서는 이론들을 다루는 학자들이 끊임없이 이론들에 대하여 논리적 논쟁을 수행하지 않으면 안 되기 때문이다. 따라서 이론을 단순하게 분리만 하고 각 이론들 사이에 존재할 수 있는 가능성을 중요하게 생각하지 않는 방법으로는 상위 개념으로 발전된 이론을 기대하기는 그렇게 쉬운 일이 아니라고 생각한다. 오직 그리스에서만 이와 같은 논쟁들이 발생한 원인은 무엇보다 그리스에서 오래 전부터 발전한 언어학 이론들과 밀접한 관련성이 있는 철학적 기반이 중요한 원동력이었다고 생각해볼 수 있을 것이다.

이미 앞에서 언급하였듯이 언어학은 그리스 초기부터 태동하기 시작하였는데 이 지역에서 언어학이 시작된 이유는 인도에서 언어학이 태동한 환경적 조건과 상당한 격차를 보여준다. 그리스의 언어학은 철학이라는 정신적인 학문을 위하여 발전되었고 그 결과로 언어학 이론들은 내용적으로도 철학의 학문적 발전 조류에 수없이 영향을 받곤 하였다. 다음에 나올 내용은 그리스에서 시작된 언어학 이론 발전과정이 인도의 언어학 이론 발전과정과 밟아왔던 길을 달리하는 이유에 대하여 네 가지 측면을 제시하겠다.

첫째는, 그리스 언어학 이론들의 특이성은 당시 그리스에서 활동하였던 철학자들의 학문적인 발전에 의하여 적지 않은 영향을 받았다는 사실이다. 그래서 각 철학자들은 자신들의 철학적 신념에 따라 각자 다른 방식의 언어 관찰 방법과 결과들을 내놓았다는 것을 어렵지 않게 알 수 있다.

둘째는, 그리스인들은 언어를 연구함에 있어서 조차도 철학적인 접근 방식을 그대로 적용하고 있었다. 즉, 자신들이 살고 있던 세계 및 인간의 삶에 대해서 구하려 하였던 궁극적인 대답을 언어학에 대한 연구과정에서도 얻어내고자 상당히 많은 노력을 아끼지 않았다는 사실이다.

셋째는, 그리스의 철학가들은 자신들이 깨닫고 발전시켜온 사상을 다른 사람들에게 이해시키는 데도 노력을 아끼지 않았다. 이와 같은 목적을 달성하기 위하여 사상의 전달 매개체였던 언어를 아주 상세하게 연구하게 되었고 아주 일찍부터 언어학 이론들이 그리스 학문 분야 내부에 태동하는 결과를 낳게 해주었다.

넷째는, 그리스의 철학의 특징은 인간을 중심으로 생각한 학문이었다는 사실이다. 이것은 우주에서 인간을 중심 주체 요소로서 관찰하는 방법을 의미하며 모든 철학적 설명은 인간을 중심으로 하여 이루어지게 되었다. 이런 정신문화적 배경 속에서 그리스의 철학자들은 인간을 동물과 달리 인간답게 정의해줄 수 있는 언어를 학문의 대상으로서 생각하였으며 이와 같은 경향은 인간을 중심으로 한 사상을 발전시켜나가는 데 있어 중요한 기틀이 되었다. 이와 같은 환경적 요인들은 언어학 이론들이 그리스에서 빨리 발전할 수 있었던 원동력이 되기도 하였다.

위에서 설명한 이유들은 그리스 시대에서 발견될 수 있는 언어학 이론의 특징을 세 가지 측면으로 나눌 수 있는 가능성을 제시해주었다.

첫 번째 특징은 언어학적인 측면에 관련되었던 학자들이 자신들이 살고 있던 지역의 언어사용에서 지역 간의 편차였던 방언상의 여러 요소를 찾아냈다는 사실이다. 비록 그리스라고 지칭되는 한정된 지역에서

'그리스어'라는 동일 언어를 사용했다고 하더라도 학자들은 이 언어가 지역에 따라서 조금씩 다른 특징을 가지고 있다는 사실들을 놓치지 않고 찾아낸 것이다.

두 번째 특징은 오늘날 유럽에 사용되고 있는 언어들뿐만 아니라 미주 지역에서도 사용되고 있는 언어들의 기본이 되는 '알파벳'이라고 하는 문자체계를 그리스 시대에 확정지었다는 사실이다. 이 문자체계가 소리글자로서 자음과 모음을 중심으로 형성되었다는 사실 또한 아주 특기할 만한 사항이다.

세 번째 특징은 언어를 사용하는 데 있어서 일정한 규칙의 당위성을 '문법'이라는 용어를 정의해가는 과정에서 보여주었다는 사실이다. 그들이 문법이라는 개념을 자기들 나름대로 정립한 것은 후세의 언어학적인 발전에 중요한 토대가 되었을 뿐만 아니라 지속적으로 기여해주고 있다.

이처럼 초기부터 발전의 기반을 다진 그리스의 언어학 이론들은 당시의 학자들에게 이론적 차이에 대한 논쟁의 근거를 제시했을 뿐만 아니라 학자들로 하여금 논쟁의 방향을 제대로 이끌어가고자 하는 의지의 자극적 근거가 되기도 하였다. 이 논쟁의 방향은 두 부류로 나뉘었으며 이 부류들에 대한 논쟁에서 각 부류에 속했던 학자들은 상대방에게 논리적으로 승리하기 위해서 기존의 연구 결과에 만족하지 않고 언어현상에 대하여 좀 더 상세한 연구를 진행할 필요를 느끼게 되었다. 이처럼 학자들은 자신의 학문적인 믿음을 주장하고 논쟁에 있어 상대방의 이론을 반박하기 위하여 언어의 구조 및 의미를 심도 있게 연구하기 시작하였고, 어떤 언어에서든지 그 속에 존재하는 단어들이 스스로의 의미나 기능을 충분히 전달하기 위해서 구조적으로 어떠한 배열로 구성되어야 하는지에 대해서도 많은 연구가 나타나게 되었다. 이와 같은 사실은 현대 언어학 이론을 신봉하는 여러 연구자들이 언어를 설명하기 위하여

정확하고 세밀한 언어학적 분석방법(precise linguistic analysis)을 찾아
내는 데 확실한 길잡이 노릇을 해주고 있다.

　당시 그리스에서 벌어진 두 부류의 논쟁은 다음과 같다. 논쟁의 첫
번째 부류에 속하는 내용은 언어발생 및 단어와 의미 간의 필연성을 주
장한 데 근거를 두고 있으며 이와 같은 주장을 후세의 학자들은 '필연
주의'(nature or physis)라고 명명하였다. 논쟁의 두 번째 부류에 속하는
내용은 단어와 의미 사이에 서로 필연적 연관성이 있음을 부인하고 단
어와 의미 사이의 관계는 사람들의 사회적 약속으로 생각하는 데 그 기
반을 두고 있다. 또한 사람들은 언어를 사용함에 있어서 상호 인정한
약속 관습으로써 따르도록 되어 있다고도 주장하였다. 후세의 학자들은
두 번째에 속하는 주장을 '관습주의'(convention or nomos)라고 명명하
였는데, 이 용어의 근본적 의미는 '약속 또는 관습'이라고 할 수 있다.
두 번째 내용은 다시 둘로 나뉘는데 이들은 언어 내부에 규칙성과 체계
성의 존재하는지 아니면 그렇지 않은지에 따라서 분류된 것이었다. 첫
째는, 언어 내부 속성상 본래부터 정형화된 규칙성을 내재적으로 소유
하고 있다고 주장하는 데 반하여 둘째는, 앞서 언급한 내용을 전면적으
로 부인하고 언어가 규칙성을 가지는 데는 무리가 있다고 주장하는 내
용을 기반으로 하고 있다. 이 주장들은 내용에 따라서 각기 '규칙성'
(analogy)과 '비규칙성'(anomaly)과 같은 용어들로 불렸으며 앞의 용어
는 첫째 주장을 가리키는 데 반하여 뒤에 나온 용어는 둘째 주장을 가
리키는 것이다.

1) 필연주의와 관습주의

　언어에 있어서 하나의 단어들이 어떤 경로를 거쳐 의미를 갖게 되는
가 하는 문제는 프로디쿠스(Prodicus)가 동의어를 연구하는 과정에서 자

신에게 제기했던 의문이었다. 이 문제는 플라톤이 저술한『크라틸루스』 (Cratylus)에서도 자세하게 토론 주제로서 다루어진 바 있다.

언어 속성에 대하여 자연주의를 주장하는 학자들은 하나의 대상에 대한 언어적 명명(the name of a thing)은 그 대상이 소유하고 있을 속성 (nature)과의 관계에서 이루어진 결과라고 믿었다. 언어의 의미가 자연 속에 존재하는 속성과의 필연을 근거로 하여 상호관계가 설정된다는 내용이었다. 'physis'란 말도 바로 앞서 언급한 내용을 가리키는 'physei' 에서 유래된 것으로 생각된다. 언어의 의미에 대한 이와 같은 관점을 필연주의(Nature)라고 일컬을 수 있으며 이처럼 언어의 의미를 생각하는 방법은『크라틸루스』에도 잘 나타나 있다.

언어의 의미를 이해하는 방법으로 관습주의(Convention)를 따르던 학자들은 자연주의적인 접근방식을 전면 부인하고 하나의 이름이 하나의 대상을 가리키는 것은 화자들 사이에서의 약속(nomō)에 의해서만 가능하다고 믿었다. 또한 이 약속들은 사람들이 사는 사회에서 관습화되어 사용되게 된다고 믿어 의심치 않았다. 헤르모게네스(Hermogenes)는 관습주의를 따르던 철학자 중에 대표적인 인물이라고 할 수 있다.

그 당시에 살았던 많은 학자들과 연구생들은 소크라테스에게『크라틸루스』와 헤르모게네스에 사이에 벌어진 논쟁을 불식시켜 달라고 간곡히 요청하기에 이르렀다. 그러나 소크라테스도 이 두 논쟁의 골을 흔쾌히 해결하지 못하였으며 단순히 양측 주장에 나타난 논리적 장단점만을 지적하는 데서 자신의 역할을 멈추었다.

이 논쟁 이후에 다시 발생한 제2차 논쟁도 자연주의와 관습주의의 논쟁과 그리 무관하지는 않다고 생각한다. 언어 내부에 규칙성의 존재를 믿는 측에서는 의미와 대상 사이의 필연적 관계를 주장하기 이르렀던 반면에, 규칙성 자체의 존재를 모두 부인하는 측에서는 의미와 대상 사이의 관계를 사회적 관습에만 근거하여 자신들의 주장을 이끌어갔기 때문이다.

오늘날의 언어학에서는 언어의 의미 및 제반 언어현상에 대하여 주로 관습성을 주장하던 후자의 경우를 따르는 것이 일반화되었다. 이것은 후일 언어학에서 기호적인 측면(semiotics)을 발전시키는 계기가 되었다고 할 수 있다. 그러나 언어의 의미를 필연적으로 보는 주장도 전혀 근거가 없는 것은 아니다. 경우에 따라서 언어에 존재하는 단어의 의미를 이해하기 위해서는 그 단어가 가리키는 대상의 자연적 속성을 알아야만 하는 것들이 있기 때문이다. 다음에서는 필연성을 주장하는 학자들이 주로 자신들의 논리적 증거로서 제시하였던 예들을 셋으로 분류해서 보이고자 한다.

첫 번째 증거로서 의성어(onomatopoeia)를 들 수 있다. 의성어란 말 그대로 소리를 흉내내기(sound imitation) 위하여 만들어진 단어들을 일컫는다. 예를 들면 딱따구리(cuckoo)가 이와 같은 이름을 가지게 된 원인은 그 새가 지저귀는 소리에 있다. 그 새를 가리키는 단어가 새 자체가 소유하고 있는 자연적 속성에 의거하여 만들어진 것이다. 따라서 '딱따구리'라는 이름과 새 자체는 서로 필연적인 관계에 놓여 있다고 할 수 있다. 이와 같은 현상은 비단 특정 대상을 가리키는 이름에서만 볼 수 있는 것은 아니다. 한국어의 경우에 소리 자체를 흉내내어 형성된 많은 단어들이 존재한다. 바람 소리, 물소리, 동물 소리 등 많은 자연의 소리들이 단어로서 존재하고 있다.

(20) 바람 소리 ―휭휭, 싱싱, 쌩쌩
    물소리   ―졸졸, 콸콸, 철썩철썩
    동물 소리 ―멍멍, 음매, 꼬끼오

두 번째 증거는 특정 철자구조의 소리 연상화(synesthesis)인데 단어의 어느 한 부분이나 또는 전체가 소리를 상징(sound symbolism)하는 기능을 가지고 있는 것을 가리킨다. 사람들은 감각기관들 중 한 부분의 자극을 통하여 그 효과를 체험하게 된다. 이런 자극은 주로 청각적인 자극 및 결과로 나타나는 인상(acoustic impression)에 의존하며 사람들이나 동물들이 이 감각 기관의 의하여 최종적으로 받은 인상들은 촉감이나 색깔 등의 느낌을 불러일으킨다. 다음은 위에서 제시한 기능을 보여주고 있는 단어들을 나열한 것이다.

(21) crackle [krækl] 딱딱[바삭바삭] 하는 소리

　　　fizz [fiz] 쉬잇쉬잇 하는 소리(hissing sound)

　　　hiss [his] 쉿 하는(비난·노여움·제지 따위의) 소리

　　　hum [hʌm] ¹윙윙(하는 소리); ²[həm, hm] 흥(의문, 불찬성을 나타 낸다.)

　　　mumble [mʌmbl] 중얼중얼(하는 소리)

　　　pop [pɑp/ pɔp] 펑[뻥] 하는 소리

　　　quack [kwæk] 꽥꽥(집오리 따위의 울음소리)

　　　rumble [rʌmbl] 우르르, 덜컹덜컹, 덜컥덜컥

　　　simmer [simər] 부글부글(끓는 소리)

　　　sizzle [sizl] 지글지글[칙칙] 거리는 소리

　　　titter [titər] 킥킥(웃는 소리)

　　　twitter [twitər] (새가) 지저귀는 소리, 재잘재잘(지껄이는 소리)

　　　whiz [hwiz, wiz] (총알·화살 따위가 바람을 가르고 날 때 내는) 윙 [펑] 하는 소리

　　　bow-wow [bauwau] (개가) 멍멍(짖는 소리)

　　　ding-dong [diŋdɔ(:)ŋ] 땡땡, 뎅그렁뎅그렁(종 하나를 연속적으로, 또는 두 개의 종을 교대로 울리는 소리)

　　　flip-flap [flipflæp]=flip-flop [flipflɑp/ -flɔp] 퍼덕퍼덕, 딸각딸각

　　　hee-haw [hi:hɔ:] 히힝히힝(당나귀의 울음소리)

　　　ping-pong [piŋpɔ(:)ŋ] 핑퐁(탁구 치는 소리)

　　　pom-pom [pɑmpɑm/ pɔmpɔm] 콰광(제1차 세계대전 때의) 대형 기관총 소리, (제2차 세계대전 때 함선에서 잘 쓴) 대공 속사포 소리

rub-a-dub [rʌbədʌ(:)b] 둥둥(북소리)

tick-tack [tiktæk] (시계 따위의) 똑딱똑딱(하는 소리), (심장의) 두
근두근(하는 소리)

sing-song [siŋsɔ(:)ŋ] 흥얼흥얼(부르는 단조로운 시·이야기·노래)

tittle-tattle [titltætl] 재잘재잘(잡담하는, 지껄이는 소리)

hoot [hu:t] ¹부엉부엉(부엉이의 울음소리); ²뚜우뚜우, 애앵(기적·
경적·사이렌 소리); ³(스코틀랜드, 영국 북부) 흥, 쳇

fuss [fʌs] 법석, 안달복달, 떠들어대기, 끙끙거리며(걱정하다)

flash [flæʃ] 번쩍(번개나 빛이 비추는 소리·모습)

flush [flʌʃ] 푸드득(새가 숲에서 날아오르는 소리)

jiggle [dʒigl] 가볍게 흔들리다(흔들다)

joggle [dʒagl/ dʒɔgl] 가볍게 흔들다(흔들리다)

whirr [hwə:r/ wə:r] 윙윙 소리를 내며 날다[회전하다·진동하다]

see-saw [si:sɔ:] 전후[상하]로 움직이다

thwack [θwæk] (막대기나 널빤지 따위로) 찰싹 (때리는 소리)

세 번째 증거는 어원(etymology)으로서 단어의 본래 의미(original meaning)를 찾아 단어와 의미의 연관성을 짚어가는 것을 가리킨다. 이것은 단어가 지니고 있었을 것이라고 가정되는 진지하고도 순수한 의미(true or genuine)를 찾는 것인데 여기에서 순수함이란 인위성이 개입되지 않은 자연의 속성과의 연결을 뜻한다. 다음은 '자동차'를 의미하는 단어의 예인데 자동차라는 단어가 과연 어원적으로 그 기구 자체의 속성과 일치하는지를 보인 것이다. 'automobile'이 '자동차'라는 대상을 가리키는데 이 단어의 어원적인 의미가 필연성을 증명하는 데 중요한 역할을 보여주고 있음을 쉽게 이해할 수 있다.

(22) automobile   '자동차'

etymological analysis(어원적인 분석)	
auto -	mobile
self	moveable

2) 규칙성과 비규칙성

두 번째 논쟁은 첫 번째 논증보다 언어학적으로 더 중요하다고 할 수
있다. 각 주장에 속했던 학자들이 자신들의 학문적 입장을 표명하고 또
한 자신들이 심취하였던 논쟁에서 이기기 위한 노력은 오늘날 언어학의
성향에도 그대로 반영되고 있다. 세상에 존재하고 있는 제반 현상뿐만
아니라 언어에 과연 정형화된 규칙(formalized regularity)이 존재하는지
에 대한 사고방식은 현대 언어학 이론 발전과정에도 그대로 반복되고
있다. 다음에 나온 내용은 두 주장을 도식적인 방법을 사용하여 체계적
으로 보여주고 있다.

> (23) Analogist─규칙성을 믿음(believe in regularity): 규칙성과 관련된
> 모든 경우들을 찾고자 노력함(tried to capture all cases
> of regularity)
> Anomalist─비규칙성을 믿음(believe in irregularity): 비규칙성, 즉
> 예외적인 경우들을 찾고자 노력함(tried to capture all
> cases of irregularity)

이와 같은 두 주장들의 출현은 시대적 상황과 무관하지 않다고 생각
한다. 당시 알렉산더 대왕(Alexander the Great)은 자신의 점령지에 식
민지를 건설하였는데 그중에서 알렉산드리아(Alexandria)와 페르가몬
(Pergamon)이라는 두 대표적인 식민지가 이집트 영토에 건설되었다. 규
칙성(Analogy)을 따르는 주장은 주로 이집트의 알렉산드리아를 중심으
로 태동하고 번성하였으며 비규칙성(Anomaly)을 따르는 주장은 주로
페르가몬을 중심으로 발전하였다. 이후 두 지역은 각 주장을 대표하는
학파의 대명사로서 사용되기에 이르렀다.

(1) 규칙주의자

알렉산드리아 학파는 규칙주의자(Analogist)를 대표하는 명칭으로서 이 학파에 속하였던 학자들은 아리스토텔레스의 철학적 사상에 자신들의 학풍의 기반을 두고 있었다. 당시 알렉산드리아에는 거대한 도서관이 있었는데 그곳에 소장되어 있던 도서들은 주로 아리스토텔레스가 소장하던 서적을 기초로 구성되었으며 도서관 자체도 같은 맥락에서 설립된 것이었다. 많은 학자들이 자신들의 연구를 위하여 알렉산드리아에 와서 거주하게 되었다. 이러한 환경을 바탕으로 언어학과 관련된 학문의 꽃이 만개하였는데 그중 대표적인 것이 유클리드(Euclid)의 '*Elements*'라는 저서와 다음 장에서 언급할 디오니시우스 트락스(Dionysius Thrax)의 '*Grammar*'라는 저서이다.

언어학의 발전에 있어서 규칙주의자들의 주된 업적은 형태론적인 측면에서 찾아볼 수 있다. 그들은 언어에서 규칙성을 가장 잘 보여주는 것이 바로 단어들의 문법범주(품사)이며 이것은 하나의 단어가 여러 경우를 가리키기 위하여 변화하는 것들을 묶어놓은 것(parameter)이라고 주장하였다. 문법범주는 대부분 일곱에서 여덟 가지의 품사를 중심으로 설정되었다. 각 품사는 각각 다른 형태론적 범주를 가지는데 이들 중에서 명사와 형용사에 대한 설명은 다음과 같이 이루어졌다.

> (24) 명사(noun) — 대상(object)이나 사람(person) 등 주격, 대격, 여격, 소
> 유격 등 격(case)의 기능
> 수(number)와 연관됨
> 형용사(adjective) — 격의 기능을 보여줌
> 수와 연관됨
> 비교급(gradation)이 가능함

다음에 나올 예는 품사들 중에서 네 가지만을 보인 것이다. 각 품사에 해당될 수 있는 관련 기능들도 아울러 표시하였다. 품사에 따라서 관련성이 없는 기능들은 '－'로서 표시됨으로써 특정 품사가 해당 기능과 관련되어 있지 않음을 표시하였다. 세 번째 세로줄에 나오는 'gradation'은 비교급을 의미하는 것으로서 여기에는 비교급(comparative)과 최상급(superlative)이 포함된다. 그리고 여기에는 표시되지는 않았지만 동사의 경우에는 시제(tense), 태(mood), 인칭(person) 등도 포함된다.

(25)

noun	cases	number	—	—
adjective	cases	number	gradation	—
adverb	—	—	gradation	-ly
verb	—	number	—	—

만일 자신들이 설정한 규칙에 위배되는 예가 나타나게 되면 그들은 그것을 자신들의 규칙 속으로 끌어들이려고 노력하였다. 예를 들어 'ruling'을 위의 방법대로 분석하면 다음과 같다. 즉 이 예는 명사적 기능에 동사적 기능을 가미한 것으로서 생각할 수 있다. 오늘날에서도 이처럼 구성된 단어들을 일컬어 '동명사'라는 용어를 사용하고 있는데 그 이유는 여기에 해당되는 단어들은 품사의 특성들 중에서 둘 이상의 성질을 보여준다는 측면에서 용어적 선택을 이해해볼 수 있을 것이다.

(26) ruling

noun	cases	number
verb	tense	

단어가 활용하는 방식에 따라서 형태적인 특징별로 분류하여 하나로 묶어놓은 것은 형태론적으로 동일한 묶음에 속한 형태들이 항상 같은 접사(affix)를 소유하고 있으며 더 나아가 그 접사와 어우러질 때 항상

동일한 음운현상을 보인다는 사실은 언어가 무엇보다도 규칙적인 측면을 가지고 사용되고 있음을 분명하게 해주는 확실한 부분이라고 생각해 볼 수 있다. 어떤 하나의 명사가 주격으로서 특정 접미사(suffix)를 가지게 되면 다른 명사들도 주격으로 사용될 때 동일한 접미사를 가지지 않으면 안 된다.

그것은 이 접사가 사용되는 언어에서는 절대 변할 수 없는 약속이기도 하다. 그리고 이처럼 같은 접미사로 구성된 명사들은 음운론상으로도 같은 규칙을 보이게 되는데 음운현상 중에서 강세는 접사와의 관계에서 다른 어떤 음운현상보다도 밀접한 관련성을 보여주곤 한다. 이와 같이 강세가 접사와 밀접하게 연관되어 있는 특성은 현대 언어학 이론 중 음운론의 대표격이라 할 수 있는 어휘음운론(Lexical Phonology)에 체계적으로 설명되어 있다.

다음에 나온 예는 단어가 접사에 따라서 도식적으로 분류될 수 있다는 사실을 예시한 것인데 각 단어들은 형태적인 기능에 따라서 별도의 그룹으로 분류되어 있다. 이와 같은 단어의 분류양상은 예로서 주어진 그리스어뿐만 아니라 굴절형을 보여줄 수 있는 동일 어족의 언어들에서도 많이 발견할 수 있다.

비록 형태적 변화를 많이 소실하기는 하였지만 영어에서도 단어에 따라서는(인칭대명사) 그리스어와 비슷한 형태적 분류를 관찰할 수 있다. 이처럼 단어를 기능별로 나누는 것은 바로 언어가 내부적으로는 규칙성을 기반으로 하고 있으며 경우에 따라서 약간의 예외만이 존재함을 보여주는 것이라고 할 수 있다.

　(27) 그리스어의 예

M	M	F	F	N
speech	man	road	opinion	gift

SINGULAR

N	λόγοS	ἄνΘρωποS	ὁδόS	γνώμη	δῶρον
G	λόγου	ἀνΘρώπου	ὁδού	γνώμηS	δῶρου
D	λόγῳ	ἀνΘρώπῳ	ὁδῷ	γνώμη	δώρῳ
A	λόγον	ἄνΘρωπον	ὁδόν	γνώμην	δώνρο ώ
V	λόγε	ἄνΘρωπε	ὁδέ	γνώμη	δῶρον

PLURAL

N	λόγοι	ἄνΘρωποι	ὁδοί	γνώμα	δῶρα
G	λόγων	ἀνΘρώπων	ὁδών	γνωμών	δώρων
D	λόγοιS	ἀνΘρώποιS	ὁδοίS	γνώμαιS	δώροιS
A	λόγοvS	ἀνΘρώπονS	ὁδούS	γνώμαS	δώρα
V	λόγοι	ἄνΘρωποι	ὁδοί	γνώμαι	δώρα

(2) 비규칙주의자

　　페르가몬 학파는 비규칙주의자(Anomalist)들을 대표하는 명칭으로서 여기에 속한 학자들이 중시하였던 것은 언어에서 흔히 발견되는 예외를 찾아내는 것이었다. 그들은 언어에는 규칙적으로 설명되는 부분도 있지만 거기에 위배되는 예외들도 얼마든지 존재한다고 생각하였다. 다음은 비규칙자들이 찾아낸 예들 중에서 유형별로 세 가지를 든 것이다. 첫째는, 복수형에 있어 본래는 단수의 개념을 가지고 있지만 복수형을 수반하고 나타나는 경우이다. 둘째는, 파생(derivation)에 있어서 항상 파생에 관련된 어미가 붙는 것은 아닌 경우들을 보인 것이다. 셋째는, 의미적인 측면에서 한 단어가 항상 한 의미만을 가지지 않는다는 것을 보이는 경우이다. 이것은 스토아학파에서도 이미 언급된 바 있다. 다음에 주어진 예는 아우구스틴이 스토아학파의 분석대로 한 단어가 같이 나열되는 단어들에 따라 다른 의미를 가지게 된 경우를 보여준 것이다.

　　(28) a. Athēai(ΑΘήναι), Athens
　　　　　 Thēbai(ΘήΒαι), Thebes
　　　　b. patēr 'father' pátrios 'paternal'

mētēr 'mother' *mētrios 'maternal'

c. aciēs mīlitum(soldiers) 'line of battle'

aciēs ferrī(sword) 'sharp edge of the blade'

aciēs oculōrum(eyes) 'keeness of vision'

페르가몬 학파는 언어학 이론이 발전해가는 과정에서 시대마다 규칙으로써 모든 언어현상을 설명하려는 규칙주의자들에게 상당한 예외를 제시하여 규칙주의자들과의 논쟁을 거듭하였는데 이들은 규칙주의자들로 하여금 자신들의 언어이론을 상대방에 설득시키기 위하여 좀 더 정교하게 발전시키려는 노력의 원동력이 되기도 하였다.

3. 전통문법의 태동

전통문법(traditional grammar)은 그리스 시대를 필두로 로마 시대에 걸쳐 발달하였으며 이후 중세시대의 사색적인 방법에 기반을 두었던 언어이론(speculative linguistics)의 형성과정을 거쳐 근대에까지 널리 통용되고 있다. 특히 오늘날의 규범문법(prescriptive grammar)까지 그 영향력을 발휘하고 있다.

그리스 시대에 전통문법의 태동에 중요한 영향을 미친 것은 아리스토텔레스의 언어관이었다. 그는 인간은 공통적인 사고를 가지고 있으며 언어란 단지 동일한 사고를 달리 표기하는 것에 불과하다고 생각하였다.

중세의 사색적인 방법론에 기반을 두고 발전하였던 언어학 이론도 사람들의 사고 속에 언어생활을 영위하게 하는 공통적인 요소가 있다고 여기는 점에서는 아리스토텔레스와 맥을 같이 한다. 차이가 있다면 아리스토텔레스는 그 공통성이 인간의 내부가 아닌 외부세계 속에 존재하고 사람들이 그것을 인식하고 습득한다고 믿었지만 중세의 사색적인 방법론에 근거를 두었던 언어이론은 공통성이 인간의 내부에 존재한다고 믿었다는 사실이다. 중세 언어이론의 이와 같은 주장은 당시의 철학자들이 인간의 속성 중에서 '이성'이 원래부터 인간 내부에 존재하고 있다고 생각하는 것과 같은 선상에서 이해될 수 있을 것이다.

규범문법은 전통문법이 마치 문법서와 같은 규범서만을 다루는 것인양 생각하도록 만드는 데 일조하였다. 규범문법이 전통문법 발전에 기여한 공로는 규범문법의 방법론들이 전통문법 형성의 중요한 바탕이 되었다는 사실에서 찾을 수 있다. 여기에서 말하는 규범문법에는 인도에서 일어났던 것뿐만 아니라 그리스와 로마에서 발전된 것과 근대라고 일컬어질 수 있는 18세기에 형성된 것들까지 포함된다. 특히 로마의 경우는 규범문법이 완전히 모습을 갖추는 시대이기 때문에 전통문법 발전에 더없이 중요한 단계라고 생각할 수 있다.

지금까지는 전통문법의 성격과 발전과정을 살펴보았다. 다음에는 전통문법의 장점과 단점을 간추려서 살펴보기로 하겠다. 이와 같은 시도는 전통문법을 이해하는 데 중요한 역할을 하리라고 본다.

(29) • 장점

    a. 전통문법은 서구의 언어들, 특히 인구어(Indo-European language)를 토론하는 데 있어서 가장 많이 이용되고 널리 이해된 가장 영향력 있는 방법론이다.

    b. 전통문법은 이것을 가르치고 연구했던 대부분의 학자들에 의하여 가장 잘 이해되고 꾸준히 적용되었던 방법론이다. 그리고 이 방법론은 다수의 언어에 따른 다수의 문법을 가능하게 한다.

    c. 이것의 시작 자체가 인간을 중심으로 하여 일어났기 때문에 방법론 자체에 제기되는 의문점에 대한 대답도 같은 맥락에서 이루어진다. 그러나 그 대답이 경우에 따라서는 적절하지 않을 수도 있다.

d. 언어의 화용론(discourse)적인 측면에서는 이성적인 측면과 감성
  적인 측면을 달리하지만 문법적인 측면에서는 같은 양상을 보
  이지 않는다.
e. 전통문법은 언어의 화용 면에서 일반적으로 사용되고 있는 서술
  문(declarative sentence)에 대하여 상당히 자세하고도 일관성 있
  는 설명을 보여준다.
f. 전통문법은 많은 학자들과 학생들이 수세기 동안 여러 다른 언
  어를 성공적으로 배우는 데 중요한 역할을 했다.

• 단점
a. 전통문법은 그것이 형성되어온 과정이 논리적인 단계를 거친 것
  이 아니기 때문에 실제로 사용되고 있는 언어를 설명하는 데는
  별로 적절하지 않다.
b. 전통문법을 따르는 학자들은 비문법적이라는 개념을 자신들이
  설정한 규칙과 일치하는가 일치하지 않는가를 주관적인 판단에
  의해 결정한다.
c. 이 이론은 주로 유럽권에 속했던 언어들(그리스어, 로마어 등)에
  근거하여 만들어졌기 때문에 비유럽권의 언어들을 설명하는 데
  는 적절하지 않은 경우가 많다.
d. 전통문법에서는 의미에 있어 어휘적 의미(lexical meaning), 형태
  론적 의미(morphological meaning), 구문론적 의미(syntactic
  meaning)를 적절히 분류하지 않았다. 또한 문법적으로 가장 기
  본적인 구조와 구문론상으로 허용되는 구조 사이의 구분도 간
  과하였으며 언어들 사이에 존재할 수 있는 각각의 언어에 존재
  하는 그 언어만의 특징과 언어들 사이의 보편적인 특성을 구분
  하지 않았다.

　지금까지 전통문법이론의 성격을 장단점을 중심으로 살펴보았다. 전
통문법이론은 후일 다른 문법이론의 발전에도 중요한 영향을 미치기 때
문에 설명이 필요할 때에는 계속 언급하기로 하겠다. 다음은 전통문법
이 언어학 이론 발전에 기여한 업적을 간추린 것이다.

(30) a. morphological importance in grammar

　　　(문법에서 형태론상의 정보의 중요성을 인식시킴)

　　b. notion of paradigm in grammar

　　　(범주를 형성하는 것이 문법을 설명하는 데 유용하다는 사실을 부각시킴)

　　c. syntactic category(from morphological combination to syntactic relation)

　　　(문법에서 중시하는 품사의 형성과 이것으로 인한 구문론과 형태론의 관계성을 세워나감)

이제부터는 이 문법이론의 발전에 기여하였던 학자들을 그리스와 로마의 학자들을 중심으로 설명하도록 하겠다.

1) 디오니시우스 트락스

디오니시우스 트락스(Dionysius Thrax)는 기원전 100년에 살았던 학자로서 아리스타르쿠스(Aristarchus)의 제자였다. 아리스타르쿠스는 언어학 이론을 문학연구에 적용하는 데 상당한 노력을 기울였는데 호머(Homer)의 작품을 연구하면서 나름대로의 방법론을 발전시킨 중요한 공헌자로 기억되고 있다. 이 연구는 언어의 규칙성을 주장하였던 알렉산드리안 학파의 경향과 상당히 부합할 수 있는 부분이기도 하다. 이것은 당시 알렉산드리안 학파에 속했던 학자들에게는 중요한 사항이었다. 이 사실은 트락스가 언어의 현상을 설명하는 데 있어서 규칙의 존재를 주장하였던 알렉산드리안의 학자들과 그 맥을 같이 할 수 있는 근거를 제시해줄 수 있는 내용이기도 하다. 또한 트락스를 출발점으로 하여 발전의 기틀을 잡아갔던 전통문법 또한 규칙주의의 범주에 들어갈 수 있는 근거를 보여주는 것이라고 하겠다.

　그가 전통문법의 아버지와 같은 존재로 인정받게 된 것은 그가 저술

한 'Techne Grammaticke'(τεχυη γραμμτικη)에서 비롯되었다. 이 저서는
15쪽의 25부분으로 구성되어 있으며 그 목적은 그리스어 구조에 대한
설명을 요약하여 설명하는 것이다. 첫 장은 문법적 연구(grammatical
study)가 어떻게 이루어져 있는지를 밝히는 내용으로 구성되어 있다. 이
것은 알렉산드리안 학파에 속하는 다른 학자들도 많이 생각해왔던 내용
이기도 하였다. 이 부분은 6종류로 구성되어 있다.

> (31) a. accurate reading with due regard to the prosodies
>   (운률 구조를 생각하면서 정확하게 읽어가는 것)
>   b. explanation of the literary expressions in the works
>   (작품 속에 나타난 문학적 표현에 대한 설명)
>   c. the provision of notes on phraselogy and subject matter
>   (구의 구성 및 주어 문제에 대한 방법의 마련)
>   d. the discovery of etymologies
>   (어원에 대한 발굴)
>   e. the working out of analogical regularities
>   (유추에 근거한 규칙성에 대한 연구 노력)
>   f. the appreciation of literary compositions
>   (작품 구성에 대한 감상 및 평가)

위 사항 중에서 특히 중시해야 할 것은 다섯 번째의 'analogical
regularity'에 대한 언급이다. 그의 개념에 의하면 '유추'(Analogy)를 기
초로 하고 있는 규칙성이란 바로 'A : B＝C : D'를 말하는 것으로서 이
것을 말로 풀어 설명하면 "A와 B의 관계는 C와 D의 관계와 같은 성격
을 보인다"가 된다. 이에 대한 예는 다음에 잘 나타나 있다. 이것을 통
하여 그가 의도하였던 것은 이러한 방법을 이용하여 문법에 대한 규칙
을 구성해나가야 한다는 것이었다.

(32) A : B=C : D

2 : 4=3 : 6

1inch : 1foot=1millimeter : 1centimeter

President : America=King : England

트락스가 문법의 발전에 남긴 또 하나의 업적은 그가 나누었던 8품사에 대한 제언이었다. 이것은 후일 로마 시대에 라틴어를 분석할 때에도 그대로 사용되었을 뿐만 아니라 근대에 와서 유럽의 여러 언어를 분석하는 과정에서도 그대로 받아들여지고 있으며 심지어는 한국어의 품사 체계를 세우는 데도 그대로 사용되고 있다. 다음은 그가 나누었던 8품사를 보인 것이다.

(33) 품사

Ónoma(noun): a part of speech inflected for case, signifying a person or a thing,

(사람이나 사물을 표기하는 격에 의하여 굴절형 변화를 보여줄 수 있는 품사)

rhéma(verb): a part of speech without case inflection, but inflected for tense, person, and number, signifying an activity or process performed or undergone,

(시제, 사람, 수에 따라서 변화하며 이행되는 행위를 표기할 수 있는 품사)

metochē(participle): a part of speech sharing the features of the verb and the noun,

(동사와 명사의 두 성질을 소유하고 있는 품사)

árthron(article): a part of speech inflected for case and preposed or postposed to nouns,

(앞이나 뒤에 위치한 명사에 따라서 다른 굴절형을 보여주는 품사)

antōnymía(pronoun): a part of speech substitutable for a noun and marked for person,

(일반명사는 사람을 대신할 수 있는 품사)

prόthesis(preposition): a part of speech placed before other words
in composition and in syntax,

(통사적 구조에서 다른 단어들 앞뒤에 오는 품사)

epírrhēma (adverb): a part of speech without inflection, in
modification of or in addition to a verb,

(굴절형은 없지만 동사를 수식하는 품사)

sýndesmos(conjunction): a part of speech binding together the
discourse and filling gaps in its interpretation.

(해석상 내용을 연결해주는 기능을 가진 품사)

트락스는 그리스어의 시제를 나눌 때도 다른 학자들과 약간 그 성격을 달리 하였다. 그는 시제 분류에 있어서 기본적으로 현재, 과거, 미래의 세 가지 시제를 두었고 과거 시제의 경우만 넷으로 더 분류하여 전체를 6가지의 시제로써 구성하였다. 다음에는 그의 시제체계가 도식적인 방식에 의하여 예시되었다.

(34)

present	
past	imperfect
	perfect
	pluperfect
	aorist
future	

트락스는 그의 저서 제20장에서 그리스어의 연결어 또는 접속어(conjunction)를 자세히 분석하여 보여주었다. 그가 다루었던 접속어의 종류는 다음과 같다.

(35) 접속사

    a. The copulatives link continuous speech, for example, "and", "also", "but".

    b. The disjunctives link sentences, but separate their matter, for example, "or".

    c. The conditionals indicate an unreal consequence, for example, "if", "even", "though", "otherwise".

    d. The causals express a real consequence, for example, "when", "consequently", "since", "in order that", "because of".

    e. The finals are used to indicate the presence of a cause, "so that", "in order that", "because of".

    f. The dubitatives used in doubt, for example, "whether", "perhaps".

    g. The ratioctives are used for conclusions and assumptions apt for proofs, for example, "consequently", "therefore".

    h. Expletives are used for the sake of meter or to decorate language, as a matter of usage, for example, "well", "of course", "in-deed", "naturally".

    (트락스는 그리스어로써 예를 보였지만 여기에서는 그리스어에 해당되는 영어를 대신 예로써 보여주었다. 영어와 그리스어의 차이점이라고 한다면 그리스어가 변화상으로 좀 더 복잡한 굴형을 가지고 있다는 사실이다.)

지금까지 보았듯이 트락스의 저서에서 사용되었던 방법론은 다분히 교육적인 목표의 극대화에 기초를 두고 있었다. 그는 언어를 이해함에 있어 품사적 분류 구분(parts)의 중요성을 역설하였다. 이것은 그가 품사를 자세하게 다루었다는 측면에서도 어렵지 않게 엿볼 수 있다. 그가 이처럼 품사 분류 구분을 주장한 이유는 다음과 같다.

첫째는, 품사 분류들이 본래 다른 성질을 가지고 있기 때문에 공식적으로 다르게 분류하는 것이 당연하다는 사실이다. 둘째는, 품사 분류들이 보여주고 있는 차이점은 이들에게 부여될 의미적 차이를 설명해줄 수 있다. 셋째는, 품사 분류는 형태론에서나 구문론에서나 각각 다른 모습(form)과 의미(content)로 반복하여 나타난다는 사실이다.

트락스가 문법연구에서 주로 관심을 가졌던 부분은 주로 형태론적인 부분으로서 그는 그리스어 내부에 존재했던 각 단어의 변화범위(paradigm)를 형성하는 데에 상당히 많은 시간을 할애하였던 것 같다. 여기서 말하는 변화범위란 하나의 단어가 경우에 따라 변하는 양상을 가리키는데 예를 들자면 격 변화에 따라 단어 모양이 변하는 것(conjugation)을 의미한다. 이처럼 대부분의 연구를 단어에 초점을 둔 것은 그의 문법적 연구에 있어서 통사론의 관심적 공백을 의미하는데 이것은 후에 아폴로니우스 디스콜루스(Apollonius Dyscolus: A.D. 100)에 의하여 어느 정도 보완되게 된다.

2) 아폴로니우스 디스콜루스

아폴로니우스 디스콜루스(Appollonius Dyscolus)는 기원후 1, 2세기경에 활동하였던 학자로서 그의 활동무대는 주로 알렉산드리아였다. 이 사실은 그가 알렉산드리안 학파의 영향을 쉽게 받도록 해주었을 뿐만 아니라 트락스의 영향 또한 어렵지 않게 접할 수 있도록 해주었다. 문법연구에 있어서 그가 주로 관심을 기울인 분야는 통사론(syntax)이었는데 그가 이 분야에 대하여 상당히 많은 책을 썼음에도 불구하고 트락스만큼 주목을 못 받는 것은 그의 저서의 대부분이 소실되었기 때문이다. 그가 활동하기 전에도 많은 학자들이 그리스어의 구문론상의 특징을 연구하여 글로써 남겼지만 그 사람만큼 자세하고 이해하기 쉽게 설명한 학자는 일찍이 없었다고 할 수 있다. 그리스 시대의 구문론이라 하면 그 학자를 언급하지 않고는 어떤 설명도 불가능한 사실 또한 그의 학문적 비중을 다시 한 번 분명히 하는 것이라고 할 수 있다.

그의 연구업적은 후에 통사론 연구 분야에 종사한 추종자들에 의하여 다시 규명되었다. 그의 연구는 크게 두 가지로 구분될 수 있다.

a. 트락스의 *Tēchnē Grammatickē*에 나온 자료에 대한 재분석

b. 자신의 연구 이전에 있었던 구문론상의 관찰들

그는 이것들을 중심으로 트락스의 그리스어 연구에서 부족하였던 통사론에 대한 연구를 더욱 발전시켰다. 그의 연구의 또 하나의 특징은 이미 언급하였듯이 그리스어에서 8품사를 인정하였던 트락스의 구분을 그대로 적용하여 그리스어의 통어론을 연구하였다는 것이다.

3) 헤로디안

헤로디안(Herodian)은 아폴로니우스의 아들이었다. 그의 연구 업적은 무엇보다도 음성, 음운적인 면에서 두각을 나타냈다. 그는 주로 그리스어의 발음과 억양에 연구의 초점을 맞추었다. 그가 이룩한 업적은 *Tēchnē Grammatickē*의 첫 장에서 언급되었던 6가지 문법연구 방법론 중에서 첫 번째에 해당하는 'prosōdiai'를 주로 발전시킨 것이라고 할 수 있다.

헤로디안의 연구는 후일 다른 학자들에 의하여 좀 더 발전되어 억양의 단계적 표시, 모음의 장단과 관련된 모음의 양적인 면에 대한 연구, 단어의 맨 앞에 오는 자음의 기식음화 여부, 합성어 형성 시 일어나는 단어 간의 억양의 차이 등을 연구하는 분야로까지 확대된다.

3

로마 시대의 언어이론

1. 그리스 시대 말엽의 언어학

그리스 말기의 언어학 이론의 특징은 많은 학자들이 언어학과 그 이외의 분야와의 관련성을 찾는 데 주력하였다는 점이다. 특히 알렉산드리안 학파의 경우는 기원전 2세기경부터 언어학 자체의 이론을 형성하는 데 주력하기보다는 문헌학(philology) 계통으로 언어학을 발전시켜나갔다. 이런 경향을 보인 이유는 당시 학자들의 유일한 고전이라고도 할수 있는 『일리아드와 오디세이』(Illyiad and Odessy)의 많은 문헌들 중에서 가장 훌륭한 것들만을 가려내고자 하였기 때문이다.

이뿐만 아니라 그리스에서 규범적인 언어학이 나오게 되었는데 그들이 집필을 수행하는 데 있어 무엇보다도 고전 그리스어(classical Greek)만이 적절하며 당시에 사용되고 있던 그리스어를 사용해서는 안 된다고 믿었기 때문이다. 그래서 정확한 고전 그리스어의 사용을 위하여 고전 시대의 그리스어의 단어 사용의 의미를 따지는 분야(diaglossia)가 발전하기에 이르렀다. 이와 같은 경향은 당시에 나온 규범에 입각한 문법서와 단어 사용의 제한을 담은 사전(prohibitive dictionary)의 출현에서 알 수 있다. 그리스 시대의 철학과 언어학의 특징을 간추려보면 다음과 같다.

첫째, 철학의 강세를 엿볼 수 있다.
둘째, 실리주의적(practical)인 면이 강하며, 이런 경향은 소피스트의 사상에서 보여진다.
셋째, 다른 학문 분야들처럼 묘사적인(descriptive) 면이 강하다.
넷째, 규범적(prescriptive)이고 제약적(prohibitive)인 시도가 많이 있었다.

언어학 이론사에 있어서 로마(Rome) 시대의 특징은 그리스 시대에 발전했던 언어이론을 다음 시대에 잘 전수한 점과 로마 시대에 사용되었던 라틴어(Latin)에 그리스 시대의 언어이론을 적용시켜 분석한 점에서 찾을 수 있다. 이처럼 로마 시대의 언어학자들은 그리스의 언어이론을 받아들이는 데 노력을 아끼지 않았을 뿐만 아니라 그 이론들을 더 세련되게 발전시켰고 그렇게 다듬어진 이론들을 자신들의 언어를 분석하는 데 적용하였다. 하지만 로마 시대에는 당시를 대표할 만한 언어학 이론이 새롭게 나타나지는 않았다. 이 점을 강조해 어떤 학자는 로마 시대를 언어학에 있어서의 모방의 시대라고 일컫기도 한다.

2. 로마의 언어이론과 그리스 언어이론과의 관련성

그리스의 언어활동이 로마로 넘어가게 된 시기는 기원전 1세기경까지 거슬러 올라갈 수 있다. 당시 로마는 그리스의 문화를 적극적으로 받아들이고 있었다. 어떻게 로마에 그리스의 언어학적 이론이 전해졌는지를 보여주는 재미있는 일화가 있다. 기원전 2세기경 그리스의 스토아 학파의 철학자였던 크라테스(Crates)는 당시 로마를 관광하기 위하여 방문하였다. 그는 로마의 여러 곳을 구경하는 동안 하수구로 사용되던 홈에 빠져서 다리를 다치게 되었다. 그는 할 수 없이 로마에 머무를 수밖에 없었다. 그곳에 치료를 위해 머무는 동안 여러 사람들에게 주로 문학과 관련된 강연을 하게 되었다. 이것이 결국 로마에 그리스의 학문적인 업적이 전수된 원인이 되었다는 것이다.

로마의 문법학자들은 그리스에서 왕성하게 일어났던 전통문법을 받아들였다. 로마 학자들이 그리스의 언어적 문법이론을 어렵지 않게 받아들일 수 있었던 요인을 두 가지로 요약하여 설명할 수 있다.

첫째는, 그리스 시대에 발전하였던 문법이론이 인도에서 발전하였던 파니니(Pāṇini)의 문법이 보여준 정확성 및 확정성의 정도에는 이르지 못하고 상당히 유동적이었기 때문에 그리스 시대의 문법을 다른 언어에 적용시키는 것이 훨씬 용이하였다. 이런 이유로 같은 문법이론이 라틴어에 적용되는 것은 어렵지 않게 생각되었다.

둘째는, 라틴어는 언어현상으로 볼 때 그리스어와 상당한 유사성을 가지고 있었다. 그래서 어떤 학자는 로마 시대의 문법이론을 말할 때 로마인들이 그리스 문법이론에 영향을 받았다기보다는 그리스의 문법이론을 그대로 가져다 사용하였다고 주장하기도 한다. 이것은 로마인들이 그리스 문법을 이용할 때 용어 자체만 라틴어로 번역한 채 사용한 데서 알 수 있다. 예를 들어 그리스 언어학에서 격(case)을 가리켰던 'ptōsis'를 'fall'라는 개념의 단어로 번역하였다. 이렇게 번역한 이유는 일종의 비유적인 전환(metaphorical transfer)을 이용했기 때문이다. 로마인들은 격의 개념을 주사위를 던져서 나온 한 면이 결정되는 게임에 비유하였다. 이것은 단어의 각 격들이 하나의 경우에 하나만 사용된다는 사실을 로마인들이 나름대로 인식함으로써 시작된 비유였다고 할 수 있다.

따라서 로마인들은 용어를 번역하는 데 있어서 적지 않은 실수를 하였는데 그중에서 가장 특기할 만한 것은 대격에 해당하는 'accusative'가 사실은 'cause'라는 동사로 이해되어야 함에도 불구하고 'accuse'라는 동사로 번역되었다는 것이다. 그 이유는 대격에 해당하는 명사는 동사의 행동의 결과로 볼 수 있기 때문에 원인과 결과를 의미하는 'cause'로 이해하는 것이 당연하기 때문이다.

로마인들은 그리스어와 라틴어에 존재하는 문법적인 범주들을 상호 연관시키는 데도 상당한 노력을 기울였다. 그 예로서 그리스어에서 소유격에 해당한다고 볼 수 있는 *geneike*격은 두 가지 기능을 보여준다. 그 중 하나는 말 그대로 소유격이고 다른 하나는 제거의 기능을 가리키는 격이다.

(36) genetike case
    a. possessive to   biblion ton patros
                     book   father
                     'the book of the father'
    b. removal   apoton patros
                     'from the father'

라틴어에서는 위의 두 가지 기능이 다른 격으로 표기된다.

(37) a. liber   patris
       book   father-genetive
       'father's book'
    b. a   patre
       from   father-ablative
       'from the father'

소유격의 경우는 그리스어와 같은 격인 소유격으로서 표기되는데 이 것은 그리스어의 경우와는 약간의 차이가 있는 것이다. 로마인들은 그 리스어의 경우와 자신들의 경우를 통일시키기 위하여 결국 소유격과 다 른 기능을 표시하는 다른 용어를 찾아내게 되었다. 그것이 바로 '사 격'(albative)이라는 용어이다.

로마 시대의 언어학자들은 그리스 시대의 두 논쟁에 상당한 관심을 가지고 있었다. 당시 로마의 학자였던 바로(Varro)는 이들 두 논쟁에 관 하여 많은 저술을 남겼다. 줄리어스 시저(Julius Caesar) 또한 동일한 정 도의 관심을 보였는데 그는 언어의 규칙성에 입각하여 그 나름대로 발 전시킨 언어이론을 저술하였다. 시저는 알프스 산을 넘어 전쟁을 수행 하는 과정에서 이 문제에 많은 관심을 가졌다고 전해지고 있다. 다음에 는 로마 시대의 언어이론을 발전시키는 데 중요한 기여를 한 학자들에 관하여 언급하기로 하겠다.

1) 바로

바로(Varro, 116∼27 B.C.)는 라틴어에 대한 최초의 연구자로서 오늘 날까지 연구 업적이 유일하게 남아 있는 학자이다. 그가 언어학적인 측 면에서 주로 받아들였던 사상은 알렉산드리안 학파와 스토아학파를 중 심으로 하고 있다. 그가 저술하였던 여러 권의 책들은 같은 시대의 학 자들에 의하여 상당히 높은 평가를 받았다. 그 저서들 중에서 대표적인 것이 바로 *De lingua Latina*인데 이 책은 모두 25개의 책으로 구성되어 있다. 그중에서 지금까지 남아 있는 것들은 5권부터 10권까지이다.

바로의 언어학적 업적 중 첫 번째로 들 수 있는 것은 그리스 시대에 상당히 중요하게 논의되었던 '규칙성과 비규칙성'(Analogy-Anomanly) 의 대립에 대한 연구이다. 그는 *De lingua Latina*의 제8권과 제9권에서 두 논쟁을 심도 있게 다루었다. 제8권에서는 주로 비규칙론의 주장에 대하여 논의하였으며 제9권에서는 주로 규칙주의론에 대하여 논의하였다. 그리고 제10권에서는 이들 두 주장을 조화시키는 방향을 제시하고 있다.

그가 논쟁의 당사자들의 주장 중 어느 쪽에도 치우치지 않으려고 한 것은 나름대로 이유가 있다. 그 이유는 크게 둘로 나눌 수 있다. 먼저 그 자신은 자연의 속성은 규칙성을 기반으로 이루어져 있다고 보았다. 이것은 아리스토텔레스와 같은 자연관을 보여주는 것이라고 할 수 있다. 그러나 사람들이 선택하는 과정에서 비규칙성과 혼란이 야기될 수 있기 때문에 언어가 규칙적인 면을 갖는 것은 당연하지만 사람들에 의해 사용되고 있는 언어가 비규칙성을 가지는 것도 가능하다고 보았다.

둘째로는, 언어가 규칙성에 기반을 두고 있는가 아니면 비규칙성에 기반을 두고 있는가에 대한 토론들을 살펴보면 양자의 주장에 상당히 많은 유사성이 존재하고 있다는 것이다. 이것은 바로가 극단적인 입장을 취하기보다 상호 보완적인 입장을 취하는 충분한 이유가 되었다.

바로가 언어학에 기여한 두 번째의 업적은 단어에 대한 정의이다. 그는 단어란 의미상 더 이상 작은 단위로 나뉘어질 수 없는 최소의 단위이며 경우에 따라 약간의 변형이 가능한 것으로 정의하였다. 이와 같은 정의는 *De lingua Latina*의 제10권 4장에 나와 있다. 다음은 라틴어로 그가 단어에 대하여 정의한 것을 보인 것이다.

(38) Verbum dico orationis vocalis partem, quae sit indivisa et minima, si declinationem naturalem habet.

단어에 대한 연구 중에서 중요한 부분의 하나인 어원학을 수행함에 있어서도 바로는 단어의 원형을 찾는 데 네 단계가 필요함을 지적하였다.

(39) 1단계: 일상적인 의미의 단계로서 이것을 이해하는 데는 특별히 전
문가의 도움이 필요하지 않다.
예) 고려대학교, 조치원, 서창, 부처님
2단계: 일상적인 의미 이상의 것이 요구되는 단계로서 이 단계에
속하는 분석은 문법학자들의 연구에 그 바탕을 두고 있다.
3단계: 철학적인 지식이 요구되는 단계를 의미한다.
4단계: 단어의 어원을 설명하기 위한 문법적이고 철학적인 기술이
요구되는 단계를 의미하는데 전체 과정 중에서 가장 어려
운 단계이다.

바로가 언어학에 기여한 세 번째 업적은 파생과 굴절형에 대한 발견
및 그 개념들에 대한 정리이다. 이런 개념 정리들은 아리스토텔레스의
'ptosis'와 유사한 것으로서 바로는 한 단어의 기본형이 자신의 음성적
인 표기형(phonetic representation)을 바꿀 수 있는 형태적 변형 범주
(paradigm)를 설정하였다. 이와 같은 기본형의 변형을 그는 'declinatio'
라고 칭하였는데 여기에는 파생(derivation), 굴절(inflection), 비교 변형
(comparison)이 포함된다. 다음은 각각의 경우에 대해 바로가 언급하였
던 라틴어의 예를 보인 것이다.

(40) 1. *declinatio voluntaria*(derivation): 파생
eg) Rome Romulus
2. *declinatio naturalis*(inflection): 굴절
eg) lego(present) legi(perfect)
3. *declinatio*(comparison): 비교
eg) candidus   'bright'
candidius   'brighter'
candidissimus 'brightest'

그는 자신의 연구를 여기에 멈추지 않고 더 나아가 단어에 대한 구분을
세 가지로 제안하였다. 다음 예들은 세 가지 구분을 잘 보여주고 있다.

(41) 1. 변형(variable)과 원형(invariable)을 구분함
   2. 변형: 규칙적인 변형
          비규칙적인 변형
   3. 규칙적인 변형(declinatio)
      a. 격에 따른 변형(case inflection)
         예) 명사, 형용사
      b. 시제에 다른 변형(tense inflection)
         예) 동사
      c. 격과 시제에 따른 변형(case and tense inflection)
         예) 분사
      e. 어떤 변형도 없는 것(neither)
         예) 부사

바로의 네 번째 업적은 시제에 대한 재분석이라고 할 수 있다. 바로
의 시제체계는 능동과 수동, 상(aspect)의 구분, 계속형과 완료형의 분류
에 기초를 두고 있다. 다음은 그의 시제체계를 보인 것이다.

(42) 시제

Active Aspect	Time	past		present		future	
incomplete	discēbam	I was learning	discō	I learn		discam	I shall learn
complete	didiceram	I had learned	didicí	I have learned		didicerō	I shall have learned
Passive							
incomplete	amābar	I was loved	amor	I am loved		amābor	I shall be loved
complete	amātus eram	I had been loved	amātus sum	I have been loved		amātus rō	I shall have been loved

2) 도나투스

도나투스(Donatus)는 언어이론을 연구함에 있어서 레미우스 팔라에몬 (Remmius Plaemon)의 방식을 따른 로마의 학자였다. 레미우스 팔라에 몬은 트락스의 문법서를 라틴어로 번역한 업적을 남겼다. 도나투스는 이 번역서를 중심으로 자신의 문법이론을 발전시켰다. 따라서 도나투스 를 트락스와 함께 전통문법을 추종한 학자들 중 한 사람으로 볼 수 있 을 것이다.

도나투스의 업적은 학교에서 사용될 수 있는 기본적인 문법서를 저술 한 것인데 그가 문법에서 주로 관심을 가졌던 대상은 한정 대명사(definite pronoun)와 비한정 대명사(indefinite pronoun)의 규명 및 분류였다.

3) 프리지안

지금까지 남아 있는 라틴 문법서들 중에서 가장 상세하고 권위있는 것은 프리지안(Priscian)에 의하여 저술된 것이다. 그가 살던 시대는 서 기 6세기경으로서 그가 저술하였던 문법서들은 아폴로니우스 디스콜루 스의 방법을 따른 것이라고 할 수 있다. 프리지안은 그의 문법서를 18 장으로 나누었는데 마지막 두 장은 주로 라틴어의 통사적인 것을 다룬 것으로서 후세 학자들에 의하여 'Priscian Minor'라고 불리며 나머지 열 여섯 장들은 라틴어의 형태적인 것을 다룬 것으로 'Priscian Major'라고 불려진다.

프리지안의 저서가 중요하게 생각되는 이유는 두 가지이다. 하나는 라틴어의 모국어 화자(native speaker)로서 라틴어에 대하여 가장 완벽 하고 상세하게 저술하였다는 점이다. 다른 하나는 프리지안이 내세웠던 문법적 이론이 다른 이론의 초석이 되고 있다는 점이다.

프리지안은 언어를 형성하는 요소를 소리에서부터 끌어가고 있다. 그
는 네 가지 다른 소리의 종류를 들고 있다. 다음은 그 네 가지를 보인
것이다.

(43) a. Vox articulata(an articulated vocal sound)
   조음이 되는 소리로서 화자의 의미와 관련이 있는 것

   b. Vox inarticulata(an unarticulated sound)
   의미를 확실히 하기 위하여 발음이 되지 않는 소리

   c. Vox literata
   기록이 가능한 소리

   d. Vox illiterata
   기록이 불가능한 소리

소리 이외에 언어를 형성하는 것들은 다음과 같다.

(44) a. letter
   기록이 가능한 소리의 최소 단위

   b. syllable
   한 번의 숨으로 발음할 수 있는 단위
      예) a, ab 'from' ars 'art' Mars 'Mars' stans 'standing' strips
      'root'

   c. word(*dictio*)
   합성 표현의 최소 단위와 전체적인 의미와 연관된 부분

   d. *oratio*
   완결된 의미를 전할 수 있는 단위로서 단어가 허용된 범위 아래
   서 늘어선 결과를 가리킴

프리지안도 과거의 학자들처럼 8개의 품사를 따르고 있다. 각 품사들
은 다음과 같다. 각 내용의 트락스의 품사에 대한 정의와 유사함을 어
렵지 않게 알 수 있을 것이다.

(45) 품사

Priscian defined eight "parts of speech", as follows:

1. The **noun** is a part of speech that assigns to each of its subjects, bodies, or things a common of proper quality.

2. The **verb** is a part of speech with tenses and moods, but without case, that signifies acting or being acted upon.(Subclasses are given, according to their meanings.)

3. The **participles** are not explicitly defined, but it is stated that they should come in third place rightfully, since they share case with the noun and voice and tense with the verbs.

4. The **pronoun** is a part of speech that can substitute for the proper name of anyone and that indicates a definite person. (Priscian declared forms like quis, qualis, qui, and talis to be nouns, since they are indefinite as to person.)

5. A **preposition** is an indeclinable part of speech that is put before others, either next to them of forming a composite with them(This would include what we would distinguish as "prepositions" and "prefixes".)

6. The **adverb** is an indeclinable part of speech whose meaning is added to the verb.

7. The **interjection** is not explicitly defined, but is distinguished from an adverb, with which the Greeks identified it, by reason of the syntactic independence it shows and because of its emotive meaning.

8. The **conjunction** is an indeclinable part of speech that links other parts of speech, in company with which it has significance, by clarifying their meaning or relations.

프리지안의 업적 중 하나는 동사의 서법(mood)에 따라 문장 구성이 달라지는 것을 자세하게 설명한 것이다. 다음은 그 네 가지를 예와 함께 보인 것이다. 여기에서 분류는 주로 주어와 문장 내에 있을 수 있는 다른 대상과의 관계에 따라 이루어진다.

(46) a. intransitive

  (한 사람의 행동이 또 다른 이에게 미치지 않음)

  eg) percurrit homo excelsus

   'The exalted man ran'

 b. transitive

  (한 사람이 다른 이에게 행동의 결과를 옮김)

  eg) Aristophanes Aristarchum docuit

   'Aristophanes taught Aristachus'

 c. reciprical

  (한 사람의 행동이 자신에게 돌아감)

  eg) Ajax se interfecit

   'Ajax killed himself'

 d. retransitive

  (한 사람의 행동이 어떤 다른 이에게 결과로 나타나고, 그것이 또 다시 행동주 자신에게 돌아감)

  eg) Jussit ut tu ad se venias

   'He ordered that you come to him'

이미 언급하였듯이 프리지안은 형태론에 있어서 상당한 영향을 미친 학자이다. 그의 저서 대부분이 형태론과 연관되어 있을 뿐만 아니라 후세 학자들도 형태론 자체가 그의 연구의 주된 부분을 차지하고 있다는 사실을 지적하고 있다. 다음은 그가 이루었던 형태론상의 한 단면을 단어의 변화 범주를 통하여 보인 것이다.

(47)

		tribe	day
Singular	Nom	tribus	dies
	Gen	tribūs	diei
	Dat	tribui	diei
	Acc	tribum	diem
	Abl	tribū	diē
	Voc	tribus	dies

Plural	Nom	tribus	diēs
	Gen	tribuum	diērum
	Dat	tribibus	diēbus
	Acc	tribus	diēs
	Abl	tribibus	diēbus
	Voc	tribus	diēs

3. 로마 시대와 초기 유럽

로마 시대 말기에 로마의 정치 및 문화적 영향력은 국토 전체뿐만 아니라 지중해를 중심으로 형성되어 있는 광대한 지역으로 퍼져나가게 되었다. 그 지역들은 2세기에서 4세기에 걸쳐 로마 제국의 일부였다. 동부지역은 그리스 언어를 중심으로 발전하였고 서부지역은 라틴어를 중심으로 발전하였다. 5세기경에는 로마 제국이 둘로 나뉘게 되는데 동쪽은 비잔틴 제국(Byzantine Empire)이 되었고 서쪽은 서로마 제국으로 남게 되었다. 그 후 서로마는 동쪽으로부터 이주하던 게르만족(German)의 침공을 받아 멸망하게 되었다. 슬라브(slavic) 종족들이 주로 동쪽에 속하였다. 현존하고 있는 프랑스(France)란 이름은 당시 그 지역을 침공하였던 게르만족의 하나인 프랑크(Franken)족의 이름을 따서 만들어진 것이다. 다음은 로마 제국이 어떻게 둘로 나뉘었는지를 보인 것이다.

(48)

Eastern part	Western part
Byzantine Empire	Slavic tribes

이 당시 유럽 대륙에는 여러 지역에 걸쳐 기독교의 교회들이 세워졌으며 그 교회들은 라틴어를 사용하였다. 그 후 라틴어는 문화를 위한 언어 또는 종교와 학문을 위한 언어로 각광을 받게 되었다.

1) 유럽 각 지역에서의 방언의 국어화 과정

이 시대 각 지역은 각자 나름대로의 지방어를 지역 공통어로서 사용하고 있었다. 지역 분할에 따른 방언들의 출현이었다. 각 지역에 살고 있던 사람들은 자신들의 문화적·학문적·종교적 발전을 위하여 라틴어의 철자체계(alphabet)를 받아들이지 않을 수 없었다. 당시 로마 제국만큼 문화적·학문적·종교적인 발전을 이루어낸 나라가 없었으므로 당시 로마 제국의 국어였던 라틴어를 통해 이들 업적들을 배우지 않고서는 아무 일도 할 수 없었기 때문이다. 그러나 문제가 없었던 것은 아니었다. 라틴어에는 나름대로의 소리 체계상의 한계가 있었기 때문에 로마 이외의 지역에서 사용되던 장소나 사람과 관련된 이름들이나 다른 종류의 특이한 단어들을 표기하기 위해서는 색다른 발음을 라틴어로 표기할 필요가 있었다. 하지만 당시에는 이와 같은 문제를 해결하기 위한 과학적이고 체계적인 연구는 없었다. 그렇지만 로마 이외의 지역에 존재했던 언어들은 자신들만의 특이한 발음을 라틴어로 표기하기 위하여 세 가지의 방법을 강구하게 되었다.

첫째는, 라틴어에 없는 음소(phonome)들을 새로 만들어내는 것이다. 예를 들면 [θ], [ð]와 같은 음소들을 라틴어에 새로 삽입하는 것이다. 둘째는, 이미 존재하는 두 개나 세 개의 철자로 또 다른 음소를 만들어내는 것이다. 예를 들면 라틴어에는 [š], [č]가 없지만 다른 언어들에서는 이 음소를 위하여 두 개의 철자를 합쳐서 'ss, sh, ch'를 사용하고 있었다. 셋째는, 발음 구별 부호(diacritics)를 이용하여 하나의 소리를 구분하여 분음화(分音化)하는 것이다. 예로서는 하나의 음소 'a'를 'ā, ă, ą, ã, â'와 같이 나누는 것이다. 다음은 위의 세 경우들을 다시 세분하여 보인 것이다.

(49) 1. 라틴어에 없는 새로운 철자를 고안해낸다.
예) [θ], [ð]가 라틴어에 없었기에 표기를 위하여 'Þ'를 고안하게 되었다. 이 음소의 성격은 'y'와 어느 정도 비슷한데 때때로 'y'와 'Þ'는 교대로 쓰였다.

    <u>ye</u>   old shoppe 대신에
    <u>Þe</u>   old shoppe가 쓰임

2. 기존의 음소들 중에서 두 개(digraphs)나 세 개(trigraphs)의 철자들을 합쳐서 음소를 만들어낸다.
예) ss, sh―[š]
    ch―[č]

3. 기존의 철자들에다 분음이 가능한 부호를 더하여 다른 음소를 만들어낸다. 이 부류에는 고대 유럽에서 쓰이던 문자들도 들어 있다. 다음이 그 예들이다.
Runic(Germanic)―문자 구성이 수직선과 사선만을 사용하기 때문에 문자가 기록된 나무판의 섬유질의 수평구조와 상치되지 않는다.
Ogham or Ogam(Ireland)―돌에 새겨져 있으며, 점자로 이루어져 있다.
    Sœst [so:st]
    Gœthe [göte]
근대까지 이와 같은 유형이 남아 있는 언어는 다음과 같다.
예) French: á, à, â, ç
    Spanish: ñ
    German: ö, ü

2) 언어이론의 태동

중세시대는 로마 제국의 멸망기에 유럽에서 각 지방 국가가 생겨나면서 시작되었다고 할 수 있다. 당시 로마는 이미 둘로 나뉘어 국가의 세력이 상당히 약해진 상태였으며 자신들보다 문화적으로 열세에 있었던 부족들의 침공에도 상당히 힘겨워하던 형편이었다. 서로마 제국의 경우에 결국 게르만족의 침공으로 그 종말을 맞게 된다.

　이러한 시대적인 변화와 함께 언어에도 상당한 변형이 초래되었는데 로마의 국어였던 라틴어는 로마 제국의 중앙에서 멀어질수록 그 힘을 잃고 각 지방에서는 표준 라틴어 대신 그 지역의 방언이 강세를 띠기 시작하였다. 이것은 이들 방언들이 더 이상 라틴어에 가려져 있지 않고 해당 지역의 표준어로서 부상할 수 있는 기반을 마련해주는 계기가 되었다. 예를 들어 라틴어가 로마가 아닌 지금의 프랑스에서 사용될 경우 그 라틴어는 엄밀히 말하면 그 지역만의 특성을 지닌 라틴어의 방언이었던 것이다. 로마가 강성하던 때 방언은 단지 그곳 주민들만 이용하는 언어로 그 기능이 제한되어 있었고 공공목적을 위해서는 표준 라틴어를 사용하도록 강요되었다. 그렇지만 로마의 힘이 약해지고 중앙의 힘이 더 이상 프랑스 지역에까지 미치기 어렵게 되자 방언의 공공어로서의 기능이 살아나게 되었는데 이것은 당시 각 지역에서 일어나던 주권확립을 위한 운동과도 맥락을 같이 하게 되었다. 이로써 각 지방의 방언들은 해당 지역에서 표준 라틴어를 제치고 표준어로서의 역할을 대신하기에 이르렀다.

　이와 같은 언어상의 변화는 다른 형태의 언어학의 발전을 가져오게 하였다. 중앙을 중심으로 한 언어이론이 아니라 각 지방의 방언을 중심으로 한 언어이론이 발전하기 시작한 것이다. 뿐만 아니라 자신들의 표준어를 제대로 이해하고 그 원천을 알아내기 위한 언어학적인 작업도 병행되기에 이르렀는데 이것이 바로 방언의 원류를 찾는 어원학(etymology)상의 발전이다.

(1) 세비야의 이사도레

세비야의 이사도레(Isidore of Seville)는 7세기경에 활동하였던 사람으로 어원학적인 분야를 주로 연구하였다. 이 학자가 저술한 책은 *Etymologiae* 이다. 그가 이 책에서 관심을 가졌던 것은 그리스의 첫 번째 논쟁이었는데 그 논쟁은 언어에서 단어와 의미의 관계가 필연적인지 관습적인지를 따지는 것이었다(the first controversy between nature vs. convention). 그가 보여주었던 어원학적인 측면의 예를 살펴보면 다음과 같다.

> (50) Greek lux, lucere 'light' > Latin lucus 'forest'
> 이 과정은 그리스어 중에서 빛을 가리키는 lux라는 단어로부터 라틴어에 있는 lucus라는 단어가 나왔다는 것을 의미한다. 라틴어에서 그 단어가 '숲'이라는 의미를 가지게 된 것은 숲 안에서는 빛을 볼 수 없다는 데서 연유한 것이다.

(2) 프리누스 그라마티쿠스(Prinus Grammaticus; the First Grammarian)

이 제목은 약 10세기에서 11세기경에 활동하였을 것으로 추정되는 한 언어학자를 지칭하는 명칭이다. 이 학자를 이렇게 부르는 이유는 그 사람의 이름, 활동 지역, 시대 등이 정확한 기록으로 남아 있지 않기 때문이다. 그럼에도 불구하고 이와 같이 호칭하는 이유는 이 학자가 맨먼저 *First grammatical treatise*라는 유일한 저서를 남겼다는 사실이 코펜하겐 대학(Copenhagen University)에 의해 발견되었기 때문이다. 비록 그에 대한 정보가 분명하지는 않지만 이 저서를 연구한 대부분의 학자들은 그가 아이슬란드(Iceland)에서 활동하던 학자였으리라 추정하고 있다.

이 학자는 주로 아이슬란드를 중심으로 발전하였던 언어에서 발견되는 철자법(orthography)상의 문제점을 지적하고 이것들을 체계적인 방법으로 해결하려 하였던 최초의 사람이었다. 그는 우선 철자법의 확립을 위한 지속성 있는 표기를 제시하였다.

(51) n—[n], N—[nn]
þ—[θ], [ð]
ng—[ŋ]

그가 사용한 또 다른 방법은 최소 대립관계의 단어(minimal pairs)를 이용하여 철자의 차이를 체계화시키는 것이다. 최소 대립관계의 단어란 'pan', 'pin', 'pun', 'pen'처럼 하나의 철자만으로 의미가 달라지는 경우를 말한다. 이 학자도 같은 방법을 이용하여 의미를 구분지을 수 있는 단어 내부의 음들을 예로써 잘 보여주었다.

(52) 최소 대립 단어
sár, sór, sér, ser, sór, sór, súr, sýr

Eigi eru ol oL at einu
Not all ales are alike;

Mjok eru þeir menn *frámèr*, er eigi skammask at taka mína konu *frà mér*.
Those men are *brazen*, who are not ashamed to take my wife *from me*.

(위 예들은 일상적인 Old Norse[스칸디나비아를 중심으로 발전한 언어] 철자법을 사용하였으며 대조되는 부분을 표시하는 예만 이 학자의 개선된 철자법으로 표기되었다.)
(The examples are given in the usual Old Norse spellings; only the examples being contrasted are written in the First Grammarian's reformed orthography.)

중세 언어학에 있어 이 학자의 역할은 아주 중요하였다. 중세시대는 로마 시대에 중심이 되었던 라틴어가 아니라 각 지방에서 자연적으로 발생한 라틴어의 방언들이 각 지방의 표준어로서 위치를 확보하는 과정에 있었던 시대였다. 이 방언들 가운데 하나인 아이슬란드의 방언에 대

하여 관심을 가지고 하나의 독립된 언어로 연구하였다는 데서 시대적
의미를 찾아볼 수 있을 것이다. 이 학자의 업적을 다시 간략하게 정리
하면 다음과 같다.

> (53) a. He tried to describe his own language: Icelandic language.
>   (자기 조국의 모국어의 설명 및 기술에 힘씀.)
>   b. spelling reform in order to improve the use of alphabets which
>   had been derived form Latin alphabet.
>   (라틴어에 바탕을 두고 자기 모국어의 철자법을 확립함.)
>   c. phonological analysis in his treatment of orthographic problems.
>   (음운론적인 체계에서 자기 모국어의 철자법을 다룸. 이것은 최
>   소 대립 단어의 이용을 의미함.)

(3) 페투르스 헬리아스

페트루스 헬리아스(Petrus Helias)는 12세기경에 활동하였던 학자이
다. 당시의 언어학적 경향은 모든 것을 논리적인 측면에서 접근하려 하
였다는 사실이다. 이러한 경향은 후에 철학적 문법(philosophic grammar)
의 태동을 뒷받침하게 된다. 철학적 문법이란 언어를 규명하는 데 있어
서 정확성의 기원을 그 언어를 사용하였던 과거의 기록에 의존하지 않
고 언어에도 언어를 위해 내재되어 있는 논리가 있다고 믿고 언어에 대
하여 연구하는 방법을 가리킨다.

이러한 연구 경향은 신학의 영향을 받은 것으로 볼 수 있다. 당시 신
학을 연구했던 학자들은 종교가 추구했던 신비성에 의존한 신에게로의
접근방법보다 인간을 중심으로 한 좀 더 이성적(rational)인 방법으로 신
을 이해하려고 하였다. 그들이 내세운 것은 "신은 논리 속에 존재한다"
(God exists by logic)라는 생각이었다. 이러한 움직임에 있어 가장 두각
을 나타냈던 학자가 성 토마스 아퀴나스(St. Thomas Aquinus)였다. 이
사람으로 인하여 언어에 대한 사고 조류는 정신적 측면을 강조한 위와

같은 철학의 영향 내에 들어가게 되었다.

헬리아스는 파리 대학(University of Paris)에서 교편을 잡았으며 아리스토텔레스가 문법의 규명을 위해 사용하였던 용어들을 문법적인 설명에 더 가까운 용어들로 대치하였다. 이것은 프리지안의 문법에 주석을 다는 과정에 잘 나타나 있다. 이 주석은 나중에 프리지안을 연구하는 사람이면 누구나 참조하여야 할 지침서로서의 역할을 하게 되었다. 이와 같은 그의 연구는 후일 13~14세기경 철학 문법(philosophic grammar or speculative grammar)이 발전하게 되는 토대가 되었다.

헬리아스가 문법적인 측면에 기여한 업적을 그의 저서인 *De Interpretatione*을 통하여 알 수 있다. 그는 문법을 세 단계로 나누고 있다.

> (54) a. 화자가 상용하는 형태에 대한 순수한 기술로서의 문법이다.
>   b. 기술된 사항들의 조합에 대한 문법이며, 의미적인 측면과는 관련이 필수적인 것은 아니다.
>   c. 언어적인 형태를 제대로 하기 위한 규칙이며, 여기에는 조합의 가능성과 불가능성까지 포함된다.

헬리아스는 그의 저서에서 문법을 두 가지 측면으로 규정하고 있는데, 하나는 기술(art)로서의 문법이고, 다른 하나는 과학(science)으로서의 문법이다. 기술이라는 것은 문법에 관련되어 있는 기본적인 원칙들이나 가정들이 사람들과 동떨어진 것이 아니라는 것을 뜻하며, 과학이라는 것은 문법에서 흔히 발견되는 규칙이 형식화의 과정으로 설명될 수 있다는 것을 의미한다. 다음은 위에서 설명한 내용을 보인 것이다.

> (55) 문법 정의
>   He defined "grammar" as the science that shows us how to write and speak correctly… It is the task of this art to order the combination of letters into syllables, syllables into words, and

words into sentences⋯ avoiding solecisms and barbarisms.
(문법이란 정확하게 적고 말하는 방법을 보여주는 방법이다⋯ 형
식적으로는 음절, 단어, 구들의 하위 단위의 조합을 통하여 형성되
는 방법을 보여주는 것이며 언어사용에 무질서함을 피하게 해주는
길잡이기도 하다.)

그는 위에서 언급한 문법의 기술적인 측면을 강조하여 세상에 존재하
는 언어의 숫자만큼 문법의 숫자가 존재할 수 있음을 주장하기도 하였다.

　(56) 문법 숫자
　　　Case is the property of a word being inflected or derived in one
　　　way or another[Latin, *proprietas cadendi in aliud vel ab alio*] because
　　　of the different ways of speaking about the same thing. And "to
　　　be inflected or derived" here means to become a different word
　　　["word", *vocem*, which also means "voice" and, therefore, "sound"]
　　　⋯ the cause of different cases being invented is the different ways
　　　of talking about things⋯ six were invented, nor are more
　　　required.
　　　(여기서 저자가 들은 예문은 격 표시가 언어에 따라서 달라질 수
　　　있음을 보이고자 하는 목적에서 이곳에 실은 것이다.)

헬리아스가 언어의 문법적인 측면을 직접 언급한 내용은 다음에 잘
나타나 있다. 첫 번째는, 격에 관한 것인데 그는 격과 단어의 굴절형의
관련성에 대하여 형태론적인 측면뿐만 아니라 음운론적 측면도 설명하
고 있다. 두 번째는, 문법에서 발견될 수 있는 구, 절, 문과 같은 구조
(construction)에 대한 개념으로 'oratio'라는 용어를 사용한 것이다. 이
예에서 'oratio'가 가리키는 내용은 세 가지로 나눌 수 있다. 첫째는 이
개념에 속할 수 있는 단어들이 별도로 존재한다는 것이다. 초기에 이
개념이 주어지는 기준은 주로 의미를 중심으로 하였다. 그렇지만 다른
사람들은 'oratio'를 단순하게 의미에만 한정시키지 않고 의미적이고 어

울려서 형성된 최종형의 내적 구성 조건을 모두 포함시켜 이 개념에 속하도록 하였다. 따라서 'oratio'란 문장이 구성되는데 각 단어가 서로 구속력을 가지는 내적 연결성을 가리키는 개념이라고 간단하게 설명할 수 있을 것이다. 만일 두 단어가 단순히 접속사에 의하여 연관성을 가지게 된다면 진정한 의미에서의 'oratio'라고 할 수 없을 것이다.

(57) 문법 설명

> The ancients in discussing *oratio* said that some words were called an *oratio* because of their meaning, not because of their quantity as in lego and such like.[Note that Latin *lego* is typically the head of an endocentric construction, with a noun as its expansion, while it must be translated into English as an exocentric construction, "I read."] Others said that an *oratio* was so-called both because of its meaning and its quantity, such as those which consist of two words joined together, as in *homo currit*[the man runs], and this sort of *oratio* was called constructed. To this they added that not all constructions of words could be called an *oratio*, but only those which meant some sort of inherence, that is, conjunction, since there is indeed a conjunction of words in an expression like *in domo*["in the house"], but not a conjunction of two things, so it is not an *oratio*. On the other hand, an expression like *homo albus*["white man"], although it is an imperfect *oratio*, still means some sort of conjunction of substance and accident, and so should be called an *oratio*.

(4) 페트루스 히스파누스

페트루스 히스파누스(Petrus Hispanus)는 13세기경에 주로 활동하였던 사람이다. 당시에는 기능중심적인 심리학(faculty psycholody)이 상당히 발전하였는데 이 심리학은 아리스토텔레스에 의하여 이미 언급된 바 있는 내용을 좀 더 세분화하여 발전시킨 것이라고 하겠다. 이 심리학적인 사고는 인간의 인식적 활동(cognitive activities)을 몇 개의 부분으로 나누었다. 기능중심적 심리학이 세분화하였던 부분들은 크게 'sensation', 'memory or imagination', intellection(understanding)', 'judgment', 'reasoning' 의 다섯 가지로 분류되었다. 당시 사람들이 이와 같은 기능들의 구분을 생각해낸 것은 인간이 이러한 다섯 가지 기능을 항상 동시에 수행하지 못함을 발견하였기 때문이다. 경우에 따라서는 각 기능들이 독립적으로 분리되어 작동하는 것도 가능하다고 생각하였다. 다음은 위의 기능들을 도표로 보인 것이다.

(58) 기능 도표

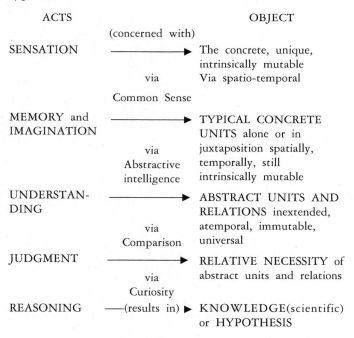

ACTS	(concerned with)	OBJECT
SENSATION	──────────▶	The concrete, unique, intrinsically mutable
	via	Via spatio-temporal
	Common Sense	
MEMORY and IMAGINATION	──────────▶	TYPICAL CONCRETE UNITS alone or in
	via	juxtaposition spatially,
	Abstractive intelligence	temporally, still intrinsically mutable
UNDERSTAN-DING	──────────▶	ABSTRACT UNITS AND RELATIONS inextended,
	via	atemporal, immutable,
	Comparison	universal
JUDGMENT	──────────▶	RELATIVE NECESSITY of abstract units and relations
	via	
	Curiosity	
REASONING	──(results in)▶	KNOWLEDGE(scientific) or HYPOTHESIS

당시 교황(Pope John XXI)이었던 그는 순수하게 종교적인 측면에만 치우치지 않고 언어학적인 측면에도 상당한 관심을 보였다. 그가 언어

학적인 면에서 가장 신경을 썼던 부분은 주로 의미론적인 측면이었다. 그의 이러한 생각은 그가 저술하였던 *Summulae logicales*에 잘 나타나 있다. 그의 의미론적인 접근 및 분석은 주로 스토아학파의 방법론에 기초를 둔 것이라 할 수 있다.

비교를 위하여 스토아학파의 의미론을 먼저 살펴보겠다. 스토아학파에서는 의미를 나타내는 데 있어 어형(form)과 의미(meaning)의 이분성(dichotomy)의 필요성을 인식하였다. 이러한 방법은 언어학에 있어서 의미론 발전의 근간이 되었고 현대에 널리 통용되고 있는 의미론의 모태가 되고 있다. 뿐만 아니라 오늘날 기호학(Semiotics)의 근본을 이루는 기호의미부(signifier)와 기호작용부(signified)의 차이점을 알아내어 기호작용부를 단순히 정신적인 현상에만 국한시키지 않고 인간의 언어행위(language performance)와 관련된 사람들 마음속에 존재할 수 있는 의미적인 측면에까지 확대하여 해석함으로써 후대 소쉬르(Sausseur)의 의미작용부(signifié)와의 연계성을 보여주었다.

이들이 언어학에 있어서 이루어낸 의미론상의 발전을 다시 한번 도식으로 보이면 다음과 같다.

(59) semainon − 'sign'이라는 것으로부터 유래됨
the signifier   밑줄 친 곳에 해당하는 능동형(active partici-ple)을 가리킴
semainomenon(or lekton) − 'sign'으로부터 유래됨
the signified   밑줄 친 곳에 해당하는 수동형(passive partici-ple)을 가리킴

스토아학파는 이처럼 하나의 단어가 두 가지 요소들로 구성되어 있는 것으로 이해하였다.

(60) word ┬ orthography(문자 표기) − signifier(기호의미부)
         └ the meaning − signified(기호작용부)

이들의 의미론적인 체계가 소쉬르와 유사하기는 하지만 차이점 또한 존재한다. 소쉬르의 의미론 체계에는 없는 세 번째 요소를 하나 더 가지고 있었던 것이다. 이것은 'tungchanon'(to happen to be, objective structure in reality)와 'pragma'(thing or situation)라는 것이었다. 이들의 통합적인 의미는 정해진 의미를 지칭하는 요소가 '우연하게 존재하게 된 경우'(what happen to be the case), 즉 환경적인 요인을 가리킨다. 지금까지 살펴본 스토아학파에서 정립한 의미론적인 체계를 다시 정리하면 다음과 같다.

(61) a. semainon − carrier − 의미 전달자 − 기호의미부(signifier)
     b. sainomenon ┬ meaning── 의미 ┬ 기호작용부
                   └ content ── 내용 ┘ (signified)
     c. tungchanon ┬ context of situation − 의미전달환경
        pragma ────┘

히스파누스는 스토아학파에서 이루어낸 의미론상의 발전을 좀 더 세분화시켜 자기 나름대로의 의미론의 체계를 확립하였다. 그가 의미론에서 우선적으로 나눈 것은 'significatio'와 'suppositio'였다. 'significatio'란 특정 단어의 어휘론적인 의미(lexical meaning)를 가리킨다. 이것을 좀 더 부연하여 설명하면 기호 또는 단어 그 자체와 의미와의 관계를 가리킨다고도 할 수 있다. 이에 반해 'suppositio'는 지시된 것(reference)을 가리키며 명사적인 측면과 주로 관련이 있다고 할 수 있다. 예를 들어 설명하면 영어에서 'boy'라는 단어가 가리키는 의미, 즉 '아직 어른에 이르지 못한 남자 아이'는 'significatio'라고 할 수 있다. 이에 반해 'boy'라는 단어 자체와 위에서 제시한 의미의 범주 안에 속하는 개체와의

관계는 'suppositio'라고 할 수 있겠다. 한 명의 소년이 실제로 우리 눈 앞에 서 있다면 우리는 'boy'라는 단어와 그 소년의 관계를 'suppositio' 라고 말할 수 있다. 다음은 이와 같은 의미론상의 두 개념을 도식으로 보인 것이다.

(62) a. sifnificatio ┬ the lexical meaning(dictionary meaning)
                       │ of the word.
                       └ possible relation to any member of a certain class.
     b. suppositio ┬ reference
                    └ pointing to a specific member of the class.

히스파누스는 'suppositio'를 다시 세분화하였다. 하나의 명사는 한편 으로 명사 고유의 의미를 가지기도 하지만 다른 한편으로는 그 명사의 범주에 속하는 요소들을 가지고 있기도 하기 때문이다. 예를 들어 'homō'라는 단어는 우선 'man'이라는 의미를 가지지만 'Socrates'라는 대상 또한 지시할 수 있다. 이처럼 하나의 단어가 다른 기능을 가지는 것을 설명하기 위하여 히스파누스는 'suppositio'를 둘로 나눌 필요를 느끼게 되었다. 이렇게 해서 분류한 것이 'formalis'와 'materialis'이다. 여기서 'formalis'는 해당 단어가 세상에서 실제로 지칭하는 대상을 가 리키며 'materialis'는 단어 그 자체를 가리킨다. 예를 들면 'homō'에서 'man'이란 의미는 단어 그 자체와 연관된 것으로 'materialis'라고 할 수 있으며 'homō'와 연관되어 있는 'Socrates'는 실제 세계에서 지칭되 는 대상으로 'formalis'와 연관된 것으로 볼 수 있다. 다음은 위에서 언 급한 내용들을 도식으로 간략하게 보인 것이다. 'metalinguistic usage' 란 'metalanguage'를 의미하는 것으로서 언어상의 현상을 설명하기 위 하여 취해지는 언어를 의미한다. 예를 들어 'boy'라는 단어는 다른 단 어의 의미를 결정하기 위한 하나의 요소로서 사용될 수 있다. 즉, /man/

을 정의할 때 우리는 'boy'라는 요소와 관련이 없다는 것을 보임으로써 /man/을 정의할 수 있다. 이것은 '[-boy]'라고 표기할 수 있는데 이러한 방법으로 /man/의 성격 중 한 부분을 설명할 수 있게 된다. 이와 같이 이용될 수 있는 언어상의 단어들을 우리는 'metalanguage'라고 부를 수 있다.

    (63) a. formalis(formal reference): reference to an object in the real
         world
            eg) <u>boy</u> referring to an actual person.
            <u>Peter</u> referring to a actual person.
      b. materialis(material reference): metalinguistic usage.
            eg) <u>boy</u> is a noun, <u>boy</u> refers to the word itself.
            <u>Peter</u> is one of the names.

  히스파누스가 의미론적인 연구에서 내세운 또 하나의 개념은 'Appellatio (appellation)'이다. 이것은 실제로 존재하는 대상을 위한 용어의 의미를 가리키는 것인데 이 개념이 필요한 이유는 언어가 지칭하는 대상의 실존 여부에 대하여 객관적으로 설명해줄 수 있는 근거를 마련해줄 수 있기 때문이다. 예를 통하여 이 개념과 'significatio'와 'suppositio'의 차이점을 보이면 다음과 같다. 아래 예문에서 세 개념들은 각각 다른 의미를 가진다.

    (64) homo currit('the man runs')
        significatio—man in general
                일반적인 사람과 관련된 것을 가리킨다
        suppositio—restricted a single man
                위의 문장이 많은 사람을 포함할 수는 있지만 이 개념
                에서는 특정인과의 관계만을 의미한다
        appellatio—actually existent man
                이 개념은 실존하는 사람과의 관계만을 의미한다

3) 유럽 각국 출현의 시대 상황과 각 지역에서의 언어이론의 발전

로마 시대 말기에 로마의 영향력은 자신의 국가에만 국한되지 않고 지중해를 중심으로 여러 지역에 걸쳐 나타나 있었다. 그 지역들은 서기 2세기에서 4세기에 걸쳐 로마 제국의 일부였다. 동부 지역은 헬레니즘 문화의 기원지로서 라틴어보다 그리스어를 중심으로 발전하였고 서부 지역은 라틴어를 중심으로 발전하였다. 5세기경에는 로마 제국이 둘로 나뉘게 되었는데 동쪽은 비잔틴 제국(Byzantine Empire)이 되었고, 서쪽은 서로마 제국으로 남게 되었다. 그 후 서로마는 동쪽으로부터 이주하던 게르만족(German)의 침공을 받아 멸망하게 되었다. 슬라브(Slavic) 종족들이 주로 동쪽에 속하였다.

이 시대에 각 지역은 저마다 나름대로의 지방어를 지역 언어로서 가지고 있었다. 이들은 초기에는 자신들의 발전을 위하여 라틴어의 철자 체계(alphabet)를 받아들이지 않을 수 없었다. 당시에는 로마 제국만큼 문화적·학문적·종교적 발전을 이루어낸 나라가 없었기 때문이다. 따라서 로마 제국의 국어였던 라틴어를 없이는 로마의 업적들을 배울 수 없었다. 하지만 문제가 없었던 것은 아니었다. 라틴어에는 그 자체의 소리 체계상의 한계가 있었기 때문에, 로마 이외의 지역에서 사용되던 장소나 사람과 관련되던 이름, 또는 다른 종류의 특이한 단어들을 표기하기 위해서는 그 단어들이 지니고 있는 색다른 발음들을 라틴어로 표기할 필요가 있었다. 그 당시에 이와 같은 문제를 해결하기 위한 과학적이고 체계적인 연구가 존재하였던 것은 아니다. 그럼에도 불구하고 로마 이외의 지역에 존재했던 언어들은 자신들만의 특이한 발음들을 라틴어로 표기하기 위한 방법들을 강구하게 되었다.

이러한 시대적인 변화와 함께 언어에도 상당한 변형이 초래되었는데, 로마 제국의 중앙에서 멀어질수록 로마 제국의 국어인 라틴어는 힘을 잃고 표준 라틴어 대신 각 지방의 방언이 강세를 띠기 시작하였다. 이 것은 이들 방언들이 더 이상 라틴어에 가리어져 있지 않고 해당 지역의 표준어로 부상할 수 있는 기반을 마련해주는 계기가 되었다. 예를 들어 라틴어가 로마가 아닌 지금의 프랑스에서 사용될 때, 그곳의 라틴어는 엄밀히 말하면 그 지역만의 특성을 지닌 라틴어의 방언이었다. 로마가 강성하던 때에는 그 방언은 단지 그곳 주민들만 이용하는 언어로 기능 이 제한되어 있었고, 공공목적을 위해서는 표준 라틴어가 사용하도록 강요되었다. 하지만 로마의 힘이 약해지고 중앙의 힘이 더 이상 프랑스 지역에 미치기 어렵게 되자 그곳 방언의 공공어로서의 기능이 살아나게 되었으며, 이것은 당시 각 지역에서 일어나던 주권확립을 위한 운동과 도 맥락을 같이 하게 되었다. 이로써 각 지방의 방언들은 표준 라틴어 를 제치고 직접 그곳의 표준어로서 역할을 하기에 이르렀다.

이와 같은 언어상의 변화는 언어학의 발전에 새로운 전기를 마련해주 었다. 중앙을 중심으로 한 언어이론의 발전이 아니라 각 지방의 방언을 중심으로 한 언어이론이 생겨나게 된 것이다. 뿐만 아니라 자신들 나름 대로 표준어를 제대로 이해하고 그 원천을 알아내기 위한 언어학적인 작업도 병행하게 이르렀는데, 이것이 바로 방언의 원류를 찾는 어원학 발전하기에 이른다.

이처럼 새로운 시대에 이르러 로마 중심지역 이외의 다른 지역에서 사용되던 여러 지방어(vernacular language)가 해당 지역들의 중심어로 서 부상하고 전 지역에 걸쳐 사용되어왔던 라틴어는 그 위세가 지방어 에 비하여 상당히 약화된 경향을 보이게 되었다. 이와 같은 현상의 이 유를 크게 세 가지로 설명해볼 수 있다.

첫째, 대중화된 지방어들이 여러 측면에서 서서히 득세하기 시작하였 다는 사실이다. 이것은 특정 지역의 지방어를 쓰는 주민들이 점점 더 많이 교육을 받게 되어 당시 여러 대학들이나 기타 교육기관 등에서 이들이 상당한 비율을 차지하게 되었다. 이것은 이러한 교육을 받은 이들로 하여금 구태여 라틴어를 배울 필요성을 느끼지 못하게 만드는 결과를 낳게 되었다.

둘째, 이 당시에 득세하였던 인본주의(humanism)의 학풍은 옛것에 대한 관심을 많이 보였는데 옛것이란 다름 아닌 중세 라틴어로 쓰인 것들에 대한 관심을 의미한다. 이들 과거의 유산들이 기록된 중세 라틴어는 통사론적으로는 단어 간의 구성에 있어서의 자유성을 허용하였고 또한 새로운 용어의 창출을 용이하게 하였다. 뿐만 아니라 이들 기록물들은 그들의 목적에만 부합이 된다면 지방어에서 용어를 빌려오는 것을 허용하였다. 모든 사실을 라틴어로만 기록할 경우 라틴어에 존재하지 않는 개념은 표기하기가 쉽지 않았기 때문이었다. 이 문제를 해결하기 위해 각 지방어의 단어들 중에서 목적에 맞는 단어가 있을 때에는 그것의 어원과 상관없이 받아들였다. 또 각 지역에서는 지방어로 공문을 쓰는 것이 라틴어로 쓰는 것보다 훨씬 효과적이라고 생각하였다.

셋째, 사람들의 사고가 그리스나 로마 중심이 아닌 유럽 중심으로 바뀌어져가고 있었다. 이와 함께 언어도 그리스어나 라틴어는 중심에서 벗어나게 되었고 각 지역에서 일어나기 시작하였던 지방어가 중심어로서 역할을 하게 되었다. 예를 들어 피에르 라메(Pierre Ramé; Petrus Ramus)는 14세기경 그의 저서에서 아리스토텔레스의 생각들이 옳지 않다는 것을 지적하였고 자신이 속하였던 지역어를 중심으로 새로운 접근 방식을 찾기 위한 노력을 아끼지 않았다.

4

중세 유럽의 언어이론

　중세시대에서 언어학적으로 가장 두드러진 특징을 찾는다면 사변언어학(思辨: speculative grammar)의 등장을 들 수 있다. 사변언어학의 출현은 중세 이전에 시작된 언어학 이론들의 조류를 두 가지 측면에서 보완하기 위하여 나타나게 되었다고 생각해볼 수 있다.

　첫째는, 이 언어학 이론의 정식적 배경이 되어 주었던 스콜라 철학(scholastic philosophy; Scholasticism)의 등장이었다. 스콜라 철학은 아리스토텔레스의 철학적인 사고체계에 가톨릭과 관련된 종교적인 색채를 가미한 철학적 사고방식이었다. 스콜라 철학의 기본틀은 토마스 아퀴나스(Thomas Aquinas)에 의하여 마련되었다고 볼 수 있다. 둘째는, 로마 시대에 가장 두드러지게 발전하였던 프리지안(Priscian)과 도나투스(Donatus)의 문법적인 업적이다. 이들은 로마 시대에 라틴어로서 문법적인 기술을 완성시킨 사람들이다. 이 두 학자의 언어학적 공헌은 중세시대에 사변언어학이 발전할 수 있었던 학문적 토대를 마련해주었다는 데 있다.

　먼저 스콜라 철학에 대하여 살펴보고자 한다. 이 시대에 발전된 스콜라 철학은 인간이 오랜 역사를 거치면서 이룩한 지적 발전과 축적을 종교적인 측면과 조화시켜 통합한 결과라고 할 수 있다. 당시 유럽 대륙에 퍼져 있던 시대적 성향은 유럽인들이 자신들의 종교의 원천지라고 믿고 있던 곳에 자신들과 전혀 다른 동방인들이 살고 있고 지역적 환경조차 유럽이 아닌 동방이었다는 사실을 견디지 못하고 신의 세계를 복원하지 않으면 안 된다는 명분하에 십자군전쟁과 같은 대대적인 침략 전쟁도 마다하지 않던 시대였기 때문에 따라서 가톨릭을 중심으로 한 종교의 권위는 상상을 초월한 것이었다고 할 수 있다.

이와 같이 어마어마한 종교적인 권위는 당시의 모든 학문적 분야에 적지 않은 영향을 미치게 되었다. 그런데 유독 토마스 아퀴나스만이 아리스토텔레스의 철학적인 사고와 종교를 합치게 된 것은 나름대로 역사적인 이유가 있었다. 그것은 그리스 학자들의 대대적인 서방세계로의 이주에서 원인을 찾을 수 있다. 그리스 학자들이 이주를 막 시작하였을 당시에는 그리스의 학문적인 업적이 유럽 지역에 그렇게 널리 알려져 있지 않았다. 그런데 유럽의 제후들이 자신들이 신봉하던 가톨릭이라는 종교의 원천지를 회복한다는 명분으로 동방을 공격하였을 때 당시 동방의 문화 중심지의 하나였던 콘스탄티노플(Constantinople)에는 알렉산드리안 학파의 중심을 형성하였던 많은 그리스 철학자들이 거주하고 있었다. 이들 철학자들은 전쟁을 피하여 여기저기를 헤매게 되었고 이들의 주된 거주지역은 유럽의 남부지역을 중심으로 하고 있었다. 위에서 언급한 알렉산드리안 학파는 철학 및 언어학의 한 부류로서 아리스토텔레스의 철학적인 사고를 따르던 사람들이었다.

알렉산드리안 학파는 규칙주의자(Analogist)를 대표하는 명칭으로서 이 학파에 속했던 학자들은 자신들의 학풍의 기반을 아리스토텔레스의 철학적 사상에 기반을 두고 있었다. 당시 알렉산드리아에는 지식의 보고라고 할 수 있는 도서관이 있었는데 그곳에 소장되어 있던 도서들은 주로 아리스토텔레스가 소장했던 서적을 기초로 한 것이었다. 많은 수의 학자들이 자신들의 연구를 위하여 알렉산드리아에 와서 거주하게 되었다. 이런 학문적 환경을 바탕으로 이곳에서 여러 종류의 학문들이 발전하게 되었고 그중 대표적인 것이 유클리드(Euclid)의 '*Elements*'라는 저서와 디오니시우스 트락스(Dionysius Thrax)의 '*Grammar*'라는 저서이다.

언어학 발전에 있어 규칙주의자들의 특기할 만한 업적은 형태론적인 측면에서 찾아볼 수 있다. 그들은 언어에서 규칙성을 보여주는 것이 바로 단어들의 품사이며 변화 범주라고 생각하였다.

알렉산드리안 학파를 구성하였던 학자들의 유럽 대륙에의 정착은 그리스의 철학적인 방법론들이 유럽의 중심을 이루고 있던 종교와 연관을 맺는 계기를 마련해주게 되었다. 유럽인들이 그리스의 철학 중 최초로 받아들였던 것이 바로 플라톤의 철학 방법론이었다. 그러나 유럽인들은 아리스토텔레스의 철학적인 공적을 받아들이는 데는 적지 않은 주저함을 보이기도 하였고 심지어는 그의 사상에 대한 논쟁도 서슴지 않았던 것 같다. 이런 사정에도 불구하고 토마스 아퀴나스는 아리스토텔레스의 사상을 주저 없이 받아들여 스콜라 철학이라는 철학사조의 바탕을 마련하였다.

로마 시대의 문법적인 발전은 중세시대 학자들에 의하여 적지 않은 비판을 받았다. 중세시대의 학자들은 프리지안과 도나투스의 업적을 상당히 평가하면서도 그들의 학문적인 한계 및 문제점을 지적하는 데도 별로 주저함이 없었던 듯하다. 이들 학자들의 로마 시대의 문법가들에 대한 비판은 마치 현대 언어학에서 생성문법자들이 구조주의 언어학자들의 연구에 대하여 쏟아 부었던 비판과 흡사한 경향을 보여주었다. 현대 언어학에 있어서의 이와 같은 비판은 뒤에서 다루어진다.

지금부터는 중세시대에 주로 활동하였던 언어학자들을 살펴보기로 하겠다. 이 당시에 활동하던 학자들 또한 철학과 언어학을 상호 겸비한 사람들로서 두 분야에 대한 정확한 분류를 별로 필요하지 않게 생각하였던 사람들이었다.

1. 모디스테

중세시대 13~14세기경의 사변철학을 기반으로 하여 싹튼 언어학의 이론은 바로 모디스테(Modistae)를 중심으로 하여 발전한 이론들이었다. 모디스테란 언어에서 양태(mode)의 존재 여부와 그 현상에 대한 이해를 추구하고 동일한 현상을 어떤 방식으로 표기(또는 기호 작용)할 수 있는지에 대하여 연구하던 사변철학자들을 통칭하여 가리키는 명칭이었다. 그들에게 이 명칭이 주어진 이유는 그들이 학문적 대의명분으로서 내세웠던 'On the Modes of Signification'의 덕분이었다. 여기서 'modes'는 학파의 이름을 정하는 데 아주 중요한 단서가 되었다.

모디스테는 언어에 대한 기본적인 생각에 있어 그리스의 두 논쟁들 중 자연주의(Nomos)와 규칙주의(Analogy)를 따르고 있었다. 자연주의 성향을 따른 이유는 모디스테에 속하던 학자들이 언어를 생각할 때 단어 형태와 단어 의미가 서로 상호적인 필연성을 보일 수 없다는 믿음에서 시작한 것이었다. 규칙주의를 따르는 것은 모디스테의 학자들이 우주의 구성과 문법의 구성에는 법칙이 있다고 믿고 언어에 대하여 연구를 수행한 학문적 성향에서 근거를 찾아볼 수 있다. 이와 같은 사고를 바탕으로 모디스테의 학자들은 우주와 언어는 각각 한정된 단위로 구성되어 있는 체계적인 대상(systematic object)이라고 믿었으며 바로 이런 이유 때문에 그들은 우주와 언어를 연결하기 위해서도 또 다른 규칙이 꼭 있어야 함을 굳게 믿게 되었다. 이처럼 언어연구에서 해당 언어에 대하여 동일한 경향을 보였던 대표적인 학자들은 다음에서처럼 네 명을 생각해볼 수 있을 것이다.

> (65) 로저 베이컨(Roger Bacon)
>   토마스 에르푸르트(Thomas of Erfurt)
>   시거 코르트라이(Siger de Courtrai)
>   윌리엄 오컴(William of Occam)

로저 베이컨은 최초로 히브리어(Hebrew)에 대한 문법서를 저술한 저자였다. 윌리엄 오컴은 '오컴의 면도날'(Occam's Razor)이라는 개념을 처음으로 내세운 학자였다. 이 개념의 요점은 'Entities are not to be multiplied beyond necessity'로서 어떤 대상이든지 존재할 수 있는 적절한 당위성이 주어지지 않으면 필요 이상으로 반드시 증가될 필요가 없다는 내용이다. 따라서 동일한 상황을 설명하는 과정에서도 좀 더 간략한 방법이 충분히 모든 것을 감당할 수 있는 결과를 낳을 수 있다면 같은 현상을 설명하기 위하여 일부로 더 복잡한 방식을 취할 필요가 없다는 것이다. 이 개념은 현대 언어학에서 변형생성문법을 주장하였던 언어학자들에 의하여 널리 사용될 개념이기도 하다.

이들 학자들에게는 각각 자신들의 고유한 연구 분야들이 있었지만 이들이 공통점은 언어를 연구하는 데 있어서 가지고 있던 기본적 생각 방법이었다. 이 생각은 'mode'에 대한 것이다.

> (66) <u>modus</u> 'mood' 'the way how'
>   Fr. <u>mode</u>

우리는 이와 같은 'mode'에 대한 연구를 크게 세 분야로 나누어볼 수 있다. 첫째는, 'mode'의 내부의 구조를 살피는 분야이다. 여기서는

'mode'를 좀 더 세분하여 연구를 진행시키게 된다. 둘째는, 'mode'와 발화로 형성된 단위의 각 부분과 어떤 연관성을 갖는지를 찾는 분야이다. 셋째는, 청자(listener)의 입장에서 적지 않게 발생하는 중의성(ambiguity)을 규명하기 위하여 'mode'의 구조를 살펴보고 나아가서 구조의 정확성과 적합성을 살피는 분야이다. 다음은 위에서 다룬 각 분야를 간단하게 정의해본 내용들이다.

(67) a. define and examine the notions of the various modes
  b. consider what modes are characteristic of the various modes
  c. deal with construction in terms of their(modes's) congruity, or bare grammatical correctness, and their perfection, which took into consideration sources of ambiguity on the part of the listener.

이미 위에서 언급하였듯이 모디스테에 속하는 학자들은 규칙주의 (Analogy)에 속함으로써 자신들의 학문적인 입장이 아리스토텔레스와 유사한 것임을 보인 바 있다. 이것은 'mode'의 내적 구성을 좀 더 세분하는 경우에 결과로서 제시된 분류가 아리스토텔레스보다 더 상세하다고 하더라도 실제로는 아리스토텔레스의 방법과 거의 유사한 상태에 있음을 잘 보여준다. 다음은 모디스테의 학자들이 'mode'를 좀 더 세분한 것을 아리스토텔레스의 Substance와 Accident와 비교해본 것이다. 여기서 두 개념들은 후에 좀 더 상세히 언급되며 특히 소쉬르(Saussure)에 와서 정확한 개념에 접근하게 된다. 여기서는 이 두 개념들을 상호 보완적으로 이해해볼 수 있을 것이다. 즉, Substance가 없는 Accident를 생각할 수 없으며, Accident가 있다는 것은 Substance가 반드시 존재함을 의미하는 것이라 할 수 있다.

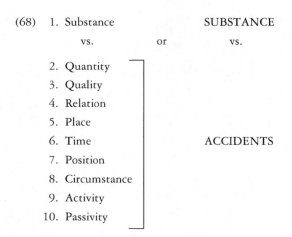

(68) 1. Substance   SUBSTANCE
              vs.   or   vs.
      2. Quantity
      3. Quality
      4. Relation
      5. Place
      6. Time   ACCIDENTS
      7. Position
      8. Circumstance
      9. Activity
     10. Passivity

다음으로는 'mode'의 구성에 대하여 살펴보기로 하겠다. 모디스테의 학자들이 내세운 연구는 'mode'에 대하여 세 방향으로 진행되었다. 첫째는, 존재론(ontology)적인 측면에서의 연구이다. 여기서 존재론이란 존재(existence) 자체에 대한 규명을 전제로 한 연구 분야를 일컫는다. 둘째는, 직관론적(gnoseology)인 측면에서의 연구이다. 이것은 학습의 근본에 대한 연구로서 여기서 학습이란 학문을 습득하는 능동적인 학습이 아니라 단지 오감을 통한 직관적인(sensual) 인지과정을 의미한다. 셋째는, 인식론적(epistemology)인 측면에서의 연구이다. 이것은 지식(knowledge)에 대한 연구 분야로서 지식이 구성되어 있는 모습과 지식이 이용되는 방법을 살펴보는 것이며 더 나아가서는 지식들을 여러 학문 분야(science)로 세분할 수 있는 방법을 연구하는 것이다.

위에서 언급한 각 학문 분야들은 모디스테가 추구하는 'mode'의 하위구조 분류에 중요한 기준이 되었으며 하위구조는 크게 셋으로 구분지어 생각했던 것 같다.

첫째는, 'modi existentiae(essendi)'인데 이것은 하나의 내적 특성을 가지고 있는 특정 대상이 외적 형태에 있어서 여러 모양으로 나타날 수

있는 경향을 생각해보는 분야이다. 모디스테에 속한 학자들은 이 분야
에 내적 구성 요소로서 두 분류를 제기하였는데 Substance와 Accident
가 바로 그것들이었다. 이 부분을 잘 이해하기 위해서는 학문의 한 분
류였던 존재론적 사고방식을 생각해볼 수 있을 것이다. 예를 들어 '물'
은 그 형태가 환경에 따라 시냇물에서 강물, 바닷물까지, 온도에 따라
얼음에서 수증기까지 외적 형태 구조는 시각적으로 여러 가지로 나타날
수 있지만 본질만은 항상 동일함을 알 수 있다.

둘째는, 'modi intelligendi'로서 인간이 자신들의 존재를 어떻게 이해
하는지를 연구하는 것인데 이것은 직관론과 밀접한 관련이 있다고 할
수 있다. 예를 들어 우리 인간은 개개인에 따라서 같은 대상을 이해하
는 데도 상당한 차이를 보인다. 경우에 따라서는 같은 대상을 상태
(state)로 이해하기도 하도 과정(process)으로 이해하기도 한다는 것이다.
셋째는, 'modi significandi'로서 동일한 대상을 이해하는 과정에서조차
도 결과를 표현할 때 많은 차이점을 보여주는 모습을 생각해보는 것이
다. 이것은 인식론적인 측면과도 밀접한 관계가 있다고 하겠다. 여기서
언급한 모디스테의 'mode'에 대한 설명은 다음에 도식적인 방법으로
상세하게 설명되고 있다.

(69) **Some Distinctions Made by the Modistae**
(모디스테에 의하여 형성된 분류)

Materialiter	*Formaliter*
In itself, in its entire concreteness 전반적인 구체성	Functionally, formally, from a particular point of a view 기능이나 형식적으로 별도의 관점으로부터 시작되는

Modus essendi	*Proprietas rei*	*Ratio essentiae*
A particular way of existing	A property of a thing, some constituent of its essence	Considered as how a thing is, what kind of thing it is, and not just that it is

존재론적 측면	대상물의 구성에 따른 본질적 특성	대상물의 방법, 종류 등
Modus intelligendi activus A way of actually understanding something 대상을 이해하는 과정	*Proprietas intellectus* Possessed as an act of the intellect 지적 요소의 소유 여부	*Ratio intelligendi* The function of under-standing vs. the function of reasoning or being understood 이해 기능 대 추론해보는 기능
Modus intelligendi passivus A particulat way of being understood 별도의 이해 과정	*Proprietas rei* A fact or property of a thing that makes it possible to be understood in this way 이해를 가능하게 해주는 사실 및 특성	*Ratio intelligendi* The function of being understood vs. understanding or existing in a certain way 이해되는 기능 대 이해하거나 특정 방법으로 존재하는 것
Modus significandi activus A particular way of being a sign or particular meaning 특정 의미를 위한 기호의 방법	*Proprietas vocis* Property of a vocal sound to be meaningful, and meaningful determinately 목소리가 의미적일 수 있게 해주는 특성	*Ratio significandi* The function of being significant vs. being pronounceable or writ-able or audible 의미적 것과 특정 방법으로 표시되는 것
Modus significandi passivus A particular way of being signified 의미로 표기될 수 있는 특정 방법	*Proprietas rei* Property of a thing to be signified in a certain way 대상물이 의미 표기화될 수 있는 특성	*Ratio significandi* This same property, consi-dered precisely as being signified vs. existing, being understood 표기될 수 있는 것에 대한 존재 자체의 이해

모디스테에 속했던 학자들이 언어를 연구함에 있어서 가장 중요시하였던 부분은 언어의 현상을 설명할 때 하나의 동일한 체계를 설정하는 것이었다. 이들은 언어를 설명함에 있어 설정된 체계에 대한 믿음을 학문적 근본으로 삼았으며 이와 같은 하나의 통일된 체계를 보편문법

(universal grammar)이라고 생각하였다. 모든 언어의 문법은 이와 같은 보편문법을 기본으로 구성되어 있다고 생각하였고 언어에 따라서 차이가 있는 것은 보편문법과는 상관이 없는 일이라고 생각하였다. 자신들이 주시하였던 언어의 보편문법을 기저문법으로 가정하고 모든 언어는 기저문법을 중심으로 분석되고 설명되어야 한다고 생각하였다.

이와 같은 사상은 이미 아리스토텔레스의 철학관 및 언어관에 나와 있었던 것이다. 아리스토텔레스는 자신의 철학적인 사상을 통하여 언어에 있어서의 보편성(universality)에 대하여 처음으로 언급하였다. 아리스토텔레스는 단어를 가리켜 인간의 사고 속에 존재하면서도 외부세계를 인식하여 여기에 축적된 내용들을 가리키고(상징하고) 있는 표기 형태를 소리라는 수단을 이용하여 표시한 것이라고 하였다. 여기서 '인식된 내용'이란 하나의 단어가 지니는 의미적인 측면을 가리키고 '상징하고 있는 표기'는 소리를 표시하는 수단인 음성적 기호들의 조합을 가리킨다고 생각할 수 있다.

아리스토텔레스의 철학적 사고에 의하면 모든 인간은 동일한 사고체계를 가지고 있다고 가정되어야 한다. 같은 대상에 대하여 개개인들이 다른 말로 가리키는 사실은 단순히 개인들이 별개의 언어를 이용하기 때문에 나타나는 현상이라고 주장하였다. 이와 같은 사고방식은 현대 언어학 이론의 토대가 되는 것이며 현대 언어이론의 아버지라고 할 수 있는 촘스키도 모든 언어현상을 동일한 규칙체계로 설명할 수 있는 가능성을 바로 언어의 보편성에 두고 있다. 이 주장의 핵심은 언어현상과 인간의 사고체계를 분리하여 이해하였다는 점이다.

이와 같은 아리스토텔레스의 보편성에 의거한 언어관은 모디스테의 보편성에 의거한 언어관의 발전에 중요한 요람으로서의 역할을 담당하게 된다. 그런데 재미있는 현상의 하나는 촘스키가 자신의 보편문법을 설명하는 과정에서 아리스토텔레스 및 후에 언급하게 될 데카르트(Descartes)

의 철학관이었던 이성주의 철학(rational philosophy)이 자신의 보편성의 설명의 모태가 됨을 중시하여 많은 부분을 할애하였지만 위 두 사람들과 언어의 보편성을 논하는 방법에 있어서 조금도 뒤지지 않을 뿐만 아니라 경우에 따라서는 언어의 보편성에 대한 설명에 있어서는 훨씬 앞서 나갔다고 충분히 여겨질 수 있었던 모디스테 학자들의 연구 업적에 대하여는 별로 비중을 두지 않았다는 사실이다.

모디스테 학자들은 인간의 언어에 대한 보편성을 설명함에 있어서 아리스토텔레스와 거의 차이를 보이지 않는다. 모디스테의 학자들도 인간의 보편적인 언어의 능력이 인간의 본능 가운데 하나로서 태어날 때부터 가지고 나오는 것이 아니라 관찰을 통한 습득과정을 이용하여 비로소 동일한 보편적 지식을 가지게 된다고 생각하였다.

여기서 언급한 보편성의 언어능력이 본래 인간에 내재되어 있는 사고방식과 세상에 존재하고 있다가 사람들에 의하여 습득되는 것으로 생각하는 방식은 앞에 언급하였던 그리스의 두 논쟁과 함께 또 하나의 중요한 논쟁이 되는데 여기서는 후에 이 대립양상을 제3의 논쟁으로서 다시 다루고자 한다. 이 논쟁은 모든 언어이론에 다 적용되는 것이 아니라 언어현상의 규명에 있어 규칙성을 중시하는 쪽에만 국한된다. 세상을 보는 데 있어 보편성을 주장했던 이들은 모두 법칙에 의거한 규칙성을 믿고 있는 학자들이었기 때문이다.

2. 문예부흥과 당시의 라틴어의 변화

문예부흥이라는 새로운 시대의 특징은 당시 로마 이외의 각 지역에서 사용되던 지방어(vernacular language)가 각 지역의 중심어로서 부상하고 전 지역에 걸쳐 사용되어왔던 라틴어의 위세는 지방어에 비해 상당히 약화된 점이다. 이와 같은 현상의 이유를 크게 네 가지로 설명할 수 있다.

첫째는, 사람들의 사고의 중심이 그리스나 로마가 아닌 다른 유럽 지역들을 중심으로 하여 바뀌어져가고 있었다는 사실이다. 이런 경향과 함께 언어도 그리스어나 라틴어 중심에서 벗어나 각 지역에서 일어나기 시작하였던 지방어가 중심어로서의 역할을 하게 되었다. 단테는 이들 지방어 중의 하나였던 로망스어를 중심으로 자신의 연구를 진행하였으며 이 언어를 이용하여 많은 글을 남기기도 하였다. 이런 경향은 당시의 학자들로 하여금 학문의 중심을 무조건 그리스나 로마에 의존하지 않게 하였고 나아가서는 과거를 다시 생각해보고 새로운 학풍을 형성하게 하였다. 예를 들어 피에르 라메(Pierre Ramé; Petrus Ramus)는 14세기경 그의 저서에서 아리스토텔레스의 생각들이 옳지 않다는 것을 지적하고 자신의 주장을 당당하게 피력하기도 하였다.

둘째는, 당시 언어를 연구하던 사람들의 특징은 대부분의 학자들이 중동(Arabic)의 언어와 히브리어(Hebrew)에 대해 상당한 관심을 가지고 연구를 수행하였다는 점이다. 이것은 이미 모디스테의 학자들 중 한 명인 베이컨(Roger Bacon)의 히브리어에 대한 연구에서 언급된 바 있다. 이와 같은 연구동향은 당시까지 모든 학문 분야에서 떼어낼 수 없던 그리스어와 라틴어를 어느 정도 멀리할 수 있는 계기를 마련해주었다.

특정 지역의 지방어를 쓰는 주민들이 점점 더 높은 수준의 교육을 받는 추세가 강해져 당시의 여러 대학들이나 기타 교육기관 등에서 이들이 상당한 비율을 차지하게 된 점이다. 이것은 교육을 받은 이들에게 구태여 라틴어를 배울 필요성을 설득하지 못하는 결과를 낳게 하였다. 이와 같은 경향은 당시 여러 지방에 팽배하였고 또한 해당 지역에서 강하게 대두된 민족주의(nationalism)와 애국심(patriotic feeling)과 맞물려 더욱 분명해지게 되었다. 당시의 지배층이 강력한 중앙집권체제를 유지하기 위하여 자신들의 국토에 걸맞은 공용 언어의 필요성을 생각하게 된 것 또한 지방어가 중앙어로서 자리를 굳혀가는 데 중요한 역할을 하게 된다. 예를 들어 찰스 5세(Charles V)는 당시 스페인 지방을 지배하게 되었는데 교황에게 알리는 내용을 전달할 때 기존의 라틴어로 전언하는 전통을 깨고 스페인어로 내용을 전함으로써 이와 같은 경향을 뒷받침하였다.

셋째는, 인쇄문화의 발전이 상상을 초월하는 속도로 지식을 전달해주게 되어, 사회적으로 중간계층을 형성하고 있던 사람들로 하여금 배움에 대하여 강렬한 욕구를 느끼게 하였다는 사실이다. 이로 인하여 많은 사람들이 그리스어나 라틴어 이외의 외국어를 배우고 싶어 하였는데 이것은 여러 종류의 사전이 나오게 되는 계기를 마련해주었다. 예를 들어 팔스그라브(J. Palsgrave)가 1530년에 영국에서 프랑스의 문법 및 읽는 방법 등에 관하여 저술한 *L'esclarcissement de la langue françoyse*는 그때까지 상류층의 언어로만 알아왔던 불어를 중간계층의 사람들도 배우고 싶어 하는 정황을 잘 나타내주었다.

넷째는, 세속적이고 인간중심적인 요구들의 위상이 성경의 지방어 번역에 힘입어 올라가게 된 점이다. 이는 당시 종교개혁(Religious Reformation)의 한 원인이 되기도 하였다. 1534년에 발간되었던 루터(Luther)의 독일어판 성서는 그 후 유럽 여러 지역의 언어로 번역되었다. 이로 인하여 당시의 지방어들은 하층계급의 언어로 천시되는 위치에서 벗어나 모든 사람들의 추앙을 받던 성서에 적용됨으로써 명실상부한 중심어로서의 역할을 담당하게 되었다.

다섯째는, 당시 득세하던 인본주의(humanism)의 학풍이 옛것에 대한 관심을 많이 보였다는 점이다. 여기서 말하는 옛것이란 중세 라틴어로 쓰인 것들에 대한 관심을 의미한다. 이들 과거의 유산들을 기록한 중세 라틴어는 구문론적으로 단어 사이의 구성에 있어 자유성을 허용하였고 새로운 용어의 창출을 용이하게 했다. 뿐만 아니라 이들 기록물들은 그들의 목적에만 부합이 된다면 지방어에서 용어를 빌려오는 것을 허용하였다. 모든 사실을 라틴어로만 기록을 할 경우 라틴어에 존재하지 않는 개념은 표기하기가 쉽지 않았기 때문이었다. 이 문제를 해결하는 방안으로 각 지방어의 단어들 중에서 목적에 맞는 단어가 있을 시에는 그것의 어원과 상관없이 라틴어에 받아들인 것이다. 또 각 지역에서는 지방어로 공문을 쓰는 것이 라틴어로 쓰는 것보다 훨씬 효과적이라고 생각하였다.

3. 단테와 사전의 출현

1) 단테

단테(Dante)는 14세기경 이탈리아를 중심으로 활동하였던 학자였다. 그는 당시에 주로 사용되었던 신라틴어(neo-Latin)인 로망스(Romance)에 대하여 상당한 관심을 가지고 연구하였으며 그 결과로 *De vulgari eloquentia*란 저서를 집필하게 되었다. 이 저서는 제목이 가리키다시피 지방어를 유창하게 사용하는 방법을 밝히려는 목적으로 쓰인 것이었다. 그가 주로 관심을 가지고 있던 부분은 기록된 언어자료가 아니라 직접 발화되어 사용되던 언어자료였다. 그는 여기에 의거하여 연구를 수행하였다. 화자가 어린 시절에 무의식적으로 습득한 언어자료와 기록되어 남아 있는 자료를 비교하여 보여주었다는 점에서 그의 저서의 가치를 새삼 느낄 수 있다. 뿐만 아니라 단테는 서문 내용에서 중앙에 집권하고 있는 왕족 및 귀족들이 일반 백성을 위하여 민중의 언어를 더욱 발전시키고 사용 가능성의 범주를 넓혀주어야 한다고 언급하였다. 이것이

궁극에 가서 세분화되어 있던 이탈리아의 영토를 통일시킬 수 있는 바탕을 마련해주리라는 것도 주장하였다.

2) 네브리야

네브리야(Nebrija)가 활동하던 시기는 언어들의 변화가 본격적으로 일어나던 시기였다. 당시의 언어학자들은 이와 같은 변화에 대한 분석 및 설명에 적절한 방법을 제시하지 못한 상태에 있었다. 당시는 라틴어가 붕괴되고 스페인어, 불어, 이탈리아어 등 지방어들이 속속들이 생겨나기 시작한 신생 국가들의 중심어로서 위치를 굳혀가면서 나름대로의 독립된 언어로 되어가는 과정에 있었다. 이들 언어들이 비록 라틴어를 모태로 생겨나기는 하였지만 중심어로 성장해가면서 조금씩 다른 언어들과 모습을 달리해가기 시작하였음을 의미하는 것이라고 하겠다.

이러한 변화는 이들 언어를 설명하는 데 과거의 방법들이 더 이상 적절하지 못하다는 사실을 의미한다. 언어학자들은 변화한 언어들을 설명하기 위하여 과거 그리스나 로마를 중심으로 일어났던 언어학 이론들을 비판하기 시작하였는데 이러한 비판들은 새로운 언어 설명방법들이 출현할 수 있는 기반이 되었다고 생각한다.

네브리야도 이러한 언어학자들 중의 한 사람으로서 당시까지 의심 없이 받아들여졌던 8품사의 개념을 더 이상 유지하지 않고 품사 수의 다변화를 통해 변화한 언어들을 설명하려 하였다. 그의 저서 *Grammatica de la castellana*(1642)는 네브리야의 시도를 잘 보여주고 있다. 이 저서에서 네브리야는 품사의 수가 10까지 분리되어야 하는 자신의 주장을 유감없이 피력하였다.

3) 크루스카 아카데미아

위에서 이미 언급하였듯이 문예부흥시대의 언어학적인 측면은 많은
사람들이 외국어를 배우려는 욕구가 상당히 강하였다는 시대적인 환경
에 상당한 영향을 받게 된다. 외국어에 대한 관심은 외국어를 정확하게
서술한 자료들에 대한 요구를 불러일으키게 되는데 그런 요구를 충족시
키는 일환으로써 나온 것이 바로 사전들이라고 하겠다. 사전은 각 언어
의 문법적인 용도뿐만 아니라 각 단어의 의미 발음들을 종합적으로 기
술함으로써 특정 언어를 배우고자 하는 사람들에게 해당 언어를 쉽게
접할 수 있도록 해주는 역할을 정확하게 수행하였다. 그리고 이와 같은
사전들은 단테 이후에 상당히 많이 출현하게 되는데 사전들의 주된 역
할은 각 지방어들이 라틴으로부터 어떻게 다르게 변화했는지를 정확하
게 보여줌으로써 사람들로 하여금 라틴어와 자신들의 언어를 비교하여
배울 수 있게 해주는 것이었다.

한 지역의 지방어라 하더라도 한정된 지역 내에서조차 조금씩 차이를
보이게 되었는데 그중에서 가장 많은 인구가 모인 지역의 방언이 표준
어(standard language)의 위치를 점유하게 되었다. 이런 환경에서 표준
어에 해당하는 방언을 사용하고 있지 않은 사람들은 표준어를 배우고자
하였다. 이들이 표준어를 배울 수 있도록 하기 위하여 표준어와 지방어
를 비교한 사전들이 나오게 되었다. 더 나아가서는 사전을 만드는 학자
들은 표준어 설정방법에 관해서도 생각하기 시작하였다. 이런 환경에서
나온 것이 바로 『크루스카 아카데미아』(*Academia della Crusca*)이다.

이 사전은 1582년에 이탈리아어를 위하여 쓰여진 것이다. 이미 언급
하였듯이 이 사전은 이탈리아어에 있던 여러 방언들 중에서 표준어를
설정하려는 필요에서 생겨났다. 이 목표에 걸맞게 사전의 제목은 내용
의 필요성에 따라서 주어졌다. 예를 들면 필요 없는 부분으로 제거되어

야 할 부분을 '겨'(chaff)로 명명된 부분에 실었으며 가르쳐야 될 부분을
'알곡'(grain)에 비유하고 있다. 사전의 본래 취지라고 할 수 있는 정확
한 표기를 위하여 용례들은 잘 알려진 훌륭한 작가(good author)의 생
각들을 주로 인용하였다. 인용된 작가들로 단테, 페트라르카(Petrarca),
보카치오(Boccaccio) 등을 들 수 있다. 사실 이들 작가들은 사전이 만들
어지던 시기와는 약 150년 정도의 차이를 보이고 있다. 위에서 언급한
사전의 의의를 간략히 나타내면 다음과 같다.

(70) a. first monolingual dictionary of European languages
유럽어의 대하여 저술된 첫 특정 언어 설명 사전
   b. employ the method of quoting 'good authors'
훌륭한 작자를 인용하는 방식을 이용하는 것

4) 프랑스 왕립학회

프랑스 왕립학회(Académie Française)는 1635년에 리쉘리우(Richelieu) 추
기경에 의해 프랑스에서 처음으로 만들어졌다. 당시 이 학회의 이름은
'Académie Française'였으며 1635년에 사전을 편찬하기도 하였다. 이 사전
은 불어의 표준 기준(normative)을 마련한다는 취지에서 만들어졌고 그
목적을 달성하기 위하여 표준어로, 파리를 중심으로 하여 사용되던 방언
을 선택하였다. 이 사전은 두 가지 목적으로 편찬되었는데 첫 번째는 불
어의 모국어 화자가 아닌 사람들이 불어를 제대로 사용하는 방법을 설명
한 것이고, 두 번째는 언어의 변화를 막는 것이었다. 당시 이 학회에 참
석했던 학자들이 언어의 변화를 일종의 타락으로 생각했기 때문이다.

(71) a. give a device to non-native speakers about how to write good
French.

b. prevent change(change was considered decay)

이들 학회에 속했던 학자들도 사전을 만드는 데 사용되는 용례를 결정하는 표준 예들을 필요로 하였다. 이들이 주로 사용한 표준 예들은 주로 왕가, 귀족, 그리고 상당한 교육을 받은 사람들이 사용하던 불어였다. 이들은 이것을 기준으로 사전에 쓰일 표현들을 결정하였다. 이와 같은 기준은 다분히 사회언어학적(sociolinguistic)인 측면을 고려한 것이라고 볼 수 있다.

프랑스 학회의 사전은 이탈리아의 사전과 두 가지 점에서 큰 차이가 있다. 첫째, 프랑스 학회 편찬 사전은 용례를 결정할 때 이탈리아의 사전과 마찬가지로 교육을 받은 훌륭한 작가들을 인용하기는 하지만 작가들의 기록에 의존하기보다는 작가들이 직접 이행하고 있는 언어활동을 근간으로 하였다. 이것은 프랑스 사전이 이탈리아 사전보다 훨씬 공시대적이라고 할 수 있는 이유이다. 이탈리아 사전은 사전 편찬과 인용한 작가 사이에 약 150년의 차이가 있다. 둘째, 프랑스의 사전은 사회언어학 같은 응용언어학적인 측면을 활용한다는 측면에서 이탈리아 사전과는 다른 양상을 보인다.

이 사전이 나온 시대는 계몽주의(enlightenment)가 융성한 시대였다. 사람들은 진보라는 측면을 아주 중요하게 생각하고 있었고 프랑스에서는 불어에 대한 자부심이 상당히 강하게 일어나고 있었다. 이런 배경 때문에 언어상의 변화를 도저히 허용될 수 없는 타락으로 여기던 시대였다. 언어에 대한 이와 같은 생각은 비록 발생 동기는 다를 수 있어도 실제로는 인도의 언어학자들과 거의 동일한 것이라고 생각할 수 있다.

인도의 언어학적인 발달에서 특기할 만한 것은 앞서 언급하였듯이 종교적인 필요성에 의하여 문법적인 측면이 발달하였다는 것이다. 이런 언어학적인 발전과정은 언어이론을 단순히 종교에만 국한된 것으로 남아 있도록 하지 않았다. 즉, 필요성이 대두될 때 거기에 대한 적절한 방안을 마련하려는 의지는 당시뿐만 아니라 현재까지도 인도 내에서 복잡한 문제로 여겨지고 있는 지역과 계층에 따른 언어의 다원화를 설명하도록 하는 원동력이 되었다.

5) 보줄라

보줄라(de Vaugelas)는 17세기경 프랑스를 중심으로 활동하던 학자였다. 다른 학자들과는 달리 그는 사회언어학적인 견해를 가지고 있었다. 사회적인 원인으로 인하여 다양한 변형이 생기는 경우에는 그것들 중에서 하나만을 선정하였는데 적절한 근거가 없을 시에는 모든 변형을 허용하기도 하였다. 또 단어들 사이에 중복이 있을 때에는 의미론적인 측면에서 그 단어들 중에서 하나를 택하는 것이 더 좋은 방법이라고 믿고 있었다.

그는 누구보다도 프랑스 왕립학회가 설립되고 유지되는 데 지대한 공헌을 하였다. 그의 언어에 대한 주된 사상은 언어에서의 변화는 타락이라는 것이며 이와 같은 타락이 언어에 생기지 않게 하기 위해서 권위 있는 기관이 그런 현상을 규제해야 한다고 생각하였다. 이것은 인도의 언어학을 필두로 로마 시대 및 중세를 거치면서 발전하였던 규범문법에 근거를 두고 있는 것이다. 이러한 그의 사상은 저서인 *Remarque sur la langue français*에 잘 나타나 있다.

규범문법은 전통문법이 마치 문법서나 규범서만을 다루는 것으로 생각하도록 만드는 데 일조를 담당하였다. 규범문법이 전통문법을 발전시키는 데 기여한 공로는 규범문법의 방법론들이 전통문법을 형성하는 데 중요한 바탕이 되었다는 데서 찾을 수 있다. 여기서 말하는 규범문법에는 인도에서 일어났던 것뿐만 아니라 그리스와 로마에서 발전된 것 그리고 최근 18세기에 형성된 것까지도 포함된다. 특히 로마의 경우는 규범문법이 완전히 모습을 갖춘 시대이기 때문에 전통문법 발전에 더 중요한 요소가 되었다고 볼 수 있다.

6) 새뮤얼 존슨

이탈리아 사전과 프랑스의 사전은 사전의 효시로서 유럽 여러 지역에서는 이들 사전들의 전철을 밟기 시작하였다. 18세기경 영국에서도 같은 경향이 나타나기 시작하였는데 영국 왕립학회의 구성이 그것이다. 그러나 영국의 학회는 언어학상으로 프랑스에서처럼 그렇게 영향력이 있거나 지속적인 것은 아니었다.

이런 상황에서도 1755년에 영어를 위한 최초의 사전을 저술한 학자가 영국에 있었는데 새뮤얼 존슨(Samuel Johnson)이 바로 그 사람이다. 그가 편찬한 사전은 앞의 두 사전의 차이점을 보완한 것인데 그는 사전에 나오는 대부분의 용례들을 사람들이 직접 사용하는 언어에 초점을 맞추어 내용 구성에 임하였다. 하지만 경우에 따라서는 사전이 아닌 다른 기록으로부터 인용할 수 없는 상황도 인정하였다.

4. 유럽 각국의 식민지 건설과 언어이론

14세기 이후 유럽 지역에서 언어변화에 영향을 미친 것은 지방어의 활성화만이 아니었다. 비록 유럽 언어들이 히브리어나 아랍어와 만나 상당한 영향을 받은 것은 사실이지만 이것은 단지 유럽 대륙 안과 주변의 지역적 한계를 벗어나지는 못한 것이었다. 당시 유럽의 국가들이 자신들의 영토를 넘어서 유럽 대륙 이외의 다른 지역에 식민지를 건설하여 경제적인 활성화를 계획한 것은 아주 일반적인 현상이었다. 이때 외지를 알기 위해 사용되었던 방법이 주로 항해였음은 말로 표현할 필요 조차 없는 일이다.

이와 같은 영토의 팽창과 더불어 그 영역을 넓혀나가게 된 것이 바로 종교였는데 많은 신부들이 기독교의 전도를 목적으로 항해에 참여하게 되었다. 기독교에서는 이와 같은 일을 'missioanires'라고 불렀으며 이들의 활약은 종교사에도 길이 남아 있는 사실이다. 신세계에 식민지를 건설하는 데 신부들의 참여는 아주 중요한 의미를 지닌다고 하겠다. 당시 항해를 주도한 그룹이었던 장사꾼들과 군인들은 자신들이 식민지로서 건설한 곳의 문화나 언어에는 별반 관심이 없었지만 신부들은 자신들의 종교를 설파하기 위하여 해당 지역의 언어를 배울 필요가 있었다. 신부들은 자신들이 방문한 곳의 언어들을 분석하기 시작하였다. 이들은 후에 같은 곳에 올지도 모를 사람들을 위해 자신이 분석한 언어들에 대한 기록으로서 여러 종류의 사전을 남겼다.

그 결과 16~17세기경 유럽의 언어에는 두 가지 눈에 띄는 현상들이 나타나게 되었다. 먼저 전통문법(traditional grammar)의 방법론이 세계에 존재하는 언어를 연구하기 위하여 퍼져나가게 되었다. 당시 세계 각지에 파견되었던 신부들이 언어연구방법으로서 전통문법을 배웠고 이 방법으로 해당 언어들을 분석하고 기록하였기 때문이다.

전통문법이란 그리스 시대를 필두로 하여 로마 시대를 걸쳐 발전하였으며 이후 중세시대의 사색적인 방법에 기반을 둔(speculative) 사변언어 이론의 형성과정을 거쳐 근대까지에 널리 통용되고 있는 규범문법(prescriptive grammar)까지를 모두 합쳐서 형성된 언어이론을 지칭한다.

그리스 시대에 전통문법의 태동에 중요한 영향을 미친 것은 아리스토텔레스의 언어관이었다. 그는 인간은 공통적인 사고를 가지고 있으며 각 언어들은 단지 인간이 지니고 있는 동일한 사고를 다른 방식으로 표기하는 것에 불과하다고 생각하였다.

중세의 사색적인 방법론에 기반을 두고 발전하였던 언어학 이론도 인간의 사고 속에 언어생활을 영위하게 하는 공통적인 요소가 있다고 여기는 점에서는 아리스토텔레스와 같은 이론으로서 생각할 수 있을 것이다. 단지 두 이론들 사이에 차이가 있다면 아리스토텔레스는 그 공통성이 인간의 내부가 우주 속에 존재하고 사람들이 그것을 인식하고 습득한다고 생각했지만 사변언어이론에서는 언어이론은 공통성이라고 여겨지는 것이 모든 인간의 정신세계 내부에 존재한다고 믿었다. 이에 대한 명칭 또한 새로이 설정하였듯이 '이성'이란 측면을 아주 중시하였다고 여겨진다.

규범문법은 전통문법이 마치 문법서와 같은 규범적 저서만을 다루는 것으로서 그 범위를 축소시키는 데 일조를 담당하였다고 생각할 수 있다. 그러나 규범문법이 전통문법 발전에 기여한 공로는 규범문법의 방법론들이 전통문법 형성의 중요한 바탕이 되었다는 데서 찾을 수 있다. 여기에서 말하는 규범문법에는 인도에서 일어났던 것뿐만 아니라 그리스와 로마에서 발전된 것과 18세기경에 형성된 것들까지도 포함된다. 특히 로마의 경우는 규범문법이 완전히 모습을 갖추는 시대이기 때문에 전통문법 발전에 더 중요한 부분이 되었다고 볼 수 있다.

전통문법이론은 후일 다른 문법이론의 발전에도 중요한 영향을 미치기 때문에 설명이 필요할 때에는 다른 이론들을 다루게 될 부분에서라도 지속적으로 언급하도록 하겠다. 다음은 전통문법이 언어학 이론 발전에 기여한 업적을 간추린 것이다.

　　(72) a. morphological importance in grammar
　　　　　(문법에서 형태론상의 정보의 중요성을 인식시킴)
　　　　 b. notion of paradigm in grammar
　　　　　(범주를 형성하는 것이 문법을 설명하는 데 유용하다는 사실을 부각시킴)

    c. syntactic category(from morphological combination to syntactic relation)
    (문법에서 중시하는 품사의 형성과 이것으로 인한 통사론과 형태론의 관계성을 설정해나감)

다음으로 세계의 언어에 대한 지식들이 기하급수적으로 늘어나게 되었고 이것은 17세기경에 언어 사이의 관계를 연구하는 방법론이었던 비교언어학(comparative linguistics)의 출현을 가능하게 해주었다.

(73) a. traditional grammar spread to all the languages of the world; all the missionaries were trained in traditional grammar.
    (전통문법이 세계의 언어들에 퍼져나갔으며 모든 파견 신부들이 이 이론으로 교육을 받았다.)
    b. the knowledge of languages was multiplied by scores; therefore, comparative linguistics was beginning to appear somewhere in the 17th century.
    (언어들의 연구로 인해 축적된 지식은 엄청나게 그 양을 더해갔으며, 따라서 비교언어학이 17세기에 나타나게 될 학문적 환경을 조성하기에 이르렀다.)

이제부터는 이 시대에 유럽에서 언어에 대한 이론들을 제시하였던 중요한 학자들을 중심으로 이론의 태동 및 발전을 살펴보기로 하겠다.

1) 사세티

사세티(Sassetti)는 18세기경에 주로 활동하였던 신부로서 언어들 사이의 유사성을 처음으로 인식하였던 사람이었다. 그는 언어연구를 통해 그리스어, 라틴어, 산스크리트어가 서로 유사점을 가지고 있다는 사실을 알아냈다. 이것은 후일 윌리엄 존스 경(Sir William Jones)이 산스크

리트어와 나머지 유럽의 언어 사이의 유사성을 발견한 것과 맥을 같이
하는 것이라 할 수 있다. 그렇지만 사세티는 자신이 발견한 언어들 사
이의 유사성이 왜 존재하는지에 대해서는 그 이유를 밝히지는 못하였
다. 유사성을 밝히기 위해 방법론적으로 언어연구에 어떻게 접근해야
하는지를 몰랐기 때문이었다. 그리고 사세티는 다른 로마 가톨릭 신부
들이 인도에 파견되었을 때를 대비해 *lingua Sanscruta*라는 산스크리트어
에 대한 책을 저술하였다.

2) 스칼리저

스칼리저(J. C. Scaliger)는 사세티와는 달리 자신의 언어에 대한 관심
을 유럽으로 제한하였다. 당시는 단어를 중심으로 언어를 비교하는 것
이 상당히 유행하던 시기였다. 이러한 비교가 형태론적 또는 통사론적
으로 이루어진 것은 아니었다. 그는 단어들을 비교하는 과정에서 언어
군(group of languages)을 구분하기 시작하였다. 다음에 제시한 예는 스
칼리저가 구분한 언어군들이다. 이들 언어군을 나누는 데 사용한 기준
은 각 언어에서 발견되는 '신'(God)에 대한 단어를 비교함으로써 형성
된 것인데 언어군의 이름 또한 거기에 속하는 언어들이 '신'을 어떻게
부르는가에 의거하여 지은 것이다.

(74) a. Northeast – Bog languages(Slavic)
    b. Northwest – Gott languages(Germanic)
    c. Southeast – Theos languages(Greek)
    d. Southwest – Deus languages(Romance)

스칼리저도 위와 같은 분류는 하였지만 이런 분류가 필요한 이유에
대해서는 설명하지 못하였다. 이런 경향은 후에 독일의 'Adelung'과 러

124 인간과 언어

시아의 'Pallas'로 전해지게 된다. 이들은 지리적인 근접성에 의거하여
언어들을 다시 분류하고 이것을 바탕으로 새로운 언어비교 사전을 만들
기에 이르렀다.

스칼리저의 또 다른 업적은 그의 저서인 *De causis linguae Latinae*인데
그는 문법규칙의 정당성을 철학적인 기초에서 설명하려고 노력하였다.
스칼리저는 그의 저서에서 라틴어가 얼마나 체계적인 언어인지를 밝히
려고 하였고 당시에 알려져 있던 문법에 대한 설명을 아리스토텔레스의
철학적인 개념에 의거하여 다시 설명하려고 하였다. 이것은 후일 스칼
리저가 산체스(Sanchez or Sanctius)와 함께 사변철학에 입각한 언어학
을 시작하는 데 기여한 사람들 중에서 중요한 언어학자로서 지목되는
근거가 되었다.

3) 존 버넷

존 버넷(John Burnett)는 일명 '몬보도 경(Lord Monboddo)'이라는 명
칭으로 불린다. 그는 그가 다스리던 에든버러(Edinburgh) 근처에서 주
로 문학적·언어학적 활동을 하던 학자이다. 그가 활동하던 18세기경까
지의 언어학은 특징을 들자면 그 시기까지 나온 사전들이 모두 언어의
분류는 포함하고 있었지만 분류의 필요성 및 분류의 기본적 이유에 대
해서는 아무런 설명을 하지 못했다는 한계를 가지고 있었다. 이와 같은
분석적 무기력함이 18세기에 와서까지 계속되지는 않았다. 당시는 철학
적으로 계몽주의가 정신적 근간을 이루던 시대였고 이 철학의 바탕에는
무엇이든지 설명이 가능하다는 논리가 존재하였기 때문이다.

이런 학문적인 경향과 함께 존 버넷는 우선 언어 사이의 유사성을 논
리적으로 밝히는 데 상당한 노력을 기울였다. 다음으로 그는 언어에 대
한 분석에 진보(progress)의 개념을 끌어들였다. 이것은 사회적인 발전

과 맞물려 언어의 현상을 설명하는 방법이다. 이와 같은 그의 생각은 그의 저서 *Of the origin and progress of language*에 잘 설명되어 있다.

존 버넷는 언어의 진보성의 의거한 개념의 특징을 크게 세 가지로 나누어 설명하고 있다. 첫째는, 역사적 시간에 따른 분류라고 할 수 있는 연대기적(chronological) 과정에서 발전을 바라보는 것이다. 둘째는, 환경적인 것인데 예를 들어 추운 지역에 사는 사람들은 주로 눈과 관련된 단어를 보여주는 데 반해 더운 지역의 사람들은 주로 더운 날씨와 관련된 단어(장마, 태풍 등)를 보여준다. 셋째는, 사회문화적인 측면이다. 문화적으로 상당히 발전한 지역의 언어는 문화적인 척도가 낮은 지역의 언어보다 상당히 진보되어 있다는 것이 그의 주장이다. 이것은 언어의 성격을 구체적(concrete)인 것과 추상적(abstract)인 것으로 나누는 척도가 된다. 문명이 발전하지 못한 지역의 언어는 추상적인 개념을 설명하는 데 상당한 취약성을 보이지만 문명이 발전한 지역에서는 언어에 추상적인 개념(종교, 철학)을 말해줄 수 있는 단어들이 상당히 많이 발견된다는 사실이다. 다음은 그의 언어에 대한 사상을 정리한 것이다.

   (75) progress in language of 3 characteristics
      a. chronological progres(시간적 진행)
      b. environment(환경)
      c. concrete → abstract(구체성으로부터 추상성으로)

4) 코메니우스

코메니우스(Comenius)는 17세기경의 학자로서 저서로는 *Ortis sensualium pictus*(*Things Sensuous picture*)가 있다. 그는 언어학 이론을 응용하는 데 상당한 노력을 기울였다. 또한 그는 세상에는 동일한 무엇인가가 있다고 믿었는데 이것은 아리스토텔레스나 모디스테와 같은 입장을 취하는 것이라고 말할 수 있다.

모디스테에 속했던 학자들이 언어를 연구함에 있어서 가장 중요시하였던 것은 언어의 현상을 설명할 때 하나의 동일한 체계를 설정하는 것이었다. 이들 학자들은 언어를 설명함에 있어 이 동일 체계에 대한 믿음을 근본으로 삼았으며 이와 같은 하나의 통일된 체계를 보편문법(universal grammar)이라고 생각하였다. 모든 언어의 문법은 이와 같은 보편문법을 기본으로 구성되어 있다고 생각하였고 언어에 따른 차이는 보편문법과는 상관이 없는 일이라고 생각하였다. 자신들이 주시하였던 언어의 보편문법을 기저문법으로 가정하고 모든 언어는 이들 기저문법을 중심으로 분석되고 설명되어야 한다고 생각한 것이다.

이와 같은 사상은 이미 아리스토텔레스의 철학관 및 언어관에 나와 있었던 것이었다. 아리스토텔레스는 자신의 철학적인 사상을 통하여 언어에 있어서의 보편성(universality)에 대하여 처음으로 언급하였다. 아리스토텔레스는 단어를 인간의 사고 속에 존재하는 외부세계를 인식하여 축적된 내용들을 상징하고 있던 표기들을 음성적 수단을 이용하여 표출한 것으로서 이해하였다. 여기서 '인식된 내용'이란 하나의 단어가 지니는 의미적인 측면을 가리키고 '상징표기'란 소리를 표시하는 수단으로서, 즉 음성적 기호들을 가리킨다.

코메니우스의 철학적 사고에 의하면 모든 인간은 동일한 사고체계를 가지고 있다고 가정된다. 같은 대상에 대하여 개개인들이 다른 말로 사용하는 것은 단지 각각의 개인이 별개의 언어를 이용하기 때문이라는 사실이다. 이런 사고방식은 현대 언어학의 기본이 되는 것이며 현대 언어이론의 대표적 학자인 촘스키도 모든 언어현상을 동일한 규칙체계로 설명할 수 있는 가능성을 바로 여기에 두고 있다고 볼 수 있다.

5) 윌킨스

윌킨스(John Wilkins)는 영국의 주교로서 코메니우스와 같은 우주관을 가지고 있었으며 인간의 지식이 무엇인지를 밝히고 이들 지식들을 분류 하는 데 상당한 노력을 기울였다. 그의 이러한 노력은 그의 저서인 *Essay towards a real character and a philosophical language*에 잘 나타나 있다.

이와 같은 목적을 이루기 위하여 윌킨스는 현존하는 언어가 적합하지 않다고 보고 인간사의 제반 현상을 설명하기에 적합한 언어라고 여겨지 는 철학 언어(philosophicla langauge)가 있어야 한다고 굳게 믿었다. 이 언어만이 다른 많은 언어가 사회에서 일으킬 수 있는 모든 문제들을 해 결해줄 뿐만 아니라 인간이 지니고 있다고 생각되는 지식들을 설명하고 그 지식에 대한 분류를 완성시킬 수 있게 해준다고 생각하였다. 이 언 어에서만이 비로소 라틴어를 중심으로 언어행위에서 발생되는 어휘상 의 중복(lexical redundancy), 문법적 복잡성(grammatical complexity), 비규칙성(irregularity)들이 제거될 수 있다고 생각하였다.

6) 라우스

라우스(Robert Lowth)는 18세기경에 영국에서 활동한 주교였다. 그의 언어에 대한 사상의 요점은 모든 언어란 관습에 의하여 만들어지며 어 떤 개인도 언어의 본질을 바꾸어서는 안 된다는 것이다. 그는 언어의 본질을 지킨다는 취지에서 상당히 많은 수의 문법서를 쓰게 된다. 그 이외에도 그는 영어에 상당히 많은 수의 규칙들을 설정하게 되는데 이 것 또한 영어를 사용하는 사람들로 하여금 영어의 본질을 지킬 수 있도 록 한다는 취지에서 이루어진 것이었다. 라우스의 이와 같은 생각은 경우에 따라서는 몇몇 표현을 쓰지 못하도록 하고 정형화된 표현만을

사용하게 하는 언어학적인 제한이 정당할 수밖에 없다는 신념을 가지
도록 하기도 하였다.

위와 같은 그의 입장은 영어에서 관찰되는 미래형 조동사인 'will'과
'shall'을 세밀하게 설명한 데서 엿볼 수 있다. 게다가 그는 동일한 문장
내에 부정사가 두 개 이상 오는 것을 허용하지 않는다는 규칙도 설정함
으로써 이것을 어기는 문장에 대하여 제약을 가해야 한다는 입장을 취
하기도 하였다.

라우스는 언어의 규칙을 좀 더 정형화한다는 취지에서 의미상으로
나타날 수 있는 혼란을 최대한 줄이는 데 세심한 신경을 썼다. 특정 단
어를 사용할 때 의미상의 혼돈이 일어나면 그 단어가 사용되는 환경을
자세히 살펴 의미상의 혼돈을 피해간다는 것이다. 이것은 프랑스의 보
줄라(Vaugelas)가 이미 언급하였는데 그에 의하면 단어 사용 시 의미상
의 충돌이 생길 때에는 우선 그 단어의 사회언어학적인 측면을 살펴보
았다. 그러고 나서 의미상의 충돌을 피하고 의미의 구분을 가능하게
하기 위해서 어떤 형이 더 필요한지를 결정하였다. 이와 같은 선정기
준은 라우스에게 있어 언어를 제대로 사용하기 위해서는 아주 중요한
기준이었다.

5. 사변언어학

중세시대에 가장 두드러진 특징은 사변언어학(思辨 : speculative gram-
mar)의 등장이었다. 이와 같은 언어학의 사조는 이전에 존재하였던 언
어학의 흐름을 두 가지 측면에서 보완하여 나오게 된 것이라 할 수 있
다. 기존의 언어이론에 대한 보완방법으로써 등장한 첫 번째 요소는 바
로 스콜라 철학(scholastic philosophy; Scholasticism)이었다. 스콜라 철학

은 아리스토텔레스의 철학적인 발전에다 가톨릭에 의거한 종교적인 색채를 가미한 사조이다. 이 철학적인 사조는 토마스 아퀴나스(Thomas Aquinas)에 의하여 발전의 기초가 마련되었다. 둘째는, 로마 시대에 가장 두드러지게 발전하였던 프리지안(Priscian)과 도나투스(Donatus)의 문법적인 업적이다. 이들은 로마 시대에 라틴어로서 문법적인 기술 방법들을 거의 완성시킨 사람들이다.

  스콜라 철학은 인간이 역사를 거치는 동안에 이루어온 지적인 공적들을 종교적인 측면과 통합시킨 것이라 할 수 있다. 당시는 서방세계에 거주하였던 사람들이 자신들의 종교의 원천지라고 알려져 있던 곳이 동방에 존재하는 것을 견디지 못하고 그곳을 복원한다는 명분하에 대대적인 침략전쟁도 마다하지 않던 시대였으므로 가톨릭을 중심으로 한 종교의 권위는 가히 상상을 초월한 것이라고 할 수 있다. 이처럼 상당했던 종교적인 권위는 당시의 학문상의 모든 분야에 영향을 미치게 되었다. 그런데 유럽 지역을 중심으로 활동하였던 토마스 아퀴나스가 유독 아리스토텔레스의 철학적인 사고와 종교를 합치게 된 데는 나름대로 역사적인 이유가 있었다. 그것은 바로 그리스 학자들이 유럽 지역에 정착하기 시작한 데서 그 연유를 찾을 수 있을 것이다. 당시 유럽에는 그리스의 학문적인 업적이 그렇게 널리 알려져 있지 않았다. 그런데 유럽의 제후들이 자신들이 신봉하던 가톨릭이라는 종교의 원천지를 회복한다는 명분으로 동방을 공격하였을 때 동방의 문화 중심지의 하나였던 콘스탄티노플(Constantinople)에는 알렉산드리안 학파의 중심을 형성하였던 많은 그리스 철학자들이 거주하고 있었다. 이 철학자들은 전쟁을 피하여 여기저기를 헤매게 되었고 결국 이들은 유럽 남부를 중심으로 하여 유럽에 정착하게 되었다. 이 학자들의 아리스토텔레스를 근거로 한 학문적 형성과정은 유럽 각 지역에 많은 학문적 파장을 일으키기 시작하였던 것이다. 따라서 이와 같은 배경은 토마스 아퀴나스가 자신의 사상에 아리스토텔레스의 사상을 접목한 이유를 설명하고도 남음이 있을 것으로 생각한다.

1) 사변언어학자

(1) 산체스

위에서 언급하였듯이 사변언어학은 아주 두드러진 중세 언어학의 발전 경향이었다. 이 언어학 이론은 이성주의에 근거를 두고 있는데 기원을 스페인의 네브리야, 산체스(Sanctius or Sanchez), 스칼리저, 그리고 이탈리아의 비코(Vico)에서 찾을 수 있다.

산체스는 스칼리저와 함께 16세기경에 활동하였던 학자로서 문법상의 규칙들을 설명하는 데 있어서도 철학적인 설명 및 정당성을 찾는 데 노력을 아끼지 않던 사람이었다. 이와 같은 경향은 그때까지 받아들여져 왔던 문학작품 중심의 문법들을 비판하려던 분위기에서 시작된 것이라고 생각할 수 있다.

(2) 프렌치 포트 로얄

이 학회는 1637년 프랑스의 파리에서 형성되었다. 프렌치 포트 로얄(French Port Royal)의 목적은 사변철학에 입각한 언어학 이론을 정립하는 것이었다. 이 학회의 구성원들은 주로 보편 언어학자들이었으며 그들은 모든 언어에 존재한다고 믿는 보편성과 관련된 특징들을 연구하였다. 이 학회의 연구 결과에 의하면 그 특징들은 주로 인간의 이성(reason)과 사고(thought)로 대변된다. 이 학회를 통하여 처음으로 이루어진 업적은 *Grammaire Genéral et raisonnée(An universal and explicatory grammar)*라는 저서이다. 이 책은 주로 아르노(A. Arnauld)와 랑슬로(C.

Lancelot)에 의하여 집필되었다. 이들 저자들은 문법에 대한 내용뿐만
아니라 논리에 대한 내용도 집필하였는데 이 내용을 근거로 하면 두 저
자들의 이론적 경향이 언어이론과 논리 사이에 존재했다고 볼 수 있다.
 위의 저자들의 논리적인 분석을 좀 더 상세하게 살펴보면 그들이 언
어를 하나의 논리적인 세계로서 보는 논리학자였음을 알 수 있다. 다음
은 그들이 하나의 문장을 논리적인 명제(proposition)로 분석해가는 예
를 보인 것이다.

> (76) The invisible God created the visible world.
>   (보이지 않는 신께서 보이는 세계를 창조하셨다.)
>
>   3 propositions(세 개의 명제)
>   a. God created the world.
>   (신은 세상을 창조하였다.)
>   b. The world is visible.
>   (세상은 직접 볼 수 있는 대상이다.)
>   c. God is invisible.
>   (신은 가시적인 대상이 아니다.)

 이들 저자들은 동사에 존재하는 시제(tense)를 분석할 때도 나름대로
의 특징을 보여주었다. 이들은 시제를 동사의 한 부분으로 나타나는 것
으로서 이해하였다. 그래서 동사를 분석하는 방법으로써 동사 자체의
의미와 동사에 더해지는 다른 문법적인 기능(grammatical form)을 들어
동사의 내용을 이분화하였다. 그들은 이와 같은 동사의 두 요소들 중에
서 전자를 'the propositional'(lexical)이라고 일컬었고, 후자를 'modality'
(grammatical)라고 불렀다.

> (77) a. informs process and action taking place, carries lexical meaning.

b. inform the modality and time, the proposition is coming out.

AUX | V

grammatical | lexical

이 학회에 속한 학자들은 언어를 설명하는 데 있어 인간의 보편성을 중요한 요소로 생각하였다. 그들은 "모든 철학자들은 인간이 기본적으로 세 가지의 정신상의 과정을 지니고 있다"고 하였다. 그 세 과정은 인식(perception), 판단(judgment), 추론(reasoning)으로 대별된다. 이들 세 요소들은 모든 인간에게 공통적인 것이므로 언어에 대한 설명도 이들 정신적인 과정을 중심으로 하여야 한다고 생각하였다. 다음은 이들 세 요소들에 대한 설명을 보인 것이다.

(78) a. perception : perceive nouns or adjectives
  b. judgment : ability for making sentence
  c. reasoning : relate with whole discourse
   eg) John is good and diligent.
     이 문장은 두 개의 판단을 가능하게 한다.
     ┌ John is good.
     └ John is diligent.
     사람들은 이들 두 판단을 가지고 문법을 분석하게 된다.

이러한 내용은 아리스토텔레스와 모디스테의 학자들이 언급했듯이 모든 인간이 동일한 사고과정을 지니고 있다는 주장과 그 맥을 같이 하는 것이다. 모디스테에 속했던 학자들이 언어를 연구함에 있어 가장 중요시하였던 것은 언어의 현상을 설명할 때 하나의 동일한 체계를 설정하는 것이었다. 이들은 언어를 설명함에 있어 이 체계에 대한 믿음을 근본으로 삼았으며 이와 같은 하나의 통일된 체계를 보편문법(universal grammar)이라고 생각하였다. 모든 언어의 문법은 이와 같은 보편문법을 기본으로 구성되어 있다고 생각하였고 언어에 따른 차이는 보편문법

과는 상관이 없는 일이라고 생각하였다. 자신들이 주시하였던 언어의
보편문법을 기저문법으로 가정하고 모든 언어는 이들 기저문법을 중심
으로 분석되고 설명되어야 한다고 생각한 것이다. 이와 같은 사상은 이
미 아리스토텔레스의 철학관 및 언어관에 나와 있었던 것이다. 아리스
토텔레스는 자신의 철학적인 사상을 통하여 언어의 보편성(universality)
에 대하여 처음으로 언급하였다. 아리스토텔레스의 보편성에 의거한 언
어관은 모디스테의 보편성에 의거한 언어관의 발전에 중요한 요람으로
서의 역할을 하게 된다. 모디스테 학자들은 인간의 언어에 대한 보편성
을 설명함에 있어서 아리스토텔레스와 거의 차이를 보이지 않는다. 모
디스테의 학자들도 인간의 보편적인 언어의 능력이 인간의 본능 중의
하나로 태어날 때부터 가지고 나오는 것이 아니라 관찰을 통한 습득이
라는 과정을 통해 비로소 동일성에 의거한 보편적인 지식을 가지게 된
다고 생각하였기 때문이다.

  여기서 언급한 보편성의 언어능력이 본래 인간에 내재되어 있는지 아
니면 세상에 존재하고 있다가 사람들에 의하여 습득되는 것인지는 그리
스의 두 논쟁과 함께 학자들 사이에 또 하나의 중요한 논쟁 주제가 되
었는데 본 저자는 다음 장에서 이것을 제3의 논쟁으로서 자세히 다루
기로 하겠다. 이 논쟁은 모든 언어이론에 다 적용되는 것이 아니라 언
어현상의 규명에 있어 규칙성을 강조하였던 규칙주의(Analogist)에게만
국한된다. 세상을 보는 데 있어 보편성을 주장했던 이들은 모두 법칙에
의거한 규칙성을 철저하게 믿고 있었던 사람들이기 때문이다. 이 논쟁
은 '경험주의-이성주의 논쟁'이라는 주제에서 더 자세하게 다루겠다. 다
음은 포트 로얄(Port Royal)에 대한 요약을 나타낸 것이다.

(79) a. 논리적인 분석(logical analysis)
        i. 하나의 문장을 논리상의 명제로 분석함

      (analysks of sentences into logical proposition)

    ii. 동사에 대한 분석

      (analysis of the verb)

  b. 이성주의에 의거한 데카르트식의 언어관을 따르는 주장의 기반
     을 열어주고, 인간의 정신은 유전적으로 태어날 때부터 부여받
     는 것으로서 생각함

     (opened the door to the Cartisian understanding of language.
     Mind is being endowed.)

(3) 보제

보제(Beauzée)는 포트 로얄에 속했던 학자들과 유사한 견해를 견지하고 있었다. 그는 언어이론이 두 종류의 법칙들로 이루어져 있다고 보았는데 하나는 인간의 사고체계로부터 나온 보편적인 타당성(universal validity)이며, 다른 하나는 특정 언어들에 대한 언어이론을 구성하는 임의적이고 가변적인 약속(arbitrary and mutable conventions)이다.

특히 전자는 보편문법이론(general grammar)의 연구대상인 동시에 모든 주어진 언어들이 우선적으로 가지고 있어야 할 논리상의 전제조건이다. 그리고 언어이론의 보편 타당성은 어떠한 언어든 존재할 수 있는지, 더 나아가서는 존재를 위해서 어떤 조건을 필요로 하는지를 살피는 데 중요한 판단기준이 된다.

보제의 언어이론 중에서 품사 부분은 포트 로얄에 속했던 학자들이 내세웠던 체계보다 더 현대적인 것이었다. 이것은 그가 형용사를 다른 학자들과 달리 하나의 독립된 품사로 분류한 데서 발전적인 측면을 엿볼 수 있다. 그는 포트 로얄의 학자들과는 달리 자신이 언어이론의 보편성을 주장한 장본인이면서도 모든 언어에 동일한 체계를 부여하는 데는 별로 엄격하지는 않았던 것 같다. 이에 반하여 포트 로얄의 학자들은 과거 그리스나 로마 시대의 문법학자들과 달리 모든 언어에 8개가 아닌 6개의 품사가 동일하게 필요하다고 주장하였다.

(4) 해리스

해리스(James Harris)는 18세기 영국의 보편주의 언어학 이론을 대표하는 학자이다. 그는 *Hermes or a philosophical inquiry concerning language and universal grammar*를 1751년에 저술하였다. 다른 보편주의자들과 마찬가지로 해리스도 언어에 있어서 두 가지 부분을 설정하였다. 하나는 특정 언어에서 관찰될 수 있는 개별적인 차이점들이고 다른 하나는 모든 언어에 필수 불가결하게 존재하는 법칙들이다. 이런 분류는 이미 아리스토텔레스에 의하여 언급되었는데 해리스는 이 점을 들어 아리스토텔레스가 언어이론의 철학적인 근본이라고 생각하였다.

> (80) 언어의 두 분류
> > a. the individual structural differences of particular languages
> > b. those principles tat are essential to them all

해리스의 이와 같은 견해는 이후 언급될 이성의 보편성을 위주로 했던 데카르트(Descartes)의 이성주의(rationalism) 사상에 그 근거를 두고 있었다. 해리스의 주장이 아리스토텔레스와 그 맥을 같이 하고 있다는 사실은 언어에서 의미(meaning)를 정의하는 과정과 품사를 정하는 방법에서 쉽게 알 수 있다.

첫째, 의미적인 측면에서 단어는 그것이 가리키도록 되어 있는 것과 약속에 의하여 연관을 맺고 있는 것으로서 생각되었으며 언어는 단위화에 의해서만 본연의 역할을 할 수 있도록 조음화된 소리 체계로 구성되어 있다고 이해하였다.

둘째, 품사적인 측면에서 그는 아리스토텔레스와 동일하게 먼저 명사와 동사를 두 개의 주요 품사로서 정립하고 거기에 보조적인 품사를 세웠다. 품사에 대한 언급은 언어학에 있어 아리스토텔레스의 첫 번째 업적인데 그는 플라톤에 이어 문법범주의 지속적인 발전을 꾀하였다. 플

라톤이 문법범주를 'onoma'와 'rhēma' 둘로 나눈 데 비하여 아리스토
텔레스는 여기에 또 하나의 문법범주를 더하였다. 문장 속에서 나타나
는 요소들간의 관계를 설정해주는 역할을 하는 'sýndesmoi'가 그것이
다. 오늘날에는 이 단위에 관사(article), 접속사(conjunction), 전치사
(preposition)가 관련된 것으로 알려져 있다. 이들 세 요소들은 서술문
(apophantikòs lógos=declarative sentence)에서 각각의 부분을 분석하기
위하여 만들어진 단위들이었다. 다음의 예들은 해리스와 아리스토텔레
스의 품사에 있어서의 동일성을 잘 보여주고 있다.

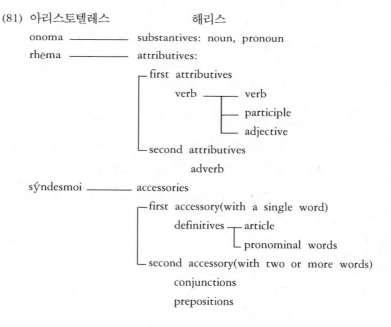

(81) 아리스토텔레스   해리스
     onoma ──────── substantives: noun, pronoun
     rhēma ──────── attributives:
                    ┌ first attributives
                    │   verb ──┬── verb
                    │   ├── participle
                    │   └── adjective
                    └ second attributives
                           adverb
     sýndesmoi ─────── accessories
                    ┌ first accessory(with a single word)
                    │   definitives ┬ article
                    │   └ pronominal words
                    └ second accessory(with two or more words)
                         conjunctions
                         prepositions

해리스는 또한 보편성에 의한 언어의 분석을 이행하는 데 있어서 당
시 영국에서 주로 받아들여지고 있던 경험주의(empiricism)와는 달리,
언어의 보편적인 성향이 인간의 내부에 본래부터 존재하고 있다고 주장
하였다. 경험주의에 의거한 언어관은 인간이 살아가면서 언어의 보편성

을 습득한다고 주장하였고 이 사상을 추종하는 학자들은 인간에게 동일한 보편성이 내재되어 있다는 사상(innate idea)을 철저히 배격하였다. 이러한 생각은 영국을 중심으로 하여 상당히 강하게 받아들여지고 있었다. 이 주장은 후일 내재론에 입각했던 이성주의의 언어관과 상당히 격렬한 논쟁을 불러일으켰는데 언어학자들은 이것을 언어이론에 있어서의 제3의 논쟁이라고까지 일컫고 있다.

(5) 혼 투크

혼 투크(Horne Tooke)는 18세기경 영국을 중심으로 활동하던 학자이다. 그의 저서는 두 권으로 1786년과 1805년에 출판된 *Epea pteroenta or the diversions of Purley*이다. 이 책에는 그의 문법관이 잘 나타나 있다. 그는 품사적 관점에서 다른 문법학자들과 다른 의견을 제시하고 있는데 이것을 통하여 언어에 대한 그의 주된 견해가 해리스의 주장과 상치되고 있음을 알 수 있다. 투크는 해리스와 다른 문법학자들이 언어의 기원이 사람들의 자연적인 부르짖음으로부터 나온 것으로 보고 부르짖음과 관련이 깊은 감탄사(interjections)를 품사의 하나로 설정하는 것을 비판하였다.

투크는 언어에는 명사와 동사라는 두 개의 품사만이 존재하는 것으로서 생각하였고 다른 품사들은 이 두 품사들에 변형이 주어져 나온 것으로서 생각하였다. 이 변형에는 주로 축약(abbreviation)이 관련된다. 그는 두 개의 품사와 다른 품사들과의 연관성을 설명하기 위하여 연구의 상당 부분을 어원적인 측면에서 진행하였다.

(82) 투크의 품사론

명사 ┬ 축약 ── 접속사, 부사, 전치사
동사 ┘

명사 ┬ 구문 구조의 위치상 형용사로 사용됨 ── 형용사, 분사
동사 ┘

언어학에 있어서 투크의 또 하나의 업적은 형태론에 있어 굴절형 (inflection)과 파생형(derivation)을 설명할 때 이것들을 단어의 어근(root) 에 교착하던(agglutinating) 부분들로 설명하려 하였다는 점이다. 어떤 면에 있어서는 상당한 설명력을 갖지만 많은 경우에 있어서 과장된 설 명이 주어지기도 하였다. 예를 들어 ībō에서 끝의 철자를 'ego'에서 유 래된 것으로 보려는 무리도 서슴지 않았던 것 같다.

> (83) 설명되는 부분: -ful in 'beautiful'
>   과장된 부분: Latin, ībō 'I shall go'< ī- 'to go'+b- 'to wish'+(eg)ō 'I'
>   audiam 'I shall hear'<audī- 'to hear'+
>   am(ō) 'I love'+

(6) 라이프니츠

라이프니츠(Leibniz)는 17세기에서 18세기경에 활동하였던 학자였다. 그는 전 세계의 언어에 관하여 한 언어로부터의 발생에 대한 이론을 주 장하였다. 이것은 그가 후일 세계 전반에 걸쳐 이용될 수 있는 보편성 에 의거한 공통언어(universal language)의 정립을 주장하는 것과 일맥 상통하는 것이라고 할 수 있다. 여기서 공통언어란 오늘날 이용되고 있 는 에스페란토(Esperanto)와 배경이 동일한 것으로서 공통언어를 이용 하여 사람들 사이에 잔존하고 있는 사고의 혼미함을 제거하고 의사소통 을 원활히 하는 데 목적을 두고 있었다. 이것은 윌킨스가 철학적인 언 어(philosophical language)를 만들려고 했던 것과 동일한 사상으로서 이 해될 수 있다. 언어학 이론의 발전적 측면에서 바라본 그의 또 하나의 업 적은 핀란드어와 헝가리어 사이의 연관성을 역사적으로 규명한 것이다.

2) 이성주의와 경험주의의 논쟁

중세 이후의 언어이론의 발전은 그 시대에 발전하였던 철학적인 발전과 상당히 밀접한 관계에 있었다. 유럽은 중세를 거치는 동안 16세기경부터 18세기까지 하나의 커다란 철학사상적 논쟁에 몰입되어 있었다. 언어이론 또한 이와 같은 상황에 영향을 받지 않을 수 없었고 양분된 철학사상들은 나름대로의 언어이론을 내놓기에 이르렀다. 위에서 언급된 양대 철학사상이란 이성주의 철학(rationalism)과 경험주의 철학(empiricism)이다. 다음은 이성주의와 실험주의가 발전해가는 과정을 보인 것이다.

(84) 이성주의 →Leibniz monad   →von Humboldt
    경험주의 →positivism   →behaviorism

다음에서는 이러한 사상들을 설명하고 이것들이 언어이론과 어떠한 관련이 있는지 살펴보기로 하겠다.

(1) 이성주의

이성주의 철학은 인간의 정신(mind)에 특정한 능력이 내재되어 있는 것으로 가정하고 모든 지식은 내재되어 있는 능력을 중심으로 형성되는 것으로 생각하였다. 여기에 속하는 학자들은 인간의 지식을 논함에 있어서 선천성(innateness)을 중시하며 이와 같은 선천적인 지식이 인간이 후에 얻게 되는 다른 지식의 근본이 된다고 생각하였다. 이런 생각은 인간의 세계관이 다른 존재들의 그것과 상이하다는 데 바탕을 두고 있다. 다른 존재들이 세계를 바라봄에 있어 단지 관찰한 것 이상을 알지 못하는 데 반해 인간은 자신들이 관찰한 것 이상으로 세상에 대한 지식을 소유하고 있음을 간파하고 이와 같은 특이한 점을 설명하기 위하여 인간에게 이성(reason)이라는 것이 내재되어 있음을 가정하였던 것이었다. 그들은 내재되어 있는 지식을 타고난 사고능력(innate ideas)이라고 불렀는데 이들이 내세운 '이성'이라는 용어를 따서 이들의 사상을 '이성주의'라고 명명하게 되었다. 다음은 이성주의 사상을 요약한 것이다.

이성주의 이론을 발전시킨 학자는 데카르트(Descartes)이며 그의 사상을 따르는 학자들은 칼티지안(Cartesian or Cartesius)이라 불렀다. 그는 본래 수학자였지만 인간의 오감이 인간에게 얼마나 많은 오류의 지식을 갖게 하는지를 생각하고 오감의 문제점들을 비판하였다. 이는 간접적으로 경험주의를 부인하는 것이 되는데 경험주의에서는 모든 지식이 오감을 통해 습득된 것이기 때문이다. 데카르트는 인간의 지식의 원천에 대해서도 많은 생각을 하였다. "Coqnito, ergo sum"(I am thinking, therefore I am)은 그의 사상을 잘 보여주는 대표적 문구라고 하겠다.

다음으로 이성주의와 마찬가지로 보편적인 무엇인가가 존재한다고 주장했던 학자나 학파들에 관하여 언급하도록 하겠다. 이성주의와 맥을 같이하는 학자나 학파로는 아리스토텔레스, 사변철학에 속하는 모디스테, 포트 로얄, 훔볼트(Humboldt), 소쉬르(Saussure), 촘스키(Chomsky)가 있다. 이들 중에서 아리스토텔레스와 모디스테는 보편성의 존재에 대해서는 같은 견해를 보이지만 보편적인 내용의 위치에 대해서는 그것이 외부세계에 섭리와도 같이 존재하다가 인간 내부로 이동한다고 생각한 점에서 나머지 이론들과 다르다고 할 수 있다.

(85) 보편성의 위치로 본 사상가들의 구분
　　a. 외부세계 : 아리스토텔레스, 모디스테
　　b. 내부세계 : 포트 로얄, 훔볼트, 소쉬르, 촘스키

(2) 경험주의

경험주의 철학에서는 먼저 모든 인간의 지식이 인간의 오감을 통하여

외부로부터 들어온 결과라고 간주한다. 모든 지식은 경험을 바탕으로
하는 것이며 인간이 외부세계에 존재하는 객관적인 지식을 관찰함으로
써 터득하게 된 결과라고 간주되었다. 이런 생각은 인간의 정신세계를
처음에는 비어 있는 장소(vacant place or tabula rasa)로서 가정하는 것
으로부터 시작한다.

　이 사상은 영국을 중심으로 발전하였으며 이를 처음으로 주창한 사람
은 베이컨(Francis Bacon)이다. 그는 모든 지식은 관찰이라는 수단으로
부터 그 원천을 찾아가야 한다고 강조하였고 모든 현상을 설명하는 데
있어 귀납적 방법(induction)을 더 중시하였다. 이 사상을 추종한 학자
로는 로크(Locke), 버클리(Berkeley), 흄(Hume) 등이 있다. 로크의 사상
적인 주안점은 다음 인용문에 나타나 있다.

　(86) Nihil est in intellectu quod non prius fuerat insensu.
　　　(Nothing is in the intellect what was not before that present in
　　　the sense.)
　　　(감각에 앞서 존재할 수 있는 어떤 지적 성과도 있을 수 없다.)

　경험주의 철학에서는 언어도 인간이 소유할 수 있는 하나의 지식으로
간주하여 다른 지식과 마찬가지로 관찰이라는 수단을 통하여 외부로부
터 습득되는 것으로 이해하였다. 이것은 후일 심리학에서 행동주의
(Behaviorism) 심리학이 나오게 되는 바탕이 되며 이 심리학의 발전과
함께 구조주의 언어학이 발생하게 된다.

6. 자연주의 철학과 언어이론

　18세기가 끝나가면서 유럽에는 새로운 기운이 움트기 시작하였는데

낭만주의(romanticism) 사상이 바로 그것이다. 이 사상은 이성주의나 실험주의에 입각한 계몽주의(enlightenment) 사상을 철저히 배격하였다. 낭만주의를 바탕으로 하여 나타난 현상은 크게 둘로 나눌 수 있다.

첫째는, 언어의 역사적인 조명이다. 학자들은 정형화된 환경에서 벗어나고자 좀 더 자유로웠다고 여겨지는 과거 시대로 돌아가는 방편으로 과거의 언어를 찾는 일에 착수하게 되었는데 이처럼 언어 본연의 모습을 되찾는다는 취지하에 언어의 역사적인 측면이 강조되어 연구되었다.

둘째는, 무엇이든지 가능하다는 낙관론적인 사상을 바탕으로 하여 인간 내부에서 발생하는 모든 문제들이 동일한 언어의 정립으로 해결될 수 있다고 믿었다.

이 언어관을 바탕으로 자신의 언어이론을 발전시켰던 학자들은 다음과 같다.

1) 루소

루소(J. Rousseau)는 1755년의 저서 *Discourse on the origin of inequality* 에서 사회적 낭만주의(social romanticism)를 잘 보여주고 있다. 사회적 낭만주의는 우선 계몽주의에 의거한 문명을 거부하는 데서 시작된다. 루소는 'the noble savage'라는 말로서 모든 사람들이 문명으로 인하여 왜곡된 모습을 버리고 과거의 본연의 모습으로 돌아가야 한다고 주장하였다. 그의 주장에 따르면 문명의 발전이 인간에게 향상보다 퇴락을 가져다준다면 우리가 문명이라는 미명하에 취하고 있는 진보란 아무 의미가 없다는 것이다. 루소는 우리 인간이 고대로 올라가면 갈수록 더 고양된 가치관에 도달할 수 있다고 보았으며 사상적인 측면에서도 문예부흥시대로의 회귀를 역설하였다.

2) 윌킨스

17세기와 18세기초의 사상들은 이전의 스콜라 철학과 상당한 차이를 보여주었다. 당시에 주로 받아들여졌던 정신적인 태도는 무엇이든 가능하다고 믿는 낙관론적(optimistic)인 생각이었다. 이런 태도는 사회 내부에 생기는 제반 문제들이 해결될 수 있다고 믿는 데서 시작되었으며 언어가 그 속성상 지닐 수밖에 없는 의미적인 오해(semantic misunderstanding)를 불식함으로써 문제의 발단을 사라지게 할 수 있다고 생각하였다. 1940년에 하야카와와 코집스키(Hayakawa and Korzybski)에 의하여 저술된 *General semantics*에서 언급된 다음 내용에서도 의미상의 오해에 대한 동일한 생각을 엿볼 수 있다.

> (87) "misunderstanding creates clashes among people and the misunderstanding is a result of different semantic inpretations of same word."
> (오해는 사람들 사이의 갈등을 창조하는 데 그 원인은 같은 말에 대한 의미 해석의 차이에 있다.)

이와 같은 오해를 없애기 위하여 윌킨스(John Wilkins)는 철학적 언어 정립의 필요성을 주장하기에 이르렀다. 윌킨스는 영국의 주교로서 코메니우스와 같은 우주관을 가지고 있었으며 인간의 지식이 무엇인지를 밝히고 이 지식들을 분류하는 데 상당한 노력을 기울였다. 그의 이러한 노력은 그의 저서인 *Essay towards a real character and a philosophical language*에 잘 나타나 있다.

이와 같은 목적을 이루기 위하여 그는 현존하는 언어가 적합하지 않다고 보고 인간사의 제반 현상을 설명하기에 적합한 언어, 즉 철학 언어(philosophicla langauge)가 있어야 한다고 굳게 믿었다. 이 언어는 다른 많은 언어가 사회에서 야기될 수 있는 모든 문제들을 해결해줄 뿐만 아니라 사람들이 지니고 있다고 생각되는 지식들을 설명하고 그 지식에 대한 분류를 완성시킬 수 있게 해준다는 것이다.

3) 헤르더

헤르더(Herder)는 18세기경 독일을 중심으로 활동하던 학자로서 저서로는 *Abhandlung über den Ursprung der Sprache*가 있다. 헤르더는 루소의 사회적 낭만주의를 언어학적 낭만주의(linguistic romanticism)로 전환시킨 학자로서 언어의 기원에 대하여 지대한 관심을 가지고 있었고 이에 대한 여러 저서를 남기기도 하였다.

헤르더가 나오기 전까지는 인간의 언어가 인간의 사고작용의 결과로서만 이해된 것이 사실이었다. 즉, 사고의 방법이 인간의 언어행위를 조절한다고 믿었다. 그렇지만 헤르더는 반대의 경우를 생각하기에 이르렀다. 즉, 언어가 인간의 사고를 지배할 수 있다는 것을 보여준 것이다. 그의 방법에 따르면 과거 시대는 지금보다 훨씬 더 낮은 가치관을 가지고 있었다. 헤르더는 이와 같은 시대에 도달하기 위해서는 해당 시대의 언어를 연구하여 습득해야 한다고 믿었다. 과거 시대의 사람들이 어떻게 생각하였는지를 알려고 하면 그 시대의 언어를 습득하여 지금의 내가 언어로써 개조되어야 하기 때문이었다. 이처럼 언어가 사고를 지배한다고 생각하였던 것은 헤르더가 처음이었으며 이것은 후세의 언어학자들에게 언어연구의 또 다른 측면을 보여준 것이기도 하다.

이처럼 과거의 조상들의 순수한 가치관을 알아내기 위하여 배우기 시작한 언어는 조상과 나를 연결하는 유일한 수단이 되었고 나아가서는 과거에만 있었다고 여겨지는 순수한 사고를 알 수 있는 유일한 통로가 되었기 때문에 언어에 대한 애착이 남다를 수밖에 없었다. 이것은 자신

의 언어에 대한 민족주의(linguistic nationalism)를 낳게 하는 모태가 되
었다. 뿐만 아니라 이 당시의 많은 학자들은 과거를 알기 위한 방편으
로서 자신들의 언어만이 아니라 다른 소수민족의 언어들도 연구하기 시
작하였다. 이것은 언어이론의 발전 및 이론의 보편화에도 상당한 기여
를 하게 되었으며 따라서 18~19세기에 발전하기 시작한 역사비교언어
학 이론의 바탕이 되기도 하였다. 역사비교언어학은 언어의 과거를 관
찰하기도 하고 동시에 수많은 언어를 연구하는 분야이기 때문이다. 다
음은 위에서 언급한 헤르더의 언어이론관을 간단하게 정리한 내용이다.

(88) a. switch in orientation of language and thought
      languages → thought
   b. strong linguistic nationality
   c. strong interest in minor languages

5

역사언어이론

1. 이론의 발생동기

1) 사상적인 배경

18세기에 들어서면서 많은 학자들은 언어학 연구에 역사적인 측면이 상당히 중요하다는 사실을 깨닫기 시작하였다. 언어학자들 사이에서 언어의 역사적인 측면이 의문의 대상으로 떠오르기 시작한 것이다. 당시 유럽의 여러 학자들 사이에는 언어의 기원에 관한 문제가 강하게 대두되었고 이에 대한 대답을 찾는 노력이 두드러지게 나타났다. 이와 같은 연구를 수행한 학자들은 비단 언어의 기원을 밝히는 것에만 그치지 않고 과거 역사 속에 존재하였던 언어와 현존하는 언어 사이의 관계성을 밝히는 데도 적지 않은 노력을 기울이게 되었다. 이와 같은 경향은 역사적인 흐름과 맥을 같이 하면서 언어에 대한 연구를 수행하는 역사언어학의 태동을 가능하게 하였다.

역사적인 언어학의 시작은 동시대의 철학적인 상황에도 지대한 영향을 미치게 되었다. 즉, 언어의 기원 및 최초의 언어를 찾아내고자 하는 노력과 역사적으로 가정할 수 있던 최초의 언어로부터 현재의 언어들이 나오게 된 발전과정을 설명하고자 하는 시도는 철학의 두 흐름을 하나로 합치게 하는 중요한 요인이 되었다. 여기서 말하는 철학의 두 흐름이란 다름 아닌 이성주의 철학과 낭만주의 사상인데 이들의 학문적인 융합은 역사언어학에 두 가지의 중요한 영향을 미쳤다.

먼저 역사언어학에 영향을 미친 것은 이성주의에 입각한 계몽주의 (enlightenment) 사상이다. 이것은 인간의 이성(reason)에 최고의 가치를 부여하는 사상으로 이 사상을 따르던 학자들은 적절한 방법만 주어진다면 모든 사물과 그에 관련된 현상들 중 그 어느 것도 이해하는 데 문제가 될 수 없다고 믿었다. 또한 그들은 문명이 인류의 존재에 필수 불가결한 것임도 강조하였다. 여기서 이 사상이 그 근거로 삼고 있던 이성주의 철학은 앞서 자세히 설명된 바 있기에 여기서는 이 사상에 대하여 더 이상 언급하지 않으려고 한다.

다음으로 역사언어학 이론 발전에 영향을 미친 것이 낭만주의 사상인데 이것은 18세기가 끝나가면서 유럽에는 새로운 기운이 움트기 시작하는 데 기여한 사상이었다. 이 사상 또한 앞에서 언급하였기 때문에 여기서는 자세한 내용은 생략하기로 하겠다.

낭만주의가 언어연구에 미친 영향은 사회적인 분야(social area)와 민족적인 분야(national area)에서도 생각해볼 수 있다. 먼저 사회적인 영향은 루소(Rousseau)와 깊은 연관을 가지고 있다. 루소는 기록이 가능한 모든 언어는 인간의 원시적인 상황을 전해줄 수 있는 수단이 될 수 있다고 주장하였다. 그 일환으로 그는 'noble savage'라는 문명의 잔재에 물들지 않은 원시상태의 인간상을 제시하였고 이들의 본연의 모습을 찾아가는 수단으로서 언어의 중요성을 강조하였다. 루소의 철학사상에 동조하던 다른 학자들은 자신들의 사고를 실천에 옮기는 방법으로 화자를 직접 접하는 방법을 사용하였으며 자신들이 만나고자 하는 화자의 분포도 한두 군데에 국한시키지 않고 포괄적으로 연구하고자 노력하였다. 그 결과로 얻어진 문명과는 가급적 거리가 있다고 여겨졌던 농민의 고유어(peasant dialect)를 구어(oral) 형태의 자료로서 집적하였다.

다음으로는 민족적인 영향이었는데 이것은 헤르더와 깊은 연관이 있다. 헤르더는 언어를 인간의 사고가 반영된 것으로 주장하였다. 그래서 과거 선조들의 사고를 알기 위해서는 그들이 사용하였던 언어자료를 알아야만 한다고 생각하였다. 이처럼 인간의 사고와 언어의 연관성을 주장하는 사조는 바로 역사언어학이 나오게 되는 중요한 모태로서 작용하게 되었다고 생각할 수 있다.

이와 같은 낭만주의의 언어학에 대한 영향은 당시 언어학 연구 흐름과 발전에 커다란 영향을 미치게 되었고 이로 인하여 유럽의 언어학 연구에는 두 개의 큰 부류가 생기게 되었다.

첫째는, 언어학적인 측면에서의 민족주의의 형성이다. 둘째는, 소수의 또는 연구에 있어 별로 부각되지 않았던 언어(in other words, minor language)에 대한 당시 언어학자들의 지대한 관심이다. 이 두 부류는 낭만주의 언어관이 역사언어학에 어떠한 영향을 미쳤는지를 잘 보여주는 결과이다. 역사언어학의 초기 학자라고 할 수 있는 그림(Grimm)은 그의 저서 『독일어 문법』(*Deutsche Grammatic*)의 한 장(章)을 원시생활(primitive life)의 측면에 할애하였다. 이것이 바로 역사언어학의 언어관과 낭만주의 언어관을 연결해주는 고리라고 할 수 있다.

2) 역사언어학의 언어관 및 이론체계

역사언어학자들이 언어의 변화에 대하여 "모든 언어들은 규칙적으로 변하며 이것에는 예외가 없다"는 명제를 무엇보다도 중요하게 생각하였다. 이 내용에서 반드시 알아야 할 것은 역사언어학자들이 위와 같은 명제를 내세우는 데 있어 언어의 사회적인 변화(social variation of language) 요인을 배제했다는 사실이다. 예를 들어 하나의 언어현상이 사회계급과 관련이 있다고 판단되면 이 현상은 역사언어학의 언어변화에서 제외되도록 되어 있었다. 다음은 역사언어학자들이 내세운 명제를 소개한 것이다.

(89) Basic methodological principles of Historical Linguistics:
     sound change takes place mechanically and without exception.
     (소리의 변화는 체계적으로 일어나며 예외 없이 진행된다.)

이와 같은 이론적 명제는 역사언어학의 발생이 당시에 성행하였던 과학문명의 영향을 다분히 받았으며 역사언어학의 바탕에 실증주의 철학(positivism)의 정신이 역사언어학의 형성에 중요한 역할을 하였다는 것을 말해준다. 여기서 말하는 실증주의 철학이란 무엇이든 설명이 가능하다는 믿음 아래 사실만을 주축으로 해당되는 사물을 규명하려는 정신적 사조를 의미한다. 역사언어학자들은 이와 같은 경향을 그들의 방법론에 그대로 적용시켜 역사적으로 언어의 현상을 규명할 때 자신들의 추측이나 예상이 아닌 확인된 사실만을 기준으로 해당되는 현상들을 설명하려고 노력하였다.

이와 같은 학문적 환경을 바탕으로 역사언어학자들은 언어의 역사적인 변천을 밝히는 데 주력하였다. 그러나 그들은 언어들의 역사적인 변화가 이처럼 단순한 방법으로 모두 설명될 수는 없다는 사실을 알아내게 되었다. 수집된 자료들 중에는 역사언어학자들이 의도한 대로 설명에 잘 들어맞는 것들도 있었지만 반대로 같은 부류에 들어간다고 여겨지는 자료임에도 불구하고 전혀 설명을 이끌어낼 수 없는 자료들도 있었다. 더 나아가 설명에 반증이 되었던 자료들도 적지 않았다. 이런 현상은 기존의 역사언어학자들이 받아들여 온 본래의 취지에 완전히 위배되는 것으로서 역사언어학의 방법론을 전면 폐지하거나 또는 상당 부분 수정해야 하는 단계로 접어들게 하였다.

역사언어학자들은 자신들의 방법을 그대로 밀고나갈 수 있는 돌파구를 마련하고자 부단한 노력을 경주하였다. 그것은 "모든 언어는 예외 없이 변화한다"는 자신들의 이론의 최대 명제에 적절한 제한조건들을 제시함으로써 비로소 가시화되었다. 역사언어학자들이 제시한 조건들을 크게 네 가지로 나눌 수 있다.

첫째는, 위에서 언급한 명제는 항상 동일한 음운론적 환경에서만 가능하다는 것이다. 이것은 그림의 법칙(Grimm's Law)과 베르너의 법칙(Verner's Law)에 잘 나타나 있다.

둘째는, 지역과 관련된 제한조건인데 언어변화의 규칙성은 항상 동일한 지역에서만 가능하다는 것이다. 이것은 방언(dialect)과 관련시켜 이해하면 쉽게 납득할 수 있다. 다시 말하자면 정해진 하나의 특정 방언이 언어현상의 규칙성을 보여주는 범주가 된다는 것이다. 영어의 경우 'r'을 발음하지 않는 경우가 언어상의 변화현상으로 관찰되는데 이런 현상은 비록 같은 음운적 환경이 주어진다 하더라도 미국 전역에 걸쳐 나타나지는 않고 특정 지역에서만 나타난다. 이와 같은 결과를 놓고 우리는 언어현상 규칙의 지역적 한계성을 인식할 수 있다.

셋째는, 언어변화에 관련되는 규칙들 사이에 순서가 있다는 것이다. 역사언어학자들은 규칙들 사이에 존재하는 이런 순서를 연속성(sequence)이라고 명명하였다. 규칙의 연속성과 관련이 깊은 것으로 자음의 약화(weakening) 및 소실(loss)을 들 수 있다. 하나의 특정 자음이 최후 음성 형태로 나타나게 되기까지는 해당되는 규칙들이 연속성을 가지고 작용된다는 것이다. 다음에 나오는 도표는 인구어에 속하는 언어들에서 발견된 약화현상을 총망라하여 그 약화과정을 보인 것이다. 다음의 도표에서 특기할 사항은 해당되는 모든 자음들이 약화의 계속적인 적용으로 궁극에 가서는 사라지게 된다는 점이다.

(90) 자음 약화현상(weakening hierarchy)

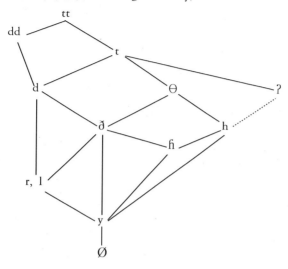

넷째는 언어변화의 규칙성은 시기와 깊은 관련이 있다는 것이다. 이 것은 변화가 발생하는 데 있어서 시간적인 제약이 필요하다는 것을 의미한다. 실제로 언어변화에서 적지 않은 규칙들이 특정 시대에만 발생하는 것을 볼 수 있다. 이런 현상을 다른 언어와 비교하면 그 언어에서 발견되는 규칙을 통하여 해당 언어의 이용 시기를 밝힐 수 있는 중요한 기준으로 이용할 수 있다. 예를 들어 'A'라는 규칙이 10세기에 주로 발견되고 'B'라는 규칙이 주로 15세기에 발견된다고 가정해보자. 그리고 'α'라는 언어가 A, B의 규칙을 다 보여주는 반면에 'β'라는 언어는 B만 보여준다고 하면 우리는 α라는 언어가 β라는 언어보다 더 오래 전에 발생한 언어라는 것을 유추해낼 수 있다. 이처럼 규칙과 시간은 언어들 사이에 있을 수 있는 역사적인 발생 순서를 알아내는 데 중요한 역할을 한다. 다음은 위에서 언급한 제약조건들을 간략하게 정리한 것이다.

(91) i . sound laws operate without exception given **the same pho-
nological environment.**
동일한 음운적 환경

ii. sound change has to occur in the **same place.**
동일한 지역 및 장소

iii. sound change has to acknowledge the **rule ordering.**
규칙상의 적용 순서

iv. sound laws operate at a certain **point of time.**
해당 현상이 발생된 시점

지금까지 역사언어학의 언어관 및 이론의 기본체계를 소개하였다. 다음에는 역사언어학에 지대한 공을 세운 학자들에 관하여 상세하게 살펴보기로 하겠다.

2. 역사언어학자

여기서는 역사언어학 이론이 발생하게 된 시대적인 배경을 살펴보고자 한다. 계몽주의와 낭만주의가 사회사상의 주류를 이루던 18세기 이전에도 이미 언어 사이의 관련성은 여러 차례 언급된 바 있었다. 17세기경에 언어를 비교하는 데 주력하였던 언어학의 주류는 많은 언어들이 서로 관련성이 있음을 밝히는 성과를 올렸다. 예를 들자면 유럽의 언어학자들은 포르투갈어(Postuguese), 카스티야어(Castilian), 카탈로니아어(Catalan) 등이 라틴어와 관련성이 있다는 사실을 수많은 연구를 통하여 밝혀주었다. 그러나 학자들의 연구는 이 언어들의 관련성만을 밝히는 데 그 한계성을 드러냈으며 더 이상의 자세한 상황에 대해서는 특별한 설명방법을 찾지 못하고 있었다.

1) 윌리엄 존스 경

위에서 말했듯이 역사언어학의 근간이라고 할 수 있는 언어들 간의 비교는 시대적으로 학문적 당위성을 가지게 되었고 특히 이론 방법의 출현은 윌리엄 존스 경(Sir William Jones)이라는 중요한 인물을 배출하게 되었다. 윌리엄 존스 경은 본래 언어학자가 아니었고 인도에 파견되어 있던 영국 외교관련 공무원으로서 주로 법률에 관련된 업무를 관장하고 있었다. 당시 영국정부는 인도를 식민지로 다스리고 있었는데 영국정부의 정책은 법률에 관해서는 영국정부가 관할권에 두고 있던 지역의 법률을 존중한다는 원칙을 고수하고 있었고, 그 지역 고유의 법이 영국 법을 위배하지 않는 한 그 지역의 법을 그대로 받아들인다는 입장에 있었다. 이와 같은 환경에서 윌리엄 존스 경은 영국 공무원으로서 인도의 법을 연구하지 않으면 안 될 입장에 놓이게 되었다. 인도의 법을 연구하려면 인도의 고유언어라고 할 수 있는 산스크리트어를 학습해야만 했다. 이 과정에서 그는 200년 전에 사세티(Sassetti)가 발견하였던 것과 동일한 현상을 산스크리트어에서 찾아내게 되었는데 그것은 다름 아닌 산스크리트어, 라틴어, 그리스어 간의 유사성(similarities)을 찾아낸 것이었다.

윌리엄 존스 경은 단지 관찰에만 끝났던 사세티의 언어 간의 유사성을 언어들의 역사적인 연구를 통하여 규명하려고 노력하였다. 이러한 노력은 당시 유럽 지역에서 사용되고 있던 언어들이 동일한 조상어에서 파생된 것이라는 결론을 도출해내는 데 중요한 토대가 되었다. 이를 도표로 보이면 다음과 같다.

(92)

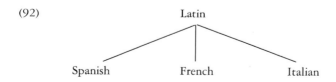

이와 동일한 방법으로 윌리엄 존스 경은 산스크리트어, 그리스어, 라틴어, 고딕어를 같은 조상을 가진 언어들로 설명하였고, 이것을 뒷받침하기 위하여 간단한 예를 이용하였다. 언어를 하나의 묶음으로 모으는데 기준이 되는 판단 단어들을 사용한 것이다. 다음의 예는 그가 사용한 단어들 중에 하나였던 '아버지'란 의미와 관련된 단어들을 각 언어로부터 모은 것이다. 이 단어들의 모습을 관찰해보면 단어의 형태적 구조에서 이 언어들 간 상호 연관성이 있음을 어렵지 않게 알 수 있다.

(93)

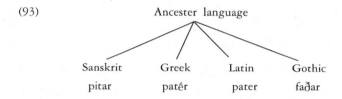

위의 도표에 나타난 'ancester language'는 나중에 원시어(English: Proto-language: 영어로, German: Ursprache: 독어로, French: langue-mère: 불어로)라는 개념으로 대치되었다. 윌리엄 존스 경은 위에서 언급한 원시어를 최초에는 아리안(Aryan)이라고 명명하였지만 명칭에서 나타나는 민족적인 색채 때문에 후일 독일학자들에 의하여 'Indo-Germanisch'로 바뀌었다. 그러나 이 용어도 또한 독일과 너무 유사하다는 지적으로 인해 나중에 'Indo-European'(인구어)으로 개칭되었다. 이처럼 윌리엄 존스 경이 발견한 언어 사이의 유사성은 나중에 관련되는 언어들을 하나의 어족(language family)으로 묶는 계기를 마련해주었으며 이 개념은 지금도 언어를 구분하는 중요한 기준이 되고 있다.

2) 역사언어학의 초기 학자

윌리엄 존스 경 다음으로 역사언어학의 발전에 지대한 공헌을 한 학자는 독일의 프란츠 보프(Franz Bopp)과 덴마크의 라스무스 라스크(Rasmus Rask)이다. 윌리엄 존스 경이 역사언어학의 발전의 초석이라고 할 수 있는 언어 사이의 유사성에 대하여 처음으로 언급하여 체계화의 기초를 다졌다고 한다면 보프과 라스크는 기초 단계에 있던 역사언어학을 좀 더 심화시키는 데 중요한 역할을 한 사람들이라고 말할 수 있다. 이 두 학자의 첫 번째 업적은 언어들 사이에 관찰될 수 있는 소리들의 규칙적 인 일치성(sound correspondence)이었다. 그들은 인구어에 속하는 언어 들의 경우에 동일한 의미를 갖는 단어들내에서 같은 위치에 나오는 음 소가 언어에 따라 다를 수 있으며 이처럼 다르게 나타나는 현상은 언어 마다 규칙적으로 나타나기 때문에 어느 정도 예측이 가능하다는 사실을 규명하였다. 예를 들자면 독일어에서는 단어 내부에서 주로 발견되는 자음은 주로 음성학적 특성으로 보았을 때 주로 마찰음(fricative)이지만 다른 언어에서는 주로 폐쇄음(stop)이라는 것이다. 이에 대한 예를 살펴 보면 다음과 같다.

(94) <u>Fricative in Germanic</u> ‖ <u>stop in other languages</u>

Gothic	Sanskrit	Greek	Latin
fadar	pitar	pater	pater
faiher	pasu		pecus
fimf	panca	pente	

German	Sanskrit	Greek	Latin
faiher			pecus
haurn		keras	cornu
hrōr	kravis	kudreas	cruas
Φreis	trayan	treis	trēs

언어들 사이에서 발견되는 음소를 중심으로 한 소리의 일치 관계는 보프과 라스크가 역사언어학에 기여한 중요한 업적이다. 그러나 이처럼 일치를 보이는 소리들도 때로는 서로의 관련이 모호해지는 경우가 있는데 하나의 언어가 다른 언어에서 동일한 의미의 단어를 차용하는 데서 발생될 수 있는 문제점이 바로 그것이다. 아래 예는 't=d=d'가 일치 관계를 보이는 것이다. 위의 예에서 관찰되는 음소들의 일치 관계는 영어의 경우 라틴어에서 'dentist'라는 단어를 받아들임으로써 't'가 더 이상 소리의 일치를 보이는 음소로서의 역할을 수행하기가 어렵게 되었다.

(95) tooth   odontos   dentiz

다음으로는 역사언어학의 개척자라고 일컬을 수 있는 보프과 라스크의 업적에 관하여 언급하기로 하겠다.

(1) 라스크

언어에서 발견될 수 있는 언어 사이의 차이의 일관성을 처음으로 체계적으로 제시한 학자가 바로 라스크(Rasmus Rask)이다. 그는 독일인이 아닌 덴마크인으로서 역사언어학이 마치 독일의 전유물인 것처럼 오인되지 않도록 하는 데도 중요한 역할을 한 인물이라고 볼 수 있다. 사실 역사언어학의 시발점이라고 할 수 있는 산스크리트어에 대한 연구는 이미 살펴보았듯이 영국의 윌리엄 존스 경에 의하여 체계화되었으며 산스크리트어에 대한 연구는 프랑스의 파리 대학에서 더 활발하게 진행되었다. 역사언어학의 대표적 학자였던 보프과 프리드리히 슐레겔(Fredrich von Schlegel)도 바로 이 대학에서 산스크리트어를 배웠고, 이 대학에서의 학문 수행을 통하여 역사언어학과 접촉하기에 이르렀다.

라스크는 1818년에 그의 대표적인 논문이라고 할 수 있는 "An Investigation into the Origin of the Old Nordic or Icelandic Language"를 출판하였다. 이 논문에서 라스크는 언어들 사이의 관계를 규명하는 데 있어 단순히 어휘의 일치만을 가지고 설명을 이끌어가는 것은 바람직하지 않다고 지적하였다. 어휘의 일치관계는 언어 사이의 차용을 통하여 발생할 수 있기 때문이다. 그 대신 라스크는 하나의 특정 언어에서 발견되는 굴절(inflection)과 파생(derivation) 현상은 다른 언어에 좀처럼 차용되기 어렵다는 점에 착안하였다. 그는 언어 사이의 관계를 밝히는 데 있어 다음 두 가지 점에 주목하여야 한다고 주장하였다.

첫째는, 해당 언어들의 어원을 찾는 데 주력하는 것이다(attend to the roots of the languages). 둘째는, 해당 언어들의 어원들 사이에 존재할 수 있는 음소의 일치관계를 관찰하는 것이다(the sound correspondences among the roots of the languages). 라스크의 이러한 방법은 후일 그림의 법칙(Grimm's Law)이 설정하는 데 중요한 공헌을 하였다.

라스크의 학문적인 업적에 관하여 한 가지 아쉬운 점은 그의 학문적인 성과가 거의 알려지지 않은 상태로 있다는 것이다. 이것은 라스크의 저서들이 모두 그의 모국어인 덴마크어(Danish)로 저술되었고 당시에는 덴마크어를 독일어로 번역하는 것이 그렇게 용이한 일은 아니었기 때문이라고 생각한다.

(2) 보프

윌리엄 존스 경 다음으로 역사언어학의 기틀을 잡는 데 중요한 역할을 한 사람이 바로 프란츠 보프(Franz Bopp)이다. 보프는 역사언어학이 지금까지 알려진 바와 같이 마치 독일의 전유물인양 생각되도록 하는 데 중요한 역할을 한 학자였다. 그는 1816년에 독일어로 산스크리트어에 대한 저서를 완성하였다. 그의 저서에서 산스크리트어, 그리스어, 라틴어, 페르시아어, 독일어의 어미변화(conjugation)를 비교하여 보여주었다. 보프는 윌리엄 존스 경과는 달리 언어에서 발견되는 유사점을 관찰하는 데에만 그치지 않고 발견된 것들을 근거로 언어들 내부에 존재할 수 있는 규칙성(regularity)까지 밝히는 업적을 남겼다.

보프는 1830년 그의 저서 *Comparative Grammar*를 저술하였다. 이 책은 주로 인구어에 대한 내용을 다루었다. 이 저서는 1850년까지 계속 증보되어 출판되었다. 보프가 연구활동을 수행하던 시절에는 대부분의 학자들이 거의 산스크리트어 연구에 몰두하였다. 더욱이 산스크리트어는 하나의 모음만을 가지고 있다고 여겨졌기 때문에 보프도 산스크리트어를 인구어의 원시어(Proto-Indo-European)로서 내세우는 데 주저하지 않았다. 보프의 또 하나의 학문적 업적은 역사언어학 연구에 있어 단순한 언어 사이의 비교에 그치지 않고 원시어의 형태를 다시 찾아가는 방법이었던 재구성(reconstruction) 방법론을 체계화하였다는 데 있다. 이것은 언어 사이의 비교의 기초라고 할 수 있는 언어 사이의 음소의 일치뿐만 아니라 일치하는 음소들 중에서 어느 것이 더 오래된 것인지를 규명하는 것까지를 포함하고 있다.

재구성 방법을 간단하게 소개하면 다음과 같다. 첫째는, 우선 대상이 되는 언어들 사이에 관찰될 수 있는 일치관계를 보이는 음소를 찾는다(establish regularity of correspondence). 둘째는, 이들 음소들 중에서 더 앞선 것을 재구성된 원시어의 음소로 결정하는 것이다[which phoneme is the earlier, but nonattested(*), reconstructed form]. 여기서 결정된 음소는 이론적으로 규칙의 적용 순서에 따른 것일 뿐, 아직 과거의 문헌에 의해서 확인되지는 않은 것임을 명심하여야 한다. 이처럼 논리적으로는 원시어의 형태로 인정되지만 문헌적인 확인 절차를 거치지 않은 자료는 대상이 되는 단어 앞에 '*' 표시를 하였는데, 영어로는 이것을 'nonattested'라고 하고 우리말로는 '미확인'이라고 일컫는다.

보프는 재구성에서 뿐만 아니라 문법적인 형태소의 어원을 찾아가는 'glottogony'라는 분야에도 상당히 몰입하였고 이 방법을 로망스어에 대한 언어학적 연구 발전에 응용하기도 하였다.

3) 야코프 그림

위에서 언급한 언어학자들이 역사언어학의 기반을 다졌다고 한다면 야코프 그림(Jacob Grimm, 1785~1863)은 역사언어학의 정수를 이루어 내는 데 절대적인 영향을 미친 사람이라고 볼 수 있다. 그림은 그의 저서 *Deutsche Grammatik*(1818)에서 고대 독일어뿐만 아니라 현대 독일어의 문법적인 구조를 보여주었으며 1822년 두 번째 증보판에서는 인구어에 속하는 산스크리트어, 그리스어, 라틴어와 독일어 사이의 음소 일치 관계를 분명하게 언급하였다. 이와 같은 음소 일치는 하나의 법칙으로 체계화되었는데 이처럼 체계화된 법칙을 독일어로는 'Laut-verschiebungen'(sound shift)이라고 명명하였고 이것은 후에 그림의 법칙(Grimm's Law)으로 알려지게 되었다.

그림의 법칙은 크게 두 가지로 나누어볼 수 있는데 첫째는, 독일어와 다른 인구어 간의 소리 변화의 일관성을 밝힌 것이며, 둘째는, 이 변화를 통하여 음소의 성격을 결정하는 소리 자질들 사이의 관련성을 보여준 것이다.

먼저 첫 번째 법칙을 살펴보겠다. 여기에 관련된 규칙은 크게 두 가지로 나눌 수 있는데 두 규칙은 모두 음소 중에서 자음과의 관련성을 보여주고 있다. 그래서 역사언어학자들은 첫 번째 규칙을 제1자음전이(first consonant shift)라고 부른다. 이 규칙은 주로 독일어와 다른 인구어와의 자음변화(자음전이) 과정을 보여준다. 영어의 변천사를 다루는 모든 관련 서적은 인구어와 독일어 사이의 관계를 반드시 언급하도록 되어 있는데 그 이유는 영어가 인구어 중에서 독일어 계통(Germanic)에 속하기 때문이기도 하다. 따라서 영어의 원천을 연구하는 학자들은 인구어와 독일어의 관계를 설명하고 있는 이 규칙의 중요성을 강조하고 이 규칙을 처음으로 설정하는 데 중요한 공헌을 한 그림의 공적을 기리어 그의 이름을 빌려 '그림의 법칙'(Grimm's Law)이라고 명명하였다.

(96) <u>1st consonant shift</u>

Relation between Indo-European and all the Germanic(Teutonic) languages.

(인구어와 독일어 계통 언어 사이의 관계를 밝히는 현상이다.)

IE	**Germanic**
voiced stop: b, d, g	voceless stop: p, t, k
voicless stop: p, t, k	voiceless fricative: f, Θ, x
voiced aspirate: bh, dh, gh	voiced fricative: β, ð, ɣ

예)	**IE**	**English**
	drūs	tree
	bhrātrer	brother

두 번째 규칙은 제2자음전이(second consonant shift)라고 부르며 규칙의 특성은 무성음들이 파찰음(afftricate)으로 변하는 것이다. 이 규칙은 주로 독일어내에서만의 변화를 보여주는 것인데 이것은 고대 독일어와 고지독어(High German)와의 변화과정에서 나타나는 것이다. 여기서 언급하고 있는 고지독어란 주로 현재 독일에서 사용되고 있는 독일어를 가리킨다. 이에 대하여 저지독어(Low German)이란 독일어 어군에서 파생된 것으로 나중에 나올 보일 언어계보에 따르게 되면 현재 영어의 조상이 되는 중요한 언어이다.

(97) <u>2nd consonant shift</u>

Pertain only to the relation between High German and the rest of the Germanic.

(고지독어와 나머지 독일어 계통의 언어들 사이에서만 나타남)

Germanic   High German

voiceless stop ——————▶ affricate

  p, t, k   pf, ts, kx

예) tooth   Zahn

   cook   koch

   pipe   pheife

3. 언어계보와 계보 확정에 따른 이론들

언어발달사를 다루는 학문에서 가장 중요하고 또한 반드시 이루어야
할 일은 언어계보를 설정하는 작업이다. 여기에서 가리키는 언어계보란
하나의 어족에서 그 어족(language family)의 조상이라고 할 수 있는 원
시어(proto-language)를 찾는 일을 가리킨다. 원시어를 시작으로 하여
자료를 조사함으로써 조사된 결과를 토대로 비교 및 검토가 가능했던
언어들 사이에 존재할 것으로 가정되는 상호 관련성을 밝히는 것인데
언어계보는 무엇보다도 시대를 바탕으로 하여 설정되어야만 하였다. 이
처럼 언어들의 상하관계가 설정되면 이 정보를 바탕으로 하나의 어족
내에서 계보를 결정할 수 있게 된다. 이 계보는 해당 어족에 해당하는
언어들의 시대별 연대표로서 설정된 도식은 보는 사람으로 하여금 어느
언어가 더 오래 전에 발생하였는지 알 수 있게 해준다. 이 장에서는 이
계보의 예를 주로 인구어를 중심으로 보이고자 한다.

그리고 언어계보 설정방식과 관련된 두 가지 이론도 아울러 소개하고자
한다. 두 이론은 '가지이론'(Stammbaun Theory)과 '파도이론'(Willen
Theory)들이다. 이 두 이론이 분리 기준은 언어계보에 속하는 여러 언
어들이 도식상 분류가 이루어진 다음에도 여전히 언어들 상호 영향 관

계를 이론적으로 어떻게 받아들이는지에 관련되어 있다. 따라서 언어들
이 역사적으로 분파되어가는 과정에서도 여전히 상호 연관성을 유지하
는 현상을 중시하게 되면 후자에 속하지만 분파 이후의 완전한 분리적
측면을 강조하게 되면 전자에 속한다고 볼 수 있다.

1) 언어계보

이미 위에서 언급하였듯이 언어계보란 하나의 특정 어족에 속하는 언
어들 사이에 존재하는 시대별 상하관계를 중심으로 그 관계를 도식화하
여 보여주는 것이라 할 수 있다. 이러한 언어계보가 보여줄 수 있는 정
보는 크게 세 가지로 나누어진다.

첫째는, 해당 어족에 속하는 언어들이 무엇인지를 알 수 있게 해준
다. 인구 어족과 관련된 도표를 보면 이 어족에는 독일어뿐만 아니라
그리스어, 라틴어, 러시아어 등이 한 언어권에 들어 있음을 잘 보여주
고 있다.

둘째는, 해당 어족에 속하는 언어들 사이의 시대에 따른 상하관계
(hierarchical relation)를 알 수 있게 해준다. 예를 들어 그리스어와 영어
를 비교한다면 당연히 그리스어가 영어보다 더 오래된 언어라는 것을
알 수 있는데 그리스어는 도표에서 상단에 위치되어 있고 영어는 도표
에서 하단에 나타나 있기 때문이다. 이처럼 해당 언어를 다른 위치에
표시함으로써 언어 사이에 존재하는 시대별 상하관계를 보여주고 있다.

셋째는, 해당 어족의 원시어인, 즉 최초의 언어가 무엇이고 이 원시어
로부터 다른 언어들이 어떻게 분파되어 나왔는지 알 수 있게 해준다.
이것은 역사언어학이 추구하는 최고의 학문적인 목표로서 이미 앞서 언
급하였던 언어의 재구성(reconstruction)이 해당 어족의 최초의 원시어를
찾아가는 방법으로 사용되고 있다.

2) 계보 형식과 관련된 이론들

그림(Grimm) 이후 역사언어학이 새로운 국면에 접어들면서 역사언어학 연구에도 새로운 세대가 등장하기 시작하였다. 이들 새 세대 학자들 중에서 언어계보 형성에 중요한 공헌을 한 대표적인 학자는 슐라이허(Schleicher)와 슈미트(Schimidt)이다. 슐라이허는 계보이론 중에서 주로 '가지이론'을 주장한 학자였으며, 슈미트는 주로 '파도이론'을 주장한 학자이다. 이 장에서는 언어의 계보를 설정하는 데 있어 대표적이었던 두 이론을 설명하고자 한다.

(1) 가지이론

이 이론은 역사언어학의 차세대 주자라고 할 수 있는 아우구스트 슐라이허(August Schleicher)에 의하여 주장되었던 이론이다. 슐라이허의 주장이 학문적으로 공헌한 바는 크게 둘로 나눌 수 있다. 첫째는, 그는 산스크리트어를 더 작은 그룹으로 나누어 하위언어군(subfamily)을 만들었다. 둘째는, 인구어에 속하는 언어들이 하나의 원시어(proto IndoEuropean)에서 발전하였다는 생각을 좀 더 심도 있게 발전시켰고 이를 기반으로 언어들 사이에 존재하는 계통(pedigree)을 도식적을 보여주었는데 그가 사용한 방법이 바로 가지이론(Stammbaun Theory)이다. 그 예는 다음과 같다.

(98)

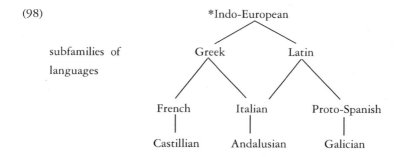

슐라이허는 언어들 사이에 공통적인 발전 양상과 자질이 보일 때마다 해당 언어들에게 독자적인 하위언어군을 부여하였다. 그는 언어군마다 별도의 차이를 보이는 이유가 과거 해당 언어를 사용하던 민족들의 이동(migration)과 그들의 분리(split)에 있다고 생각하였다.

슐라이허는 인구어에 다음과 같은 세 종류의 연구개 폐쇄음(velar stop)이 있음을 발견하였고 이 소리들이 인구어에 속하는 언어들 사이에 어떤 형태로 분포되어 나타나는지를 나름대로 분석하였다. 이 결과를 토대로 따라서 인구어가 하나의 어족이 될 수 있음을 규명하려 했을 뿐만 아니라 인구어족에서 내부의 하위 어족을 나누는 기준이 있음을 아울러 보이고자 하였다.

> (99) i. k, g, gh
>> has identical treatment in all the languages
>> (인구어 내의 모든 언어에 동일하게 나타난다.)
>
> ii. k', g', gh'
>> has different treatment in 2 groups
>> (인구어 내의 언어들을 두 부류로 나눈다.)
>
> iii. kw, gw, ghw(labialized)
>> has different treatment in 2 groups
>> (인구어 내의 언어들을 두 부류로 나눈다.)

슐라이허가 내세운 연구개 폐쇄음과 인구어내의 언어들의 상관관계를 다음과 같이 도식화할 수 있다. 여기서 두 그룹 사이의 분리 기준은 해당 음운현상의 유무를 바탕으로 나눈 것을 보인 것이다.

(100)

	A	B
i.	유	유
ii.	무	유
iii.	유	무

다음에 나오는 예는 위에서 보인 도식 중에서 양쪽 그룹을 나누는 경우를 든 것이다. 인구어는 원시어에서 다음 하위언어군으로 나누어질 때 구개음화(palatalization)의 발생 여부가 언어군을 둘로 나누는 계기가 된다. 인구어의 언어들 중에서 주로 동쪽 언어군에 들어가는 언어들은 구개음화 현상을 보이고 서쪽 언어군에 속하는 언어군의 언어들에는 구개음화가 발생하지 않는다. 아래의 예는 왼쪽에 나오는 언어들이 구개음화 현상을 보이는 경우를 나타낸 것이다.

(101)

Sanskrit	Slavic	German	Greek	Latin	
sata	satəm	hund	(he)katon	centum	'100'
Satem languages		Centum languages			

이 예에서 구개음화 현상은 인구어를 크게 둘로 나눌 수 있게 해주는 중요한 기준이 되며 슐라이허는 각각의 어군을 나누는 방법으로 가지이론을 적용하게 된다. 여기에서 인구어의 원시어 바로 밑에 위치하게 되는 하위언어군은 위치에 따라 'Eastern'과 'Western'으로 나뉘며 구개음화의 발생 여부에 따라 'Satem'과 'Centum'으로 나뉜다. 이렇게 하여 나누어진 어군을 나타내면 다음과 같다.

(102)

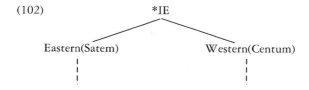

(2) 파도이론

언어의 집합을 나누는 이론들 중에서 상당히 많은 학자들에 의하여 받아들여졌던 가지이론(Stammbaum Theory)에 적지 않은 문제가 있는 것은 사실이다. 이런 문제들을 그냥 간과하지 않았던 학자가 바로 요하네스 슈미트(Johannes Schmidt)였다. 그는 대략 1860년도에 활동하였던 학자로서 언어들 사이의 영향에 중점을 둔 파도이론(Willen Theorie =Wave Theory)을 주장하였다.

그가 가지이론에서 발견하였던 문제점은 구개음화뿐만 아니라 언어에 발생할 수 있는 다른 음성적인 자질을 살펴보면 구개음화로 나누었던 언어들의 그룹이 다르게 나누어진다는 점이었다. 다음은 그 예를 든 것이다. 이 경우 기식음화된 유성 양순음 'bh'는 동쪽군에 속하는 산스크리트뿐만 아니라 서쪽군에 드는 그리스어와 라틴어에서도 나타난다. 이것이 슐라이허가 제창한 가지이론에 의한 동쪽어군과 서쪽어군의 구분에 치명적인 예외가 될 수 있음을 슈미트는 지적하였다. 그의 지적은 다음의 예에 잘 나타나 있다.

(103)

Sanskrit	Slavic	German	Greek	Latin
bh	m	m	bh	b(h)

슈미트가 주장한 이론에 의하면 하나의 언어현상이 다른 언어에 영향을 미치게 되는 이유는 한 언어를 사용하는 사람들이 다른 지역으로 이주하게 때문이고 지속적인 영향은 서로의 접촉이 계속되는 과정에서 이루어진다는 사실이다. 하나의 새로운 변혁(innovation)이 특정 지역에서 생겨나고 이것이 다른 지역으로 퍼져나간다는 것이 파도이론의 주요 핵심 내용이다. 이 이론의 기본 개념은 다음에 나온 도식에 잘 나타나 있다.

(104)

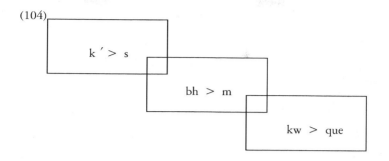

위에서 보다시피 슈미트는 파도이론이 가지이론보다 언어가 방사형으로 퍼져나가는 형상(irradiation)을 더 잘 설명해줄 수 있다고 보았다. 이 이론에서 또 하나 찾을 수 현상은 하나의 언어가 인근 언어에 영향을 주는 비중이 거리상 더 먼 곳에 있는 언어에 영향을 주는 비중보다 더 크다는 것이다. 즉, 언어의 지역적 거리와 영향을 미칠 가능성에 대한 상관관계라고 할 수 있다. 예를 들어 언어들이 A, B, C, D, E, F, G, H, I, J처럼 거리에 따라 하나의 줄로 늘어서 있다고 가정하면 C라는 언어가 B와 D에 영향을 주는 정도가 I나 J에 영향을 주는 정도보다 훨씬 더 분명하게 나타난다는 것이다. B와 D는 C라는 언어와 지역적인 근접성 때문에 비슷해지는 경향이 있는 반면, I와 J라는 언어들은 거리상의 이유로 적은 영향을 받음으로 인하여 완전히 다른 언어로 변화될 확률이 상당히 높은 것이다. 이것은 파도라는 개념을 비유적으로 이용한 것이다. 즉, 파도가 시작되는 시발점에 가까운 곳에서는 파도의 정도가 강하게 나타나지만 거리가 멀어질수록 파고는 적어지고 궁극에 가서는 파고의 존재마저 파악하기 힘든 상태로 변해버리는 상황에 언어를 비유한 것이다. 해당 영향관계에서 시작의 중심이 되는 언어에 가까이 있는 언어와 멀리 있는 언어들을 비교하면 파도의 현상과 결과를 얻을 수밖에 없다는 것이다. 만일 중심이 되는 언어를 I로 잡아도 같은 결과를 도출해낼 수 있을 것이다. 즉, I라는 언어에 가까이 있는 H와 J가

가장 많은 영향을 받아서 I라는 언어에 가깝게 나타날 것이고 A와 B는 I와 거리상의 이유로 거의 별개의 언어로서 이해될 것이다. 다음 도식은 위에 언급한 내용을 요약한 것이다. 영향을 미치는 정도가 강하다고 생각되면 실선을 이용하였고 비교적 약하다고 생각되면 점선을 이용하였다.

(105)

4. 신문법주의와 방언학

19세기 언어학에서 가장 특이한 사항은 신문법주의자(Junggrammatiker =Neogrammarian)들의 등장이었다. 이들은 언어의 변천을 정해진 규칙에 따라 이루어지는 결정론적인 현상으로서 규정하고 언어들내에서 발생한 여러 변화현상을 자신들이 내세운 규칙에 의거하여 설명하려고 시도하였다. 이에 반하여 언어의 변화를 단순히 규칙에 의해 예측 가능한 현상으로서만 규정지으려는 의도에 문제점이 있음을 지적하고 신문법주의자들에 반대하는 방언학중심의 학풍도 발흥하였다.

1) 신문법주의

(1) 배경 및 기본 사상

신문법주의는 19세기의 총아로서 오늘날의 언어학이 탄생하는 데 가장 기초적인 초석이 되는 학풍이었다. 이 학풍을 형성하였던 학자들은 레스킨(Leskien), 브루크만(Brugmann), 오스토프(Osthoff), 파울(Paul), 델브

뤽(Delbrück), 그라스만(Grassmann), 카를 베르네르(Karl Verner) 등이 며 이들은 주로 독일을 중심으로 학문 활동을 전개하였다. 이들 중에서 베르네르는 덴마크 출신의 학자로 누구보다도 신문법주의의 학문적인 정신을 충실히 실현하고자 노력하였다. 그는 특히 베르네르의 법칙 (Verner's Law)이라는 법칙을 정립하고 인구어가 원시어에서 독일어로 넘어오는 과정에서 특징적으로 나타난 자음의 변화를 설명한 그림의 법 칙(Grimm's Law)에 발생하였던 예외들을 나름대로 분석하여 그것들이 사실은 예외가 아니었음을 보여주었다. 그는 이 현상을 설명하기 위하여 자음의 변화와 강세 위치의 상관관계를 찾아내는 방법을 이용하였다.

신문법주의는 그라스만과 베르네르가 그림의 법칙에 발생하는 예외 를 설명하는 데 성공한 것에 고무되어 학문의 발전에 더욱 박차를 가하 게 되었다. 이와 같은 발전은 이들 학자들에게 당시 발전을 거듭하고 있던 물리학과 같은 다른 과학분야처럼 언어도 하나의 과학으로 발전할 수 있다는 믿음을 주기에 이르렀다. 이것이 바로 신문법주의가 현대언 어학의 초석이 되는 이유이다. 현대에 이르러 언어학은 그 어떤 인문학 분야의 학문들보다 과학으로서의 면모를 제대로 갖추고 있다고 생각되 어지기 때문이다. 이들 신문법주 학자들이 신봉하였던 과학의 기본 정신은 뉴턴의 물리학(Newtonian physics) 이론이었다. 이것은 이론들이 예외 없이 적용된다는 데 그 중요성이 있다. 신문법주의자들이 다음으 로 따랐던 과학의 방법론은 다윈의 학문적인 성향(Darwinian biology) 이었다. 다윈은 생물학적으로 하나의 유기체가 변화해가는 변모양상이 철저하고 예외 없는 원칙을 지키고 있음을 하나의 모델로서 제시하였 다. 이와 같은 과학에 의거한 신념들은 당시의 언어학자들에게 언어학 이 자연과학의 한 분야로서 성립될 수 있다는 믿음을 주었으며 그와 같 은 과학적 정신이 반드시 역사적인 측면도 아울러 가져야 한다고 주장 할 수 있게 해주었다. 이와 같은 사상은 다윈이 주장한 내용 속에서 잘 보여지고 있다.

> (106) If we know not how a thing became, we know it not.
> (하나의 사물이 형성되어가는 양상을 알지 못한다면 그것을 전혀
> 모르는 것과 다를 바가 없다.)

이미 언급하였듯이 신문법주의자들은 언어학 분야의 연구방법 및 연
구양상의 여러 방면에 걸쳐 지대한 영향을 미쳤다. 그들에게 기본이 되
었던 철학적인 배경은 실증주의(positivism)인데 이 철학사조는 자연과
학을 기초로 하여 나타난 정신적 사상이었다. 이 사상의 근본은 사변적
인 경향(speculation)을 배척하고 확고한 사실만을 고집하는 것이었다.
이와 같은 경향은 1900년대 초엽 어네스트 레비(Ernest Levy)가 다음과
같이 언급한 데서 잘 알 수 있다.

> (107) If I am tempted to read a book on the philosophy of language,
> I don't do it and spend the time saved learning a new language.
> (언어철학에 대한 서적이 읽고 싶어질 때에, 그것을 읽기보다는 절
> 약해왔던 시간을 새로운 언어를 하나 더 배우는 데 쓰고자 한다.)

델브뤽은 당시에 가장 잘 알려졌던 통사론 학자로 언어철학적인 측면
보다 언어에 나타나는 사실 그 자체에 더 많은 노력을 기울였다. 그리
고 자신의 문법이 과거 포트 로얄의 문법과 연관되었다는 사실에 대해
서는 포트 로얄의 문법을 단지 선험적인 문법으로만 일컬을 뿐 연관성
을 인정하지 않았다. 이것은 당시 주로 활동하였던 학자들이 언어에 대
한 연구를 수행할 때 언어와 사상의 연관성을 찾기보다는 언어 그 자체
만을 독자적으로 연구하는 데 몰두하였다는 사실을 확인시켜주는 것이
다. 이러한 경향은 자연과학자들이 자연현상을 연구하는 데 있어서 현
상과 인간 사고의 관련성을 연구하기보다는 자연에 존재하는 현상 그

자체만을 연구하는 성향과 그 맥을 같이하는 것이라고 할 수 있다. 따라서 19세기 이후의 언어학을 하나의 과학으로서 볼 수 있는 것이며 19세기에 시작되었던 역사언어학의 방법론을 근대 언어학의 시초로 볼 수 있는 것이다.

당시의 신문법주의를 중심으로 활성화되었던 언어학의 조류는 설명 및 규명 과정에서 아주 세밀한 것도 빠뜨리지 않도록 철저하게 기술할 것을 요구하였기 때문에 언어학을 연구하는 모든 학자들은 이 점에 각별히 유의하였다. 이런 언어학의 연구성향이 모든 이들에게 환영받았던 것은 아니었다. 쿠르티우스(Curtius)는 연구를 수행함에 있어 모든 사실들을 낱낱이 빠뜨림 없이 설명하는 것은 불가능하다고 주장하였고 모든 것에는 예외가 존재한다고 강조하였다. 쿠르티우스의 이와 같은 주장은 소리의 변화를 언급하는 부분에서도 신문법주의자들과 상충되는 경향을 보인다. 재미있는 사실은 쿠르티우스는 신문법주의 주요 인물이었던 레스킨(Leskien)과 브루크만(Brugmann)을 제자로 두고 있었다는 사실이다.

위에서 언급하였던 신문법주의의 정신이 출현하기에 앞서 소리의 변화에 대한 관점을 주도하고 있던 주된 정신은 라이프치히(Leipzig)에서 강의를 하고 있었던 쿠르티우스의 주장에 잘 나타나 있는데 그에 의하면 소리의 변화란 산발적이며 돌발적인 것이다. 이와 같은 생각은 그림(Grimm)과 동시대의 학자들에 의해서 스스럼없이 받아들여졌다. 그렇지만 쿠르티우스의 제자였던 레스킨과 브루크만은 소리의 변화에 예외가 없음을 주장하였다. 그들의 주장은 다음의 예에 봉착하면서 중대한 곤란에 부딪히게 된다. 다음에 나오는 예는 소리의 변화에 예외를 인정하지 않았던 신문법주의자들에게 학문적으로 치명적인 어려움을 줄 수 있기 때문이다.

(108)

	IE	Greek	Latin	Sanskrit	Gothic
	*pətér	patér	pater	pitár	<u>fadar</u>
	bhrātēr	phratēr	frater	bhrātar	<u>brōθar</u>

위의 예에서 문제를 일으키는 것은 마지막에 있는 밑줄 친 경우이다. 나머지 경우에서 단어 중간에 위치하는 자음은 무성음으로서 제 음가를 유지하고 있는 반면, 끝에 있는 단어에서는 같은 자음이 자신의 본래의 음가를 유지하지 못하고 유성음으로 변해 있는 것이다. 이러한 예는 역사언어학의 시조라고 할 수 있는 그림(Grimm)과 동시대의 학자들에게는 그리 문제시되지 않았다. 그 이유는 이미 쿠르티우스에 의하여 언급되었듯이 언어의 소리 변화가 경우에 따라서는 산발적일 수도 있고 더나아가서 우발적일 수도 있다고 생각하였기 때문이었다. 그렇지만 신문법주의에 입각하여 이 문제를 살피면 상황은 그리 낙관적이지 못하다. 신문법주의자들이 소리의 변화에 있어서 역사언어학적으로 자신들의스승이나 선배 학자들과는 달리 완벽한 규칙성을 주창하였기 때문이다. 따라서 신문법주의의 학자들은 위 예에서 나타나는 예외적인 현상을 설명하기 위하여 수많은 노력을 기울여 결국 나름대로의 해답을 찾아내게 되었는데 그것이 바로 베르네르의 법칙의 기초가 되었던 강세 위치에 따른 소리의 변화 형태의 규칙 발견이었다. 즉, 그림의 법칙에 의하면 무성음으로 남아 있어야 할 소리들이 앞뒤에 나타나는 강세 현상으로 인하여 그림이 세운 법칙과 다른 결과를 내게 된다는 것이다. 이것은 앞의 그림(Grimm)에 대한 설명에 잘 나타나 있다.

(2) 유추론

앞에서 살펴본 역사언어학에 대한 기본 개념을 다시 한 번 간략하게 정리하면 다음과 같다. 역사언어학자들이 언어의 변화에 대하여 "모든 언어들은 규칙적으로 변하며 이것에는 예외가 없다"는 것을 중요하게 생각했다. 여기서 반드시 알아야 할 것은 역사언어학자들이 위와 같은 명제를 내세우는 데 있어 언어의 사회적인 변화(social variation of language) 요인을 배제한다는 것이다. 예를 들어 하나의 언어현상이 사회계급과 관련이 있다고 판단되면 이 현상은 역사언어학의 언어변화에서 제외되는 것이다. 다음은 역사언어학자들이 내세운 명제를 소개한 것이다.

(109) Basic methodological principles of Historical Linguistics:
sound change takes place mechanically and without exception.
(소리의 변화는 체계적으로 일어나며 예외 없이 진행된다.)

이와 같은 이론적 명제는 역사언어학의 발생 당시에 성행하였던 과학 문명의 영향을 다분히 받은 것이며 역사언어학의 바탕에 실증주의 철학(positivism)의 정신이 역사언어학의 형성에 중요한 역할을 하였음을 말해준다. 여기서 말하는 실증주의 철학이란 무엇이든 설명이 가능하다는 믿음 아래 사실만을 주축으로 해당되는 사물을 규명하려는 정신적 사조를 의미한다. 역사언어학자들은 이와 같은 경향을 그들의 방법론에 그대로 적용시켜 역사적으로 언어의 현상을 규명할 때 자신들의 추측이나 예상이 아닌 확인된 사실만을 기준으로 해당되는 현상들을 설명하려고 노력하였다.

이와 같은 학문적 환경을 바탕으로 역사언어학자들은 언어의 역사적인 변천을 밝히는 데 주력하였다. 그러나 그들은 언어들의 역사적인 변화가 이처럼 단순한 방법으로 모두 설명될 수는 없다는 사실을 알아내게 되었다. 수집된 자료들 중에는 역사언어학자들이 의도한 대로 설명에 잘 들어맞는 것들도 있었지만 반대로 같은 부류에 들어간다고 여겨지는 자료임에도 불구하고 전혀 설명을 이끌어낼 수 없는 자료들도 있었다. 더 나아가 설명에 반증이 되는 자료 또한 적지 않았다. 이런 현상은 기존의 역사언어학자들이 받아들여 왔던 본래의 취지에 완전히 위배되는 것으로 역사언어학의 방법론을 전면 폐기하거나 또는 상당 부분 수정해야 하는 단계로 접어들게 하였다. 역사언어학자들은 자신들의 방법을 그대로 밀고 나갈 수 있는 돌파구를 마련하고자 부단한 노력을 경주하였다. 그것은 "모든 언어는 예외 없이 변화한다"는 자신들의 이론의 최대 명제에 적절한 제한 조건들을 제시함으로써 비로소 가시화되었다.

지금까지 역사언어학의 언어관 및 언어관을 밝히는 이론의 기본 체계를 소개하였다. 이 장에서 설명하려고 하는 유추론(Analogy)은 위에서 역사언어학자들이 보여주었던 방법론을 극단으로 몰고 간 것이라고 할 수 있다. 역사언어학의 한 분야로서 신문법주의는 언어를 하나의 살아 있는 유기체(organism)로 간주하여 언어의 변화가 마치 다른 생명체처럼 태어나고, 성장하고, 사라지는 과정을 거친다고 생각하였다. 언어를 이와 같이 변하게 하는 힘을 하나의 섭리로서 여겼고 이 섭리에는 개별적인 감정이 있는 것이 아니며 그 섭리가 추구하는 바는 철저하게 예외 없이 수행된다고 보았다. 그리하여 언어에 발생하는 변화현상은 이러한 섭리의 주도 아래 한 치의 오차도 없이 이행된다고 생각하였다. 만일 하나의 예외라도 발견되면 신문법주의자들은 이것을 단지 아직 발견되지 않은 규칙이 존재하거나 아니면 현상 자체가 유추현상에 의하여 발생된 것이라고 주장하였다. 그래서 이 언어학자들은 예외를 설명하고자 하는 목적으로 더 열심히, 더 많은 언어의 예를 찾고자 노력을 아끼지 않았다. 유추현상이란 소리의 변화가 단어 내에 존재하는 환경적인 영향에 의해서 야기되는 것이 아니라 해당 변화현상을 보여주고 있는 단어가 사용되는 언어행위 환경에 의하여 생겨날 수 있다고 보는 것이다. 즉, 하나의 소리 변화가 A라는 방향으로 가는 것이 소리의 변화에 예외가 없다는 기본명제에 맞는 것이지만 실질적으로 소리 변화가 B방향으로 일어났을 경우에 언어학자들은 비슷한 부류의 단어들 속에 과연 B방향의 변화가 존재하는지를 살피고 만일 나머지 단어들이 B방향의 성향을 보인다면 해당 단어가 A가 아닌 B로 갈 수밖에 없다는 사실을 따른다는 것이 바로 유추현상에 의한 언어변화 설명방법이다.

유추현상은 크게 세 단계로 나눌 수 있는데 첫 번째는, 소리 변화가 규칙대로 언어 내적인 연유로 진행되는 단계이고, 두 번째는, 소리 변화가 분화되어 발생하는 단계로 같은 환경에서 소리 변화가 두 가지 형태로 나타나는 단계이다. 세 번째는, 두 가지 소리의 변화가 하나로 공통화되는 것으로 유추현상에 관련되는 단어가 본래의 소리변화 규칙을 버리고 다른 단어들이 따르는 소리 변화과정을 따라가는 단계이다. 언어학자들은 이 과정을 가리켜 유추현상으로 부른다. 다음은 실제 예에서 위의 세 단계의 현상들이 어떻게 실현되는지를 보인 것이다.

라틴어에서 단어의 끝자리는 바로 앞에 모음이 오는 경우에 항상 's'가 나타나는 것이 일반적인 현상이었으며, 이것은 그림(Grimm)에 의하여 언급된 바 있다. 예로는 'servus genus civitas urbis amas' 등이 있다. 그러나 후기 라틴어에 와서는 동일한 위치에 's' 대신에 'r'이 나타나기 시작하였다. 그에 대한 예는 다음과 같다.

(110) melior 'better'   arbor 'tree'   honor 'honor'
      (melios)   (arbos)   (honos)

앞에서 보인 변화현상을 설명하는 데 앞에서 이미 언급하였던 유추방법의 세 단계를 적용할 수 있으며 예에는 해당 단어들의 변형(declension)들도 함께 주어져 있다.

(111) a. 첫 번째 단계로 라틴어의 기존의 변화현상을 따르는 것인데 여기서는 단어의 마지막 자음이 's'로 나타난다.

        melios   arbos   honos
        meliosis   arbosis   honosis
        meliosi   arbosi   honosi

b. 두 번째 단계로서 굴절형에 's'를 'r'로 변화시키는 음운규칙이 적용되어 굴절형 부분을 다음과 같이 변화시킨다.

melios	arbos	honos
melioris	arboris	honoris
meliori	arbori	honori

c. 세 번째 단계로서 굴절형에 일어났던 음운현상이 원형에까지 확대되어 적용된 형태가 본래 형태의 단어와 함께 존재하게 된다. 여기서 굴절형에서 일어났던 음운현상이 기존의 원형에까지 적용되는 현상을 유추라고 생각할 수 있다.

melios	OR	melior	arbos	OR	arbor
meloris			arboris		
meliori			arbori		

위에서 보듯이 'melios'와 'melior' 그리고 'arbos'와 'arbor'는 자유변이형(free variation)으로 동시대에 같이 사용되다가 'melios'와 'arbos'는 결국에 가서는 사라지는 운명을 맞게 되었다. 이것은 같은 시대에 사용되었던 단어들을 보면 잘 알 수 있는데, '-os' 변형을 보였던 많은 단어들이 '-or' 변형을 많이 보이고 있다. 다음의 예는 이들 단어들의 새로운 변형의 주역이 된 '-or'이 's'로 끝나고 있는 단어들에 어떻게 영향을 미치는지를 보인 것이며, 주어진 형식은 수학에서 등호(equal)를 중심으로 변수 'X'를 추정하는 방식을 따른 것이다.

(112)

oratoris				honoris		
oratori		: orator =	honori		: X(that is *honor*,
oratorem			honorem		rather than
oratore			honore		*honos*)

신문법주의를 따르던 학자들은 위에서 보았듯이 양쪽을 변화를 보이지 않는 정적인 관계(static relation) 또는 수학의 승법(multiplication)과 같은 과정(process)으로 생각하였다. 이것은 신문법주의자들이 유추현상

을 단순히 예측불허의 예외적인 현상으로서 생각한 것이 아니라 유추도
소리 변화의 한 과정으로서 보았다는 것을 의미한다. 따라서 이들 학자
들은 유추를 소리 변화 규칙의 하나로서 생각했을 뿐만 아니라 이것을
역사언어학에서 관찰될 수 있는 소리 변화를 설명하는 데 적지 않게 응
용하여 사용하였다.

하지만 신문법주의자들은 소리 변화를 설명하는 데 유추라는 방법을
사용하는 것을 그다지 좋게 생각하지 않았다. 이들 학자들은 가능한 한
소리 변화의 규칙을 찾는 데 기본원칙을 두었으며 여러 방법을 동원했
음에도 불구하고 해당 소리 변화에 규칙을 통한 설명이 주어지지 않을
경우에만 유추를 사용하여 가급적이면 유추방법을 소리 변화의 설명에
적용시키지 않으려고 하였다. 그렇지만 파울(Paul)은 유추를 소리 변화
에 처음으로 받아들여 소리의 변화를 설명할 수 있음을 보여주었으며
그의 저서인 *Sound Change and Analogy*에도 그 점이 잘 나타나 있다.

이처럼 신문법주의를 따르던 학자들조차도 유추를 소리 변화의 규명
에서 제한하려고 한 것은 유추가 자체의 한계들을 가지고 있기 때문이
었다. 그 한계들 중에서 주된 측면은 유추가 적용되는 과정을 전혀 예
측할 수 없다는 것이다. 이것은 소리 변화의 규칙성을 주된 명제로 삼
았던 신문법주의에 치명적인 문제가 될 수 있다. 예측불허란 규칙성이
라는 개념과 대치되는 현상이기 때문이다.

20세기에 들어서면서 여전히 신문법주의를 따르던 학자들 중 폴란드
출신인 쿠릴로비치(Kurylowicz)와 만차크(Mańczak)는 유추현상을 예측
가능한 규칙으로 정립해보고자 상당한 노력을 기울였다. 그러나 그들의
노력은 성공적이지 못하였으며 이들의 작업에도 불구하고 유추는 여전
히 예측 불가능하고 방만한 채로 남아 있었으며 유추현상은 소리 변화
의 예측을 위한 규칙으로 사용되기보다는 주어진 자료들을 설명해보는
실험적 차원에서 주로 사용되었다.

2) 신문법주의의 반대 학파들

지금까지 19세기의 중심적인 언어학 이론이라고 할 수 있는 신문법
주의에 대하여 살펴보았다. 그것이 당시에 얼마나 이론적인 영향력을
가졌는지 그 이론이 후대에 어떠한 영향을 미쳤는지도 살펴보았다. 그
러나 같은 시대에 활동하였던 많은 학자들이 신문법주의에 대하여 많은
비판을 주저하지 않았던 것 또한 사실이다. 여기에서는 주로 문제를 제
기했던 학자들에 대하여 살펴보기로 하겠다.

신문법주의를 반대하였던 학자들은 크게 넷으로 나누어진다. 다음은
학문의 종류를 중심으로 구분한 것이다.

(113) a. dialectologist(2 schools)
  방언학자들로서 이들은 크게 두 학파로 나뉜다.
  b. stratum theory of language change
  언어의 변화에 있어서 계층적인 요소를 강조하였다. 즉, 언어는
  자신이 가지고 있는 상하의 하위구조를 반영하여 변화한다고 생
  각하는 것이다. 이것은 언어의 변화를 언어 내적으로만 생각하
  려 하였던 신문법주의에 위배되는 현상이다.
  c. 휘트니(W. D. Whitney)
  미국을 중심으로 활동하였던 학자로서 언어의 변화를 야기하는
  원인으로 사회적 요인의 중요성을 강조하였다.
  d. 슈하르트(H. Schuchardt)
  오스트리아를 중심으로 활동하였던 학자로서 기존의 언어와 유
  입된 언어와의 상호 관계를 정립하고 나아가서 피진(pidgin)과
  크리올(Creole)의 개념을 정립하였다.
  e. *Wörter und Sachen*(Words and Things)
  메링거(Rudolf Meringer)에 의해 저술된 것으로서 내용 속에 단
  어의 기원에 있어 언어 외적인 요인이 적용된 것을 보여주었다.

다음에서는 앞에 제시된 항목들을 하나씩 자세히 살펴보기로 하겠다.

(1) 방언학

초기 방언학(dialectology) 연구는 신문법주의를 지지하는 차원에서 진행되었다. 신문법주의를 신봉하던 학자들이 믿고 있었던 소리 변화 규칙의 예외성이 없음을 증명하기 위하여 모든 가능한 예들을 모으고자 부단히 노력하였기 때문이었다. 그들 학자들 중에서 특히 빈텔러(H. Winteler)는 스위스의 산간지방에서 고립되어 있는 주민들에 의해 사용되던 방언을 연구하여 저서로 남겼다. 그는 자신의 연구를 통하여 두 가지의 발견을 보여주었다.

첫째는, 소리 변화 규칙이 예외 없이 적용된다는 것이다. 둘째는, 그것이 특정 세대에서만 실현된다는 것이다. 이 발견 중에서 두 번째의 것은 다른 학자들에 의하여 거의 논의가 되지 않았다. 빈텔러의 이와 같은 연구는 신문법주의의 주장을 지탱하는 데 중요한 역할을 하였으며 특히 대상이 되었던 언어가 다른 언어와 섞인 적이 없는(homogenous) 언어였다는 점에서 그의 연구는 신문법주의를 지지할 수 있었다.

빈텔러 이후 방언학의 방향은 신문법주의를 지지하기보다는 오히려 신문법주의의 주된 명제인 소리 변화 규칙의 비예외적 현상을 공격하는 쪽으로 선회하게 되었으며 이 연구자들은 후일 신문법주의를 배격하는 주된 그룹으로서 대두하게 된다. 이러한 연구 그룹은 크게 둘로 나누어지는데 한 쪽은 독일을 중심으로 연구를 진행하였으며 다른 쪽에서는 프랑스를 중심으로 연구를 진행하였다. 전자의 중심 학자는 벤커(R. Wenker)이고 후자의 중심 학자는 질레랑(J. Gilliéron)이다.

① 벤커

벤커(R. Wenker)는 주로 독일을 중심으로 활동하였으며 신문법주의에 대해 그다지 반대되는 입장을 취하지는 않았다. 그가 주로 수행하였던 연구는 특정한 언어 자질이 독일 전역에 어떤 형태로 분포되어 있는지를 밝히는 것이었다. 그는 지역에 따라 다르게 나타날 수 있는 상황을 밝히고자 해당 지역들에 직접 사람을 보내어 자료를 수집하게 하였으며 이것을 수합한 후에 자신의 언어로 번역하는 데 상당한 노력을 기울였다.

위와 같은 연구에서 그는 특기할 만한 사항을 발견하였는데 그것은 그림(Grimm)이 언급하였던 원시독일어(Proto-Germanic; PGm)와 고지독어(Old High German; OHG)의 관계를 보인 제2자음전이규칙에 대한 지역적 차이점를 찾아낸 것이다. 설명의 명료성을 위하여 제2규칙을 나타내면 다음과 같다.

(114) PGm > OHG

t	ts	tongue > Zunge, water > Sasser
	(or, ss after vowel)	
p	pf	pepper > Pfeffer
	(or, ff after vowel)	
k	ch	break > brechen
d	t	dance > tanzen

신문법주의의 원칙에 의하면 이 규칙은 한 지역에서만 일어나야 하고 다른 지역에서 발견되어서는 안 된다. 그러나 벤커는 라인 강 하류(Rhine fan)지역을 살펴본 후 이 규칙이 마구 섞여서 분포되어 있다는 것을 알게 되었다. 예를 들어 하나의 특정 지역에서는 규칙들 중 t > ts는 발견되지만 다른 규칙들은 발견되지 않았다. 다른 규칙들도 같은 경향을 보였다. 이와 같은 규칙들의 불균형적인 분포는 신문법주의의 주장을 더 이상 확고하게 유지할 수 없음을 보여주는 것이라고 하겠다. 만일 신문법주의자들이 고지독어에도 다양한 하위 방언들을 가정하고 불균형적인 규칙들의 분포를 방언의 차이라고 한다면 이것 또한 그들의

주장을 약화시키는 것이라고 할 수 있다. 예외가 나올 적마다 예외를 제한하는 지역을 구분한다면 예외가 존재하는 수만큼 지역을 구분해야 하는 번거로움을 감수하여야 하기 때문이다.

② 질레랑

질레랑(J. Gilliéron)은 주로 한 단어 내부에서 소리 변화가 일어나는 것이 있고 일어나지 않는 것이 있다는 사실을 중심으로 신문법주의를 공격하였다. 불어는 인구어족 내에서도 라틴어 계통에 들어 있는 언어로 불어 대부분이 라틴어에서 유래된 것이라고 하여도 과언이 아니다. 불어와 라틴어의 관계를 보여주는 소리 변화현상 중에서 가장 특기할 것은 k > š [ʃ]의 규칙이다. 이 현상은 주로 속라틴(Vulgar Latin; VL)과 불어 사이에서 발견되며 정통 라틴(Classic Latin)과는 상관이 없다. 속라틴(Vulgar Latin)과 유럽 지역의 언어들과의 관계는 이미 앞 장에서 언급한 바 있다.

(115)　　VL　　　　　　Fr.
　　　　capillos　　>　　cheveux
　　　　　k　　　　　　　[ʃ]
　　　　　　　　　　　　　š

불어의 단어들이 항상 위와 같은 소리 변화 규칙을 유지하는 것은 아니다. 경우에 따라서는 'Latin faber fabrica > forge'에서와 같이 라틴어에서 단어를 직접 차용(borrowing)하기도 하였다. 나중에 동일한 의미를 위하여 라틴어에서 'fabrique'를 직접 차용해오기도 한다. 이것은 규칙만을 따른다는 가정하에서는 불어에서 찾아볼 수 없는 'k'가 경우에 따라서는 발견할 수 있다는 사실을 의미한다. 이는 규칙의 비예외성을 주장하던 신문법주의에 분명히 위배되는 것이다.

이미 언급하였듯이 불어에 있는 많은 단어들의 기원은 라틴어에서 찾

을 수 있는데 단어들이 라틴어에서 불어로 넘어올 때에는 항상 일정한
소리의 변화를 겪었다. 그러나 이후에 다시 라틴어에서 단어들이 넘어
왔을 때는 해당 단어들에 예측된 소리 변화가 적용되지를 않았다. 이것
이 바로 위에서 언급한 불어에서의 'k' 소리의 발견이라는 사항의 핵심
적 이유이기도 하다.

  질레랑은 각각의 단어는 경우에 따라 소리 변화를 따르기도 하고 따르
지 않기도 한다고 주장하였다. 그는 다음과 같은 명제를 남기기도 하였다.
이것은 그의 불어 어원연구의 집합체라고 할 수 있는 저서 *Genealogy of
the words for the bee*의 토대가 되었다.

  (116) Each word has its own history.
      (각 단어는 그 자신만의 역사를 가지고 있다.)

  질레랑은 자신이 내세운 명제를 증명하기 위한 방법으로 두 가지 사
항을 언급하였다. 첫 번째는, 단어의 요소들에 발생할 수 있는 비예측
적 상황(unpredictablity)을 예시하는 것이다. 다음은 위의 명제를 증명
해주는 예를 보인 것이다. 여기서 주의할 것은 라틴어에서 불어로 단어
들이 변천과정을 밟아나갈 때에 's'가 사라진다는 사실이다. 그러나 모
든 단어들이 다 그런 것은 아니었다. 경우에 따라서는 's'가 여전히 남
아 있을 수도 있다.

  (117)   Latin   French
        schola   école
        scribere   éscrire
      그러나 경우에 따라서는,
        scribere   escritoire
        spiritus   espirit

두 번째는, 언어의 변화에 목적론(Teleology)적인 측면이 있다는 것을 보여준 것이다. 여기서 말하는 목적론이란 신문법주의의 학자들이 소리의 변화를 설명하는 과정에서 철저하게 배제하고자 노력하였던 사항이었다. 신문법주의자들은 소리의 변화가 기계적인(mechanical) 정형에 의거하여 적용되거나 소리 변화에 있어 마치 목적성이 존재하는 것처럼 생각하는 주장들을 일축하였다. 질레랑은 위의 예에서 변화 작용의 정형성을 부정한 데 이어서 목적론적인 변화현상에 대한 부인을 다시 부인하는 예를 보여주었다. 그의 주장에 의하면 라틴어에는 한때 다음과 같이 두 개의 동사가 있었다.

(118) molere   'to grind'
      mulgere   'to milk'

라틴어에서 불어로 변하는 동안에 위의 두 동사들은 동음이의어(homonym)로 바뀌게 되었다. 그 예는 다음과 같다.

(119) moudre   'to grind'
      moudre   'to milk'

언어는 경우에 따라 적지 않은 동음이의어를 가질 수 있다. 현재 사용되고 있는 영어의 예를 보더라도 상당히 많은 동음이의어가 있다는 것을 쉽게 알 수 있다. 그러나 언어에는 언어 내에서 일어날 수 있는 혼돈(confusion)을 피하고자 하는 경향이 있다. 이것은 그 언어를 사용하는 이용자들의 혼돈을 피하고자 하는 목적에서 비롯된 것이라고 할 수 있겠다. 이와 같은 목적 때문에 불어에서는 위의 두 동사 중에서 하나를 같은 의미의 다른 동사로 대치하여 사용하게 되었다. 이것이 바로 'to milk'를 'traire'라는 동사로 대용하게 된 연유이다. 이것은 단어의 변화가 목적론적인 측면이 철저히 배제된 채 일어나야 한다는 신문법주의의 주장에 위배되는 사항이다. 'traire'라는 동사가 'to milk'를 의미하는 'moudre' 대신 사용되게 된 것은 혼돈을 피하려는 목적에 주된 원인이 있고 소리 변화의 비목적적인 정형화된 작용과는 무관하기 때문이다.

(2) 언어변화의 계층설

언어의 변화가 발생하는 동기를 언어 사이의 접촉 관련성에 기반을 둔 학설이다. 하나의 특정한 언어가 또 다른 언어와 접촉을 하게 되는 환경은 해당 언어들을 사용하는 민족들 사이의 정치적인 힘의 구조에 좌우될 수 있다고 생각하는 것이 바로 이 학설의 요점이다. 이렇게 민족 사이의 관계에 따라 언어의 변화를 설명하는 데에는 세 가지 종류가 있다.

첫째는, 기층설(substratum)에 의거한 언어변화의 설명이다. 예를 들어 어느 한 민족이 다른 민족을 정복하였을 때 피정복민족이 자신들이 가지고 있던 언어를 저버리고 정복자의 언어를 취할 수 있다. 이 경우 피정복자들이 사용하던 언어를 기층언어(substratum language)라고 일컫는다. 사라진 언어는 남아 있는 언어에 영향을 미칠 수가 있는데 이처럼 정복자의 언어가 사라진 언어의 영향을 받는 경우를 언어변화에 있어서의 언어 기층설이라고 부른다. 역사를 통해 피정복된 언어의 영향을 보여주는 경우가 적지 않다. 서로맨스(Western Romance) 계통의 언어들에서 발견되는 약화현상(lenition)은 로마 제국의 피정복민족인 켈트언어(Celtic language)에 이미 나타나 있던 현상이었다. 이들 언어들이 로마 제국에 속하게 됨으로써 정복 언어인 로맨스어 계통의 언어들에게 영향을 미치게 된 것이다.

(120) Celtic language

PIE	Old Irish	Middle Welsh	
tewtā	tūath [Θ]	tud	'people'

Romance language

Latin	Spanish	French	
amicus	amigo[-ɣ-]	amiø	'friend'
vidēre	veøer	voiør	'see'

켈트어가 로맨스어에 영향을 미친 또 다른 예로서 라틴어의 'ū'가 불어에서 '[ü]'가 되는 현상이 켈트어에서 '*u'(여기서 * 표시는 실제 자료에서 확인되지 않았음을 가리킴)를 전설모음화(fronting)시키는 것으로 나타나는 것을 들 수 있다. 특히 전설모음화는 켈트어 중에서도 웨일스 중부(Middle Welsh)에서 주로 나타난다.

(121)
PIE	Middle Welsh	
*uksen-	ych [ɫx]	'ox'
*tū	ti [ti]	'you(sg.)'

다음 예에 나타나는 카탈로니아 스페인어(Castilian Spanish)와 남부 불어에서 발견되는 'f > h > ø'의 변화는 바스크(Basque)라는 기층언어의 영향을 받은 것으로서 설명될 수 있는데 언어변화가 발생할 당시에는 바스크어에 'f'가 존재하지 않았기 때문이었다.

(122)
Latin	Spanish	
filius	hijo	'son'
farina	harina	'flour'

언어의 기층설은 가설의 정도에 따라서 세 단계로 나눌 수 있는데 Weak Hypothesis, Strong Hypothesis, Strongest Hypothesis가 그것들

이다. Weak Hypothesis는 정복언어에 피정복언어의 어휘만이 차용되는 경우를 일컫는다. 미국 인디안어에 속하는 어휘인 'tomahawk'가 영어에 차용되는 경우를 예로 들 수 있다. 이와 같은 미국 인디안어와 영어와의 관계는 비단 위에서 살펴본 단어에서 뿐만 아니라 미국 내의 지명에서도 적지 않게 찾아볼 수 있다.

Strong Hypothesis는 형태론적인 정보들이 피정복언어에서 정복언어로 넘어오는 것을 의미한다. 예를 들어 피정복어의 접사(affix)가 정복어에 나타나는 것을 가리킨다. 이와 같은 현상은 발음의 영향에서도 엿볼 수 있는데 인구어의 원시어라고 할 수 있는 산스크리트어에 존재하는 반전음(retroflex)—ṭ, ḍ, ḷ, ṇ—들은 본래 인구어에 나타날 수 없는 발음임에도 불구하고 산스크리트어에 존재한다. 그 발음이 산스크리트어의 기층언어라고 할 수 있는 드라비다(Dravidian)어의 발음을 그대로 받아들였기 때문이다.

Strongest Hypothesis는 기층어의 통사론적인 정보까지 정복어에 나타나는 경우를 가리킨다. 예를 들어 산스크리트어의 간접화법에는 'that'이 해당 문장의 뒤에 나타나야 하지만 다른 인구어에서는 해당 문장의 앞에 나타나는 것이 주된 현상이었다. 기층어라고 할 수 있는 다른 인구어들이 산스크리트어에 영향을 미쳐 자신들의 구조와 같이 간접문장을 만들게 한 것이다.

둘째는, 어느 두 민족이 정복·피정복 관계에 있는 상황에서 두 민족의 언어가 서로 접촉하게 되는 경우이다. 이때 영향의 역학구조는 국력이나 문화가 높은 쪽에서 낮은 쪽으로 가는 것이 보통이다. 하지만 정복한 민족의 언어가 정복상태를 유지하는 동안에는 영향을 미치다가 후에 정복하였던 민족의 언어가 사라지는 경우도 발생한다. 이처럼 정복 언어의 상태에 있음에도 불구하고 사라지는 언어를 상층언어(superstratum)라고 한다. 이러한 상황을 잘 보여주는 예로 게르만 민족이 이동을 감행할 당시 골(Gaul) 지방을 중심으로 사용되던 프라키슈어를 들 수 있다. 이 언어는 한동안 그 지역을 통괄하는 언어로서 정복자의 위치에 있었지만 결국에는 문화가 월등히 앞선 라틴어에 의해 몇 세대 후에 소멸되어버리는 운명을 맞이하게 되었다. 또 다른 예로 노르만 정복을 이룩하였던 노르만족의 불어(Norman French)를 들 수 있다. 이 언어는 영어를 피지배어로 다스리는 정복어의 위치에 있었다. 하지만 영어가 지금까지 살아남은 데 반하여 노르만족의 불어는 사라져버리고 말았다.

세 번째는, 상호기층(adstratum) 언어인데 이것은 서로 접촉하는 관계에 있지만 양측이 서로 흡수하거나 지배하는 관계에 있는 것이 아니라 이중어 상태(bilingual situation)를 유지하고 있는 상황에 있는 언어들을 가리킨다. 이와 같은 상황에 있는 언어들을 집합적으로 가리키는 용어로 언어연합(language league or sprachbund)이라는 것이 있다. 이와 같은 언어연합이 가장 잘 나타나는 지역은 발칸(Balkan) 지역이다. 이 지역에서 관찰되는 하위언어연합은 크게 넷으로 구분된다. 각각의 언어들은 인구어족의 각기 다른 계통에 속하는 언어들이다.

(123) Bulgarian, Macedonian, part of Serbo-Croatian(all Slavic)
　　　Rumanian(Romance)
　　　Albanian
　　　Modern Greek

위에 제시된 언어들 사이의 관련성은 크게 네 가지의 언어적인 특성들은 공유하고 있다는 점에서 찾아볼 수 있다. 각 사항을 a, b, c, d 순으로 보이도록 하겠다.

(124) a. 정관사의 후치현상(post-posed definited article)
　　　　각각의 언어에서 정관사에 해당하는 표현들이 해당되는 단어 뒤에 위치한다.

보통 명사	명사＋관사	
Bulg. voda	voda＋ta	'water'
Rum. lup	lup＋l	'wolf'
Alb. shok	shok-u	'comrade'

b. 10에 1에서 9를 더하는 개념(eleven = one upon ten)

숫자 체계에 있어 11부터 19까지가 10에 단수를 더한다는 개념으로 형성되어 있다. 즉, 11은 10＋1이고 12는 10＋2라는 것을 가리킨다.

    Bulg.   edi(n)-na-deset   'eleven'
              one   upon ten
    Rum.   un-spre-zece   'eleven'
    Alb.   njëm-bë-dhjetë   'eleven'

c. 부정사 구문의 독립절화(replacement of infinitival sructure with dependent clause)

부정사 구문 표현이 나오는 경우 각각의 부정사에 해당하는 표현들을 독립된 절로서 표시한다.

    Modern Greek   Θclo   na   Yrafo
                    I want   that   I write
                    'I want to write'
    Serbian   hoću   da   pisam
                    I want   that   I write
    Croatian   hoću   pisati
                    I want   to write

d. want, wish 동사의 보조 동사화(Auxiliary usage in future tense formation)

이 언어군에서는 want와 wish를 미래시제형과 함께 사용할 때 이들 동사들을 보조 동사로 사용한다.

    Greek.   Θa Yrafo
    Rum.   o sš scriu
    Alb.   do të shkruaj
    SCr.   pisa-ču

            'I will write'(I want to write)

언어의 변화를 설명함에 있어서 신문법주의 학자들이 주장하듯이 언어의 변화를 언어내의 원인으로서만 설명하지 않고 지금까지 보인 언어의 계층설로 설명하는 것이 언어의 변화를 훨씬 더 잘 보여주는 경우가 있다. 만일 어떤 지역에서 실제로 민족 간의 정복상황이 발생하고 각 민족들이 사용하는 언어들 사이에 위에 언급한 관계들과 관련된 언어의 변화가 일어난다면 계층설에 의한 언어변화의 분석은 좀 더 확실한 신빙성을 가지게 된다.

언어변화의 계층설이 가장 뚜렷하게 나타나는 경우는 지명이다. 지명은 가장 확실하게 언어의 접촉에서 발생하는 상호간의 영향 관계를 보여준다. 예를 들어 해당 언어들에서 거주지, 하천, 산 등의 명칭을 자세히 살펴보면 그 지방에 살고 있는 민족의 역사적인 흐름을 엿볼 수 있다. 영국의 경우 기층언어라고 할 수 있는 켈트어나 스칸디나비어의 명칭들이 지역의 명칭 속에 그대로 사용되고 있고 상층언어라고 할 수 있는 노르만족의 불어가 명사 및 지명 속에 그대로 남아 있는데 여기에서 영국과 주변 민족 사이의 역사적인 상황을 알 수 있다.

(3) 휘트니

휘트니(W. D. Whitney)는 미국의 언어학자로서 산스크리트어에 대해 주로 연구하였다. 그는 당시 신문법주의를 이끌고 있던 대부분의 독일 출신의 언어학자들과 달리 미국을 중심으로 신문법주의를 연구에 응용하였던 학자였다. 그는 자신의 저서인 *Language and the Study of Language*(1867)에서 유추방법의 오류(false analogy)라는 용어를 사용한 것으로 잘 알려져 있다. 여기에서 말하는 유추의 오류란 어린아이들이 언어에 존재하는 규칙을 인지한 후 적용이 가능하다고 여겨지는 어디 곳에나 해당 규칙을 적용시켜 발생하는 오류를 일컫는다. 예를 들어 영어에는 동사의 시제를 결정할 때 '-ed'를 붙여서 과거형을 만드는 방법이 있다.

이것을 'love, loved'로 사용하는 것은 올바른 경우이다. 하지만 같은 방법이 'bringed, fighted'와 같이 나타날 때에는 잘못된 형태를 만들어내게 된다. 이것은 어린아이들이 언어를 배워가는 과정에서 흔히 저지르기 쉬운 실수이다. 휘트니는 유추가 역사 속에서 발생하는 이유를 여기에서 찾으려 했다는 점에서 적지 않은 관심을 받았다. 즉, 신문법주의 학자들이 규칙적으로 설명하기 어려운 예들이 나타날 경우 이와 같은 인간의 실수를 보편적인 것으로서 가정하고 유추라는 수단을 통해 예외가 아니라는 논리를 펼 수 있게 해준 것이다. 유추라는 개념은 셰러(Scherer)가 그의 저서인 *Zur Geshichte der Deutschen Sprache*(1868)에서 유추라는 개념을 소개하고 이후 레스킨(Leskien), 오스토프(Osthoff), 브루크만(Brugmann) 등이 여러 연구 논문에 언급하면서 신문법주의에 받아들여졌다.

신문법주의자들에게 유추라는 개념을 일깨우는 데 중요한 역할을 했던 휘트니는 언어의 변화에 있어서 언어 자체만의 환경만으로 모든 변화를 설명하는 것은 역부족이라고 생각하면서부터 신문법주의 학자들과 다른 노선을 걷게 되었다. 그는 언어변화에 있어 사회적인 요소의 역할을 누구보다도 강조하였다. 이것은 신문법주의자들이 철저히 배제하고자 하였던 언어 외적인 요인의 소리 변화에 대한 영향을 전적으로 지지하는 주장이다. 휘트니의 이와 같은 주장과 위에서 살펴보았던 질레랑(Gilliéron)의 주장은 당시 주된 학설이라고 여겨졌던 신문법주의를 따르던 학자들의 이론과 상당한 논쟁을 불러일으키게 된다. 이에 대한 학자들간의 논쟁은 오랜 기간 서로 심각한 인격모독까지 가하는 상황으로까지 치닫게 되었다. 그러나 궁극에 가서 신문법주의의 학자들은 두 학자의 주장의 타당성을 인정하기에 이르렀으며 이후 신문법주의는 소리 변화의 비예외성을 주된 요점으로 생각하면서도 경우에 따라 예외적인 현상이 일어날 수 있다는 것을 인정하였다.

(4) 휴고 슈하르트

휴고 슈하르트(Hugo Schuchardt)는 오스트리아를 중심으로 활동하였던 학자였으며 링구아 프랑카(lingua franca) 및 피진(pidgin)과 크리올(Creole)에 대하여 연구하였다. 먼저 이해를 돕기 위해 위에 언급한 세 가지 사항들을 잠깐 살펴보기로 하겠다.

① 링구아 프랑카

링구아 프랑카(lingua franca)란 간단히 말하면 비즈니스를 위해 언어에 변화가 일어나는 현상이다. 그 변화는 주로 간단하게 줄어드는 것이 일반적인 현상이다. 이러한 언어들은 주로 사업을 목적으로 간략화된 것이기 때문에 사업을 주도하는 그룹 사이에서만 사용되는 경우가 대부분이다. 이런 이유로 링구아 프랑카는 다른 말로 '무역용어'(trade jargon)라고 불린다. 링구아 프랑카가 피진(pidgin)과 다른 이유는 크게 둘로 나눌 수 있다.

첫째는, 사회언어학적(sociolinguistic condition)인 조건이 서로 다르다. 피진은 주로 식민지를 바탕으로 생겨나기 때문에 사용하는 사람들이 지배계급과 상당한 불균형을 이루고 있다. 반면에 링구아 프랑카는 사업이라는 목적을 위하여 만들어진 언어이기 때문에 사용자들의 사회적 불균형은 근본적으로 문제가 되질 않는다. 이처럼 피진과 링구아 프랑카는 사회적인 측면에서 각각 다른 관점으로부터 생겨난 것이다.

둘째는, 순수 언어학적으로도 피진과 링구아 프랑카는 적지 않은 차이를 보이는데 전자보다도 후자가 단어나 구조에 있어서 훨씬 더 많은 변이를 보인다. 이것은 링구아 프랑카가 만들어지는 과정에서 해당 사업에 관련되는 모든 사람들의 개별적인 언어가 링구아 프랑카를 만드는 데 반영될 수 있기 때문이다. 이에 반해 피진의 경우는 사회적 불평등이라는 구조가 언어의 형성에 반영되기 때문에 만들어지는 언어는 항상 불균형 구조에서 피해를 보는 쪽을 중심으로 형성되는 것이 대부분이다.

링구아 프랑카의 예는 상당히 많은데 세 가지만 들면 치누크(Chinook), 루젠노르스크(Russenorsk), 사비르(Sabir)가 있다. 치누크는 미국 북서부와 캐나다를 중심으로 한 주변 지역에서 수렵을 직업으로 하는 사람들과 중계무역 상인들 사이에서 만들어진 언어이다. 루젠노르스크는 노르웨이 북부를 중심으로 활동하던 어부들과 러시아의 중계무역 상인 사이에서 만들어진 언어이다. 이 언어에서는 어휘들이 서로의 언어에 영향을 받았을 뿐만 아니라 문법적인 요소도 같은 영향을 받은 사실이 발견된다. 그 예로 루젠노르스크에서 사용되는 만능 전치사인 'po'가 노르웨이어의 'på'와 러시아어의 'po'와 동일한 발음으로 발음된다는 것을 들 수 있다. 그렇지만 위 두 언어에 나오는 각각의 전치사들은 서로 다른 의미를 가지고 있다. 사비르는 지중해를 중심으로 일어났던 언어로 링구아 프랑카의 원조와도 같은 언어이다. 이것도 다른 언어들처럼 상당한 변화를 겪는다. 이 언어는 어휘에 영향을 미칠 수 있는 요소들에 따라 상당한 다양성을 보여준다.

② 피진

피진은 사회적인 변혁에 주로 영향을 받은 언어를 가리킨다. 유럽의 나라들이 다른 지역에 식민지를 건설하면서 각 지역에서는 많은 종류의 피진이 발생하게 되었다. 피진의 주요 특징은 언어적인 구조의 급진적인 간략화(radical simplification of linguistic structure)와 어휘의 급진적인 생략(radical reduction of vocabulary)이다. 다음은 피진에 해당하는 언어들이 보이는 특징들을 서술해놓은 것이다.

ⅰ. 비록 제한적이라고 볼 수도 있지만 어휘의 대부분이 유럽 지역의

언어를 중심으로 형성되어 있다.

ii. 어휘의 생략은 하나의 어휘가 여러 의미를 지칭할 수 있는 다의 적의 기능(polysemy)을 가지게 하며 이와 같은 경향은 다른 언어 의 어휘에 대하여 의미를 부여할 때나 해석할 때 관찰될 수 있다.

iii. 어휘의 생략은 어휘에서만 끝나는 것이 아니라 문법적인 측면에 까지 그 영향력을 발휘하게 된다. 전치사와 같은 동일어에 있어 서 다의성을 보여주는 어휘처럼 여러 기능을 동시에 행할 수 있 게 하는 것이다. 즉 하나의 전치사가 소유, 관계, 목표, 장소 등에 사용될 수 있게 된다.

iv. 굴절형의 생략은 다음 예에서 mī, ɛm 등이 목적어 대명사와 주 어 기능을 동시에 하는 것에서 잘 알 수 있다.

(1) naw   bifɔr   lɔŋtaym   mī   plīsbɔy
    'now'   'before, previously' 'long(time)' 'I/me' 'police-boy'
    'Now, long ago I was a "police boy", i.e., a native policeman.'

(2) mī stap   æmbunti
    'be continually'   'Ambunti'
    'I was/stayed at Ambunti.'

(3) ɔrayt, mī stap   gud-fɛlə
    'OK'   'good'
    'OK, I always was good.'

(4) mī   no   gat   trəbəl
    'not' 'have' 'trouble'
    'I did not have /make/get into trouble.'

(5) ɔlə   kanæka   bilɔŋ buš   ī-no stap ɔlsem
    'all'   'native' PREP. 'backwoods' 'so, same way'
    '[But] all the natives of the backwoods were not always that way.'

(6) ɔltaym ɔltaym ɔl ī-fayt
    'always'   'all' 'fight'
    'They were always fighting.'

(7) ɔrayt, baymaby nəmbərwən kīap ī-hīr- im
    'soon' 'nr. 1;top' 'government official' 'hear'
    'OK, soon the top government official heard [about this].'

(8) nəmbərwən kīap ī-hīr-im finiš, ī-sɛl- im pæs lɔŋ stešən
    'When the top government official had heard about it, he sent a
    letter to the post.'

(9) nəmbərtū kīap kīč- im pæs finiš
    'nr. 2; sub-' 'catch, get'
    'The subordinate official received the letter.'

(10) bihayn ɛm ī-tɔk im mī-fɛlə
    'behind, after, etc.' 'he/him' 'talk, speak, say' 'I'
    'Then he spoke to us.'

(11) ɛm ī-tɔk mī-fɛlə ɔltəgɛdər go lɔŋ buš bilɔŋ layn- im
    'all(together)' 'go, …' PREP. PREP. learn, teach, …'
    ɔltəgɛdər kanæka
    He said, "we will all go to the backwoods in order to teach(a
    lesson to) all the natives."

(12) ɔrayt, tū-fɛlə de mīfɛlə go naw
        '2' 'day'
    'OK, then we went for two days now.'

(13) mīfɛlə go go go lɔŋ kanu tūdark
             PREP. 'canoe' 'dark, night'
    'We kept going in the canoe until nighttime.'

(14) tūdark, ɔrayt, mīfɛlə slīp naw
            'sleep'
    'At nighttime, OK, we slept now.'

(15) slīp finiš lɔŋ mɔrniŋtaym mīfɛlə kirəp
            PREP. 'morning' 'get up, rise'
    'Having slept, in the morning, we got up.'

v. 형태론적으로 파생화 현상(derivational morphology)이 합성화(com-
   pounding) 현상으로 나타나고 해당 단어들이 중복(duplication)되

거나 반복(reiteration)된 것으로써 축소된다. 특히 후자는 행동의
반복, 지속성, 강조 등의 의미를 나타내는 데 중요한 기능을 하
기도 한다.

vi. 경우에 따라서는 토착의 비유럽 언어가 영향을 미친 예들이 종종
나타나기도 한다. 비록 피진이 되는 중심 언어에는 존재하지는
않았지만 피진의 형성과정에서 토착 민족의 정서가 언어에 반영
되는 경우라고 할 수 있다.

③ 크리올

크리올(Creole)이라고 불리는 언어는 본래 피진과 깊은 관계를 가지고
있다고 알려져 있다. 한때 피진이라고 생각되었던 언어에 그 언어 자체
를 사용하는 모국어 화자가 생겨나게 되면 그 언어는 크리올이라고 명
명된다. 피진에서 크리올로 바뀌어가는 과정을 크리올화(creolization) 또
는 비피진화(depidginization)라고 부른다. 여기서 언급한 모국어 화자의
획득(acquires native speakers)이란 언어가 통일되어 있지 않아 다양한
언어가 동시에 사용되고 있는 지역에서 부모들이 특정한 피진을 해당
지역의 유일한 통용수단으로 이용할 때 그 자녀들이 그것을 자신들의
모국어로서 습득하게 되는 과정을 가리킨다. 아래의 도표가 그 과정을
알기 쉽게 보여주고 있다.

(125) pidgin ——————————— Creole

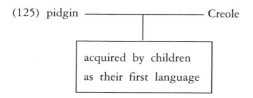

하나의 피진이 크리올이 되는 과정은 상당히 더디게 나타나는 것이
일반적 현상이다. 피진이 크리올이 되기 위해서는 언어적으로 좀 더 확

충되어야 하며 또한 언어적으로 세련되어야 하기 때문이다. 다음은 아이티 섬의 크리올(Haitian Creole)이 피진의 단계에서 크리올이 되는 과정에서 문법적으로 소실하였던 부분을 다시 확충한 것이다. 그 지역에서 불어가 피진으로 바뀌어갈 때 성과 관련된 대부분의 표현들이 사라졌는데 이것들이 크리올이 되어가는 과정에서 다시 살아나는 것이다.

(126) le lundi(masculine) 'Monday'
la semaine(feminine) 'the week'

크리올의 또 하나의 특징은 본래의 언어와 크리올 사이에 조금씩 다른 다양한 하위언어들이 분포되어 있다는 점이다. 이들 언어들은 비록 피진의 단계를 벗어나기는 하였지만 여전히 본래의 언어와 적지 않은 차이를 보인다. 이처럼 본래의 언어로부터 크리올까지 언어들이 분포되어 있는 상태를 'Creole continuum'이라고 부른다. 예를 들어 순수한 유럽의 언어로부터 다소간의 차이를 보이는 중간단계의 변형(interme-diate varieties)들로 구성되어 있는 분포를 들 수 있다. 여기에서 다소간의 차이는 환경적인 요인들로 설명할 수 있다. 환경적인 요인에는 교육적인 요건과 동기 등이 포함되며 이것들이 크리올의 종류를 다양화시키는 역할을 한다고 여겨지고 있다.

슈하르트의 주된 논점은 그의 논문인 「On Sound Laws: against the Neogrammarians」에 언급되어 있다. 그는 지금까지 신문법주의에서 중시해온 가지이론(Stammbaum theorie)이나 파도이론(Willen theorie)도 중요하지만 실제로 중시해야 하는 것은 하나의 언어가 어떤 언어와 접촉하는 기회를 가지게 되며 접촉이 이루어졌을 때 그 양상이 어떻게 변화하는지를 살펴보는 것이라고 주장했다. 그의 연구는 다른 어떤 분야보다도 하나의 언어가 피진이 되어가는 과정(pidginization) 또는 크리올이 되어가는 과정(creolization)을 연구하는 것이 더 중요하다는 것을 보여준다.

(5) ≪뵈르터와 자헨≫

≪뵈르터와 자헨≫(Wörter und Sachen)은 1909년 메링거(Rudolf Meringer)에 의하여 만들어졌다. 이 학술지는 언어를 연구함에 있어서 소리 변화의 규칙을 밝히는 것도 중요하지만 해당 언어의 단어들이 연관을 맺고 있는 주위의 사물도 연구의 대상이 되어야 한다는 취지에서 만들어졌다.

이 학술지에 실렸던 논문들은 농업 등의 경제행위나 땅을 개간하는 장비들의 역사나 지역적인 분포 및 차이를 연구하는 동시에 이들과 관련 단어들을 살피는 데 주력하였다. 그중의 한 예로 경제행위의 주요 단위라고 할 수 있는 화폐(money)라는 단어의 유래는 아주 재미있는 역사를 보여준다.

(127) money: Latin moneta   'the one who admonished'

이는 화폐라는 것이 처음에는 경제단위를 가리키는 말로 시작한 것이 아니라 전쟁에서 얻은 전리품을 바치는 행위로서 시작된 것이라는 사실을 보여준다. 이런 의미에서 출발하여 오늘날 이용되고 있는 'money'라는 개념으로 사용되게 된 것이다.

5. 고고학적 발견과 언어이론과의 관련성

19세기의 언어학적 발전에서 특기할 사항은 이미 앞 장에서 살펴보았듯이 신문법주의 경향이 아주 강하게 대두되었다는 사실이다. 여기서 말하는 신문법주의란 언어에 대한 연구를 비로소 과학적으로 연구하기 시작한 방법이었다. 이와 같은 경향은 언어학의 전반에 걸쳐 대두되기 시작하였다. 대표적인 것으로 음성학(phonetics) 분야를 들 수 있는데 과학적인 방법으로서 기구의 사용을 통한 정확한 기록의 필연성이 일반화되기 시작하였다. 이것은 곧바로 음성학 교육에도 반영되어 정확한 조사와 기록이 엄격하게 요구되는 방향으로 교육과정이 실행되기 시작하였다.

이처럼 언어학에 있어 과학적인 방법이 언어학 연구의 전반에 걸쳐 대두되는 시기에 맞춰 또 하나의 언어학 연구가 진행되었는데 고고학적인 측면에서의 언어학적인 연구가 그것이다. 과거 시대의 문화와 사상을 알아내는 방법으로 그 시대에 사용되었으리라고 간주되는 기록을 분석하여 기록하기 위해 사용한 문자들을 정확하게 해독(decipherment)하려는 노력이 진행되었다.

1) 상형문자

1890년까지 알려진 가장 오래된 문헌(Old Testament)은 호머(Homer)의 이야기를 다룬 것인데 여기에 사용된 문자가 가장 오래된 고대문자로서 간주되었다. 그 이후 나폴레옹이 이집트를 공격하는 중에 '로제타 스톤'(Rosetta Stone)이라는 돌조각을 발견하였는데 거기에는 이집트의 문자가 새겨져 있었다. 오늘날까지 그 문자는 상형문자(hieroglyph; hier =sacred, gloyph=to make incisions)라고 불려진다. 많은 사람들이 이 문자를 해독하고자 수많은 노력을 기울였지만 성공적으로 해독한 사람을 없었다.

19세게 초엽에 상폴리옹(Champollion)이 상형문자에 대한 연구를 시작하였다. 당시는 나폴레옹이 이집트에 거주하고 있는 영국인을 공격하고 있던 시기였다. 이러한 이유로 나폴레옹에 의하여 위에 언급하였던 문자의 기록물이 발견된 것이다. 그 기록물에 기록된 새겨진 문자를 크게 셋으로 나눌 수 있다.

(128) 3 inscriptions on Rosetta Stone
    a. hieroglyph
    b. hieratic
      이것은 상형문자로부터 발전한 문자로 주로 성스러운 기록문자로 알려져 있다.
    c. Greek

위 기록에 대한 연구는 그 내용이 알려진 바와 달리 성스러운 내용을 담은 것이 아니라 행정에 관련된 기록문(administrative document)이라는 사실이 규명되었다. 그리고 이 기록을 해독하는 방법은 크게 두 단계로 이루어졌다.

(129) 해독 단계(Steps in decipherment)
    a. Having a rough idea of what it is about.
      주어진 기록물의 내용이 무엇인지에 대하여 개략적인 윤곽을 가지고 있어야 한다.
    b. There must be at least one point where meaning and phonetics coincide. For example, names of Egyptian Pharoaho are circled and elevated on the stone.
      기록문에서 최소한 한 부분이 의미와 소리가 일치되어야 한다. 예를 들어 로제타 스톤의 경우 이집트 왕들의 이름에 서로 다른 표기가 주어졌기 때문에 이름의 의미와 주어진 이름의 소리를 맞추어 이름에 해당하는 상용문자들의 음성인 음가를 알아낼 수 있었다.

2) 설형문자

기원전 3000년경에 사용되었던 문자로서 일명 수메르(Sumerian)어라고 불린다. 이 문자는 주로 이라크의 수도인 바그다드에서 아랍만에 이르는 메소포타미아(Mesopotamia) 지역에서 사용되었다. 이 언어는 당시에 존재하였던 다른 언어와 아무런 관련성을 가지고 있지 않았다. 이 문자의 특성은 표의문자(ideogram)를 따르고 있었다는 것인데 표의문자란 문자 자체의 구조가 의미와 밀접한 연관성을 가질 때 부르는 통칭이다.

이후 수메르족(Sumeria)은 셈족(Semite)에 의하여 정복당하였으며 그들의 언어도 정복자들에게 넘어가게 되었다. 이들 셈족인들이 주로 사용하였던 언어는 아카드어(Akkadian)였는데 이것은 셈족의 언어들 중에서 동쪽 방면을 대표하는 것이다. 아카드어에 속하는 민족들은 두 부류로 나눌 수 있는데 아시리아족(Assyrian)과 바빌론족(Babyonian)이 그것이다. 아카드(Akkadian)인들이 수메르족(Sumeria)의 설형문자(cuneiform)를 받아들이고 널리 보급하여 나중에 가서 페르시아(Persia)에도 설형문자가 이용되게 되었다. 페르시아에서는 이 문자를 주로 왕과 같이 신성시되는 사람들의 이름 등을 새기는 데 사용하였다. 페르시아 이후 이 문자는 아시아에도 퍼지게 되었다. 그 확산은 중동을 중심으로 이루어졌고 터키(Turkey)에서 주로 사용되었다. 당시 이 지역에서 일어났던 나라는 히타이트(Hittite)였다. 이 나라에서 사용하였던 문자는 히타이트 문자로 점판암에 기록된 것으로 널리 알려져 있다. 지금까지 알려진 설형문자의 종류들을 살펴보면 다음과 같다.

(130) Sumerian
     Akkadian
     Persian

위에 언급된 언어들 중에서 페르시아에서 사용되던 설형문자는 독일 출신의 고등학교 선생이었던 그로테펜트(Grotefend)가 산의 한 쪽에 새겨진 기록을 발견함으로써 해독의 실마리를 얻게 되었다. 이 기록이 왕족과 관련이 있었기 때문에 역사적으로 알려져 있던 페르시아 왕들의 이름(예를 들면, Kyros, Xerxes, Kambyses, Dareios)과 기록된 문자를 비교함으로써 당시 사용되던 설형문자의 의미와 소리의 관계를 찾을 수가 있었다. 이 작업이 쉽지 않았던 것은 왕들의 이름 앞에 그들의 존칭어들이 동시에 기록되어 있었기 때문이다(예를 들어, '누구누구의 아들이었던'이라든지, '위대하셨던' 등등). 따라서 왕의 이름만을 따로 분리해내는 과정이 역사적인 확인 작업을 통하여 이루어져야 했다.

1906년 독일의 학자들이 터키의 수도인 앙카라(Ankara)를 방문하였는데 이곳에서 동북 방향에 위치한 도시 보가즈쾨이(Boğazköy)에서 수천 개의 설형문자 기록물들이 발굴되었다. 흐로즈니(Hrozný)는 1961년에 히타이트 문자를 해독하였고 1920년에 히타이트어의 문법을 완성하였다.

히타이트어는 다른 인구어들과는 상당한 차이를 보이고 있으며 인구어족 중에서도 아나톨리아어(Anatolian)에 속하는 언어이다. 아나톨리아어는 인구어족에서 동쪽군에 속하는 켄툼(Kentum)어에 속하는 언어군이다. 스튜어트반트(E. H. Sturtevant)는 슐라이허의 가지이론에 영향을 받아서 히타이트어를 중심으로 한 원시어인 인도-히타이트어(Indo-Hittite)를 설정하고 나름대로의 어족 계통을 제시하였다.

(131)

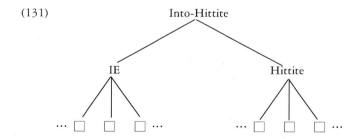

6

근대 유럽의 언어이론

18세기는 많은 학자들이 연구를 수행함에 있어 역사적인 측면이 상당히 중요하다는 것을 깨달은 시기였다. 당시의 언어학자들 사이에서도 언어와 역사의 관계가 중대한 의문의 대상이 되기 시작하였다. 학자들은 언어의 기원에 관한 문제를 강하게 제기하였을 뿐만 아니라 당시 유럽의 여러 학자들 사이에 이에 대한 대답을 찾는 노력이 두드러지게 나타나고 있었다. 이와 같은 연구는 비단 언어의 기원을 밝히는 데만 그치지 않고 과거 역사 속에 존재하였던 언어와 현재의 언어 사이의 관계를 밝히는 데도 적지 않은 노력을 기울이는 성향을 보여주었다. 이와 같은 경향은 역사적인 흐름과 함께 언어를 연구의 대상으로 삼는 분야인 역사언어학의 태동을 가능하게 하였다.

19세기는 위에서 언급하였던 학문적 경향이 그대로 전수된 시기로 당시 언어학 이론의 총아였던 신문법주의는 유럽 지역에서 언어학이 명실상부한 과학으로서 정립되는 데 중추적인 역할을 담당하였다. 또한 언어학의 방법론에 있어서도 이론적인 재정비가 이루어지는 등 학문적으로 여러 가지 변화가 겪게 되었다. 뿐만 아니라 철학도 이 시기에 발전이 전기를 맞이하게 되었다. 이 시기를 기점으로 출현하기 시작한 계몽주의 철학은 칸트(Kant)를 중심으로 최고의 경지에 이르게 되었으며 과학적 사고의 중심적인 사고방법을 제공한 실증주의 철학 또한 이 시기에 왕성한 발전을 이룩하게 되었다. 이들 철학사조와 함께 당시를 풍미하였던 사상들로는 이성주의와 낭만주의가 있다.

역사언어학은 이미 18세기에 위에서 언급한 철학들의 사상적인 배경을 연구의 방법론으로 철저하게 이용하고 있었다. 언어의 기원 및 최초의 언어를 찾아내고자 하는 노력과 역사적으로 가정된 최초의 언어로부터 현재의 언어들이 나오게 된 발전과정을 설명하고자 하는 시도는 철학의 두 학파를 하나로 합치게 하는 중요한 요인이 되었다. 여기서 말하는 두 학파는 다름 아닌 이성주의 철학과 낭만주의 철학인데 이들의 학문적인 융합은 역사언어학에 두 가지의 중요한 영향을 미쳤다.

첫 번째로 역사언어학에 영향을 미친 것은 이성주의에 입각한 계몽주의(enlightenment) 사상이다. 이것은 인간의 이성(reason)에 최고의 가치를 부여하는 사상으로서 이 사상을 따르던 학자들은 적절한 방법만 주어진다면 모든 사물과 그에 관련된 현상들 중 그 어느 것도 이해하는 데 문제가 될 수 없다고 믿었다. 또한 그들은 문명이 인류의 존재에 필수 불가결한 것임도 강조하였다. 여기서 이 사상이 그 근거로 삼고 있던 이성주의를 살펴보면 다음과 같다.

18세기가 끝나가면서 유럽에는 새로운 기운이 움트기 시작하였는데 낭만주의(romanticism) 사상이 바로 그것이다. 이 사상은 이성주의나 실험주의에 입각한 계몽주의 사상을 철저히 배격하였다.

민족적인 영향은 헤르더와 연관이 있다. 그는 언어를 인간의 사고가 반영된 것으로 주장하였다. 그래서, 과거 선조들의 사고를 알기 위해서는 그들이 사용하였던 언어자료를 알아야만 한다고 생각하였다. 당시 그 언어를 이용하던 국가나 민족의 특징들이 바로 언어 자체에 반영되어 있다고 생각했기 때문이다. 헤르더의 주장은 "A people's speech is their spirit, and their spirit is their speech"(사람의 언어 또는 발화된 결과는 그들의 정신과 동일하며, 그들의 정신은 그들의 언어와 동일하다)와 같은 인용문에 잘 나타나 있다.

이처럼 인간의 사고와 언어의 연관성을 주장하는 사조는 바로 역사언어학이 나오게 되는 중요한 모태로 작용하게 된다. 훔볼트(Humboldt)도 헤르더의 이와 같은 사상을 그대로 따르고 있다는 것을 그의 연구업적을 통해 알 수 있다.

1. 훔볼트

18~19세기의 언어학 이론들이 주로 역사적인 측면만을 강조한 데비해 훔볼트(Wilhelm von Humboldt, 1767~1835)는 언어학 이론의 철학적인 측면에 상당한 노력을 기울였던 언어학자였다. 그의 연구의 중요성은 당시 역사적인 측면에만 국한되어 있던 언어학의 연구동향을 언어 내적인 측면으로 유도했다는 데 있다. 그가 연구를 통하여 보여주려고 한 것은 언어를 시간이라는 단위에만 국한시켜 언어학 연구를 공시적(synchronic)인 것과 통시적(diachronic)으로 나누는 데 그치지 않고 언어라는 대상을 연구할 때 끊임없이 제기되는 필수적이면서도 일반성을 잃지 않고 있는 언어학적 질문에 부단히 대답하고자 노력하는 것이었다. 훔볼트는 조국인 프러시아(Prussia)를 떠나 아주 많은 곳을 여행하였다. 이로 인하여 그는 여러 가지 언어를 배울 수 있는 기회를 얻을 수 있었다. 그가 배웠던 언어에는 서구권이나 동양권에서 사용되었던 언어들뿐만 아니라 아메리카 인디안 언어도 포함되어 있었다. 이렇게 끊임없이 배운 언어를 근간으로 훔볼트는 언어에 대한 수많은 저서를 남겼는데, 그

중에서도 가장 중요한 것이 *The variety of human language structure*이다. 이 절에서는 훔볼트의 언어학 이론에 대한 공헌을 하나씩 살펴보겠다.

1) 언어의 상대성

그의 연구 중에 최우선적인 것을 고르라면 단연코 언어와 사고의 관련성에 대한 것이라고 할 수 있다. 그의 주장에 의하면 사고(thought)는 언어에 의하여 형성되며 언어는 다시 사고작용에 영향을 미치게 된다. 이와 같은 주장은 칸트의 영향을 받은 것인데 그의 주장을 요약하면 다음과 같다.

> (132) We do get information about the world from outside, but that information is then organized by the mind.
> (우리는 외부세계로부터 정보를 얻지만 이 정보를 정리하는 것은 정신세계에 달려 있다.)

사람들은 주변세계에 대한 지식을 외부로부터 받아들이며 세계는 우리 인간의 정신구조에 의하여 우주 삼라만상에 부여된 분류(categories)와 제도(institutions or Anschauungen)로 이미 체계화(order)되어 있다는 것이다. 이것은 칸트의 인식론(theory of perception)의 핵심을 이루고 있는 부분이라고 할 수 있다.

훔볼트는 칸트의 사상을 언어학적인 측면에 받아들여 각 언어에 'innere Sprachform'이라는 것을 설정하였다. 이것은 위의 인용문에서 언급한 내용 중 인간의 정신구조를 언어로 대치한 것이다. 훔볼트가 정신구조 대신 사용하였던 언어라는 용어가 'innere Sprachform'이었다. 훔볼트에 의하면 이것이 바로 외부에서 들어오는 지식들을 분류하고 체계화하는 역할을 한다. 다른 언어를 사용하는 화자들은 환경적으로 다른 세계에 살고 있고 상이한 사고체계를 소유하고 있다. 이와 같은 언어의 작용을 설명하기 위하여 훔볼트는 세 개의 동사를 연관지어 사용하고 있는데 Anschauen(perception), Denken(thinking), Fühlen(feeling)이 그것들이다. 다음은 훔볼트의 주장을 도식으로 표시한 것인데 이것은 후일 제기되는 소쉬르(Saussure)의 '랑그와 파롤'(langue-parole)의 이분법과 어느 정도 유사한 경향을 보이고 있다.

(133)

innere Sprchform

   i. semantic and grammatical structure of a language, and embody elements, patterns and rules imposed on the raw material of speech.
한 특정 언어의 의미론적이고 통사론적 구조로 발화의 기본 재료인 소리에 부여된 여러 요소들, 유형들, 규칙들로 구체화되어 있다.

  ii. It is common to all men and is involved in man's intellectual equipment.
모든 인간이 보편적으로 소유하고 있으며 인간의 지적 기능에 내재되어 있다.

 iii. The separate Sprachform of each language constitutes its formal identity and difference from all other languages. Because of this fact, this organizing principle of each language governs its syllable structure, its grammar, and its lexicon.
한 언어의 Sprachform은 모든 다른 언어와 달리 형식적으로 다른 형태를 취하고 있다. 이런 이유로 각 언어의 유기적으로 구성되어 있는 원리의 집합체(즉 Sprachform)는 그 언어의 독자적인 음절 구조, 통사론적 구조, 어휘를 형성해가는 데 주도적인 역할을 하게 된다. 이것이 바로 별개의 언어들이 서로 다른 모습을 보여주는 원인이다.

sound representation

sound only serves as the passive material for the formal constitu-

tion or structure of the language: innere Sprachform.
발화의 기본 재료인 소리는 innere Sprachform이라고 하는 언어의
형식적인 측면의 구성과 구조를 발현하기 위한 자료로서 소리는
언어작용에 있어 수동적인 역할을 하는 것으로서 간주된다.

위 도식은 훔볼트가 언어가 인간정신 사고 작용 및 과정에 대하여 어
떤 영향력을 가지는지를 체계적으로 보여준 것이다. 언어의 인간 사
고작용에 대한 영향력은 훔볼트뿐만 아니라 다른 많은 후학들에 의
해서도 언급되었다. 예를 들어 워프(Whorf)는 "The way people think
is dependent on their language"와 같은 말을 통해 자신의 주장을 요약
하였다. 이 말은 인간이 생각하는 방식(또는 사고작용)은 그들이 사용하
고 있는 언어에 의존한다는 것을 의미한다.

워프는 이 요약문을 증명하기 위하여 애리조나 주에서 사용되고 있는
호피(Hopi) 인디안어의 경우를 예로 들었다. 그의 관찰에 의하면 호피
족은 시제(tense)를 구분하지 않는다. 여기서 워프는 호피 언어로 근대
의 물리학의 창시자라고 할 수 있는 뉴턴의 이론을 설명하기가 곤란하
리라고 생각하였다. 즉, 뉴턴의 물리학 이론의 근본은 시공(space and
time)의 개념인데 시간에 대한 개념을 나타내지 못하는 호피 언어로는
이 이론을 거론하는 것이 불가능하다는 것이었다. 이와 같은 성질을 바
탕으로 호피와 유럽의 언어들을 비교하면 동사의 분류에 커다란 차이
가 있다는 것을 알 수 있다. 우선, 전자는 동사를 '결과적으로 **명시된**'
(manifested) 것과 '미처 명시되지 않은 또는 **비명시된**'(manifesting or
unmanifest) 것으로 분류하는 반면 후자는 동사를 시제별로 나누어 과
거, 현재, 미래로 분류하는 것을 볼 수 있다. 동사의 범주를 시간대로
분류한 것은 변화라는 현상이 시간선상에서 순서에 따라 변해가는 것을
지시한다. 반면에 동사를 '명시'라는 개념으로 나누는 경우 '명시된' 대
상과 '비명시된' 대상에 시간의 개념은 전혀 존재하지 않는다. 대신에

실제로 현실화되었는지, 아니면 잠재로서 표현되지 않은 상태로 있는지를 나타내준다. 굳이 이들 명시의 개념들을 시간의 분류와 연관시키면 '명시된'은 과거와 현재에 연관된다고 볼 수 있고 '비명시된'은 미래 또는 사고로만 존재하고 실현되지 않은 것을 지시한다고 말할 수 있다.

위에서 살펴본 워프의 설명을 요약하여 언어의 상대성(linguistic relativism)이라고 명명할 수 있다. 이 개념은 '워프-사피어(Whorf-Sapir) 가설'이라고도 불리며 이 가설이 중시하는 것이 바로 언어에서 발견될 수 있는 상대성이다. 이 용어는 인간이 우주의 대상에 접근하여 그것을 규명하는 과정이 동일한 대상에 대하여 그들이 가지고 있던 경험을 바탕으로 이루어지는 것이 아니라 언어적인 배경의 공유 여부에 의하여 좌우된다는 것을 의미한다. 이 말을 따르자면 동일한 대상을 명명하는 경우에도 다른 언어적인 배경을 소유하는 있는 사람들은 매우 다른 결과를 보여준다. 언어학적 상대성에는 크게 두 가지 요소가 포함되는데, 첫째는, 강제관찰(forced observation)이고, 둘째는, 비균등형(anisomorphism)이다. 이들에 대한 설명을 다음과 같이 요약할 수 있다.

(134) i. forced observation
   When a person speaks a language, he must make observations in order to speak correctly. For example, in English the grammar forces us to observe what is countable and what is not. In Latin, which requires us to keep the grammatical regularity, a person must exactly observe the things to tell exactly.
   하나의 언어를 사용할 때 그 언어의 화자는 발화의 정확도를 유지하기 위하여 관찰을 수행하여야만 한다. 예를 들어 영어에서 사용되고 있는 문법은 그 언어의 화자들로 하여금 언어내에서 어떤 것이 가산이 가능하며 어떤 것이 가산이 불가능한지를 관찰하도록 강제성을 띤다는 것이다. 라틴어의 경우에 이 언어가 화자로 하여금 문법적인 규칙성을 유지하도록 요구하기 때문에 이 언어를 사용하는 화자는 정확한 언어사용을 위하여 해당 사항을 정확하게 관찰하여야 한다.

ii. anisomorphism

'No identical form.' The world is segmented differently and the differentiation seems to be formed or expressed by the language. '전혀 동일하지 않음'이라는 의미이다. 세상은 서로 차이를 가지고 있는 요소들로 세분되어 있으며 그 차이는 언어에 의하여 형성되고 표현될 수 있다.

2) 언어의 의사소통

홈볼트에 의하면 언어의 의사소통(communication)은 말소리 부호(verbal code)와 언어적 부호(linguistic code)가 적용된 이중의 상호작용을 의미한다. 화자가 자신이 전하고자 하는 의미를 언어 전달문(verbal message)으로 부호화(encode)하면 청자는 전해진 전달문을 해석(decode)하고 더 나아가서는 전달문을 전한 화자가 사고 속에 소유하고 있는 내용에 대한 유추를 생성해낸다는 것이다. 또한 홈볼트는 소통이 언어부호에 의하여 발생된다고 보았다. 여기서 말하는 언어부호는 부분적으로는 사람과 사람 사이에 상호 존재하기도 하고 부분적으로는 주관적으로 개인에게만 국한되기도 하다.

홈볼트는 의사소통을 상호작용으로 보았으며 각 개인이 자신과 동일하게 느끼고 사고하는 다른 객체를 인지하는 데 중요한 매체가 된다고 생각하였다. 이런 이유로 의사소통은 한 개인이 스스로 하나의 인간임을 자각하게 해주는 중요한 조건이라고 보았다.

또한 홈볼트는 인간 사이에서 일어나고 있는 의사소통에 사회적인 요건이 중요한 선제 조건임을 강조하였다. 이것은, 그가 인간의 정신적 속성을 두 가지로 나누는 데 기인한다. 첫 번째 속성은 인간의 감정표출 차원의 것으로 그는 이것을 'moment-one or m-one'이라고 불렀다. 이 속성의 특징은 종합적이고 자연적이라는 데 있으며 사회적인 측면이 철저하게 제외된다. 따라서 순간성의 존재는 당위성, 목적, 의사소통, 관습과 아무런 관련이 없다. 두 번째는, 'stage-two or s-two'인데 여기에는 당위성, 목적, 의사소통, 관습이 중요한 역할을 수행하며 사회적인 요인들 또한 중요한 위치를 차지하고 있다.

그의 주장에 의하면 의사소통은 철저하게 개인적이라고 할 수 있는 m-one에서는 기대하기가 불가능하다. 따라서 인간이 m-one에만 머물러 있다면 그 집단에서는 어떠한 형태의 언어도 발생될 수 없다. 이것은 마치 서로의 이익과는 상관없이 무심코 붕붕 소리만을 반복하는 벌에 비유할 수 있다. 그러나 이 붕붕 소리를 자세히 살펴보면 벌들 각자가 상대방을 인지하는 데 중요한 역할을 수행한다는 것을 발견할 수 있다. 이처럼 자연적으로 주어진 소리가 가지고 있는 본래의 기능과는 별도로 벌들이 자신들의 집단을 유지하려는 목적으로 서로의 도움이 필요하다고 여겨질 때 그 요구는 벌들에게 내재되어 있는 사회성, 즉 상호작용을 발휘시킨다. 상호작용은 벌들 사이의 공통적인 측면을 필요로 하는데 이 공통성은 벌들의 상호작용이 원활하게 이루어지게 한다. 동시에 이 공통성은 언어를 통한 벌들 상호간의 이해를 바탕으로 한다. 이처럼 단순한 본능적 소리인 벌들의 붕붕 소리가 처음부터 가지고 있던 서로를 인지하는 기능, 벌들의 속성으로 그들에게 내재되어 있는 언어형성의 능력은 언어형성작업을 지속시키며 이 언어형성작용은 s-two 상태로 접어들게 된다. 형성되고 있는 언어는 이미 벌들의 상호 복지향상이라는 목적을 지니고 있기 때문이다. 이와 같은 언어형성과정은 적절한 이해를 계속해서 지속시키는 목적을 위한 의사소통 환경에서 이루어진다. 여기서 말하는 의사소통은 당위성과 목적을 소유하고 있을 뿐만 아니라 상호 소통의 확인작업을 거친 것을 가리킨다. 따라서 s-two는 위에서 언급한 기능(집단의 복지증진)에 의하여 결정된다고 할 수 있고 이것은 m-one과 s-two 조건이 완전히 상이한 것이기는 하지만 전자가 후자의 전제조건이 될 수 있음을 의미하기도 한다. 여기서 예로 들었던 벌과 벌이 내는 소리는 단순한 비유이며 이와 같은 의사소통을 통한 언어의 형성과정은 인간의 언어에도 적용될 수 있다. 인간도 벌들처럼 자신들이 모여 살고 있는 사회를 좀 더 좋은 곳으로 바꾸고 싶어하는 기능적인 욕구를 본능적으로 가지고 있기 때문이다. 이러한 내재된 욕구는 인간 본연의 m-one이 s-two의 전제조건이 될 수 있도록 하는 데 중요한 여건이 된다고 할 수 있겠다.

3) 언어의 구조

훔볼트의 언어이론이 특히 중시한 것 중의 하나는 모든 인간의 정신 또는 뇌에 내재되어 있는 생성적(creative) 언어능력이다. 이 능력은 두 가지로 구성되어 있는데 이들의 구조는 다음과 같다.

(135)   **Language**

energeia(Tätigkeit, Erzeugung)
—the living capability by which speakers produce and understand utterances.
화자들이 발화를 생성하고 이해하는 데 기준을 두고 있는 생생한 능력
—the working force
 i. subjective elements
 ii. innovative and creativity and development of language for new purposes(for example, new words, expressions like 'robot')
 주관적 요소로서 새로운 목적을 위하여 혁신적이고 창조적 발전성을 보이는 부분
ergon(Werk, Erzeugtes)
 —the observed products of the acts of speaking and writing.

> 발화와 기술 행위로 인하여 생성된 것으로 관찰된 것
> —something that is done for example, the code system ready
> made and passed along from generation to generation.
> 부호체계로서 이미 만들어지고 후대에 걸쳐서 전달되는 것

훔볼트는 위의 도표를 통하여 언어를 어떻게 두 가지로 분류할 수 있는지를 보여주었을 뿐만 아니라 언어에 대한 연구는 관찰될 수 있는 대상을 국한시키지 않아야 하고 더 나아가 언어능력이 인간 정신세계의 가장 핵심적인 부분을 차지하고 있음을 강조하였다. 이것은 언어가 단순히 환경적인 요건으로만 만들어지는 것이 아님을 설명해준다. 이와 같은 언어능력의 특성은 언어로 하여금 언어의 환경적 요건이 바뀔 때마다 스스로를 변신시키고 새로운 환경에 적응하도록 한다. 또한 화자는 항상 그들에게 주어진 제한된 언어적인 자료를 이용하여 무한한 사용을 가능하게 하기 때문에 아무리 주어진 언어를 분석하고 기술한다고 해도 그 언어의 근본적인 성질의 어떤 부분은 설명되지 못한 상태로 남아 있게 마련이다. 이것은 현대 언어학자들이 언어를 연구하는 데 그대로 적용하고 있는 개념이기도 하다.

4) 언어유형론

언어이론에 있어서 훔볼트가 이룩한 또 하나의 공헌은 언어유형론(language typology)을 보여준 것이다. 이 유형론은 그의 저서 *Origin of grammatical forms and their influence on the development of thought*(1822)와 *The variety of human language structure*(1936)에 잘 설명되어 있다. 훔볼트의 언어유형론의 특징은 19세기까지 많은 학자들에 의하여 받아들여져 왔던 계통에만 의존한 기존의 언어 분류를 벗어나 언어들이 보여주는 구조를 중심으로 분류하였다는 것이다. 여기에서 말하는 구조 중심이란

형태론적인 측면이 강조된 것을 의미한다. 그의 분류는 크게 다섯 가지로 나뉘는데, 고립어(isolating language), 교착어(agglutinative language), 굴절어(inflecional language), 분석어(analytical language), 포합어(poly-synthetic language)가 그것들이다. 다음은 각 분류에 대한 특징을 보인 것이다.

(136) ⅰ. isolating—syntactic relation expressed by position in sentence.
(eg) Chinese
통사론적인 관계가 문안의 위치에 따라 표현된다.
ⅱ. agglutinative—morphemes 'glued' together (eg) Finnish, Hungarian
형태소들이 붙어서 형성된다.

Ossetic	sing.	plu.
Nom	sär	sär-t-ä
Gen	säräj	sär-t-äj
Dat	särän	sär-t-än
Acc	särau	sär-t-au

이 언어에서는 격에 따른 어미는 차이를 보이지 않으며 단수와 복수는 단지 -t-의 삽입으로만 나타나서 기능과 형태소 사이에 1대 1의 관계를 보여준다.
ⅲ. nflectional—endings (eg) Latin, Greek, Sanskrit, Russian, French
단어에 어미가 붙는 경우
ⅳ. analytical—strong role of auxiliaries(modals) (eg) English
보조동사의 강력한 역할
ⅴ. polysynthetic—word largely corresponds to clause or sentence (eg) Eskimo
하나의 단어가 절이나 문에 해당한다.

훔볼트의 유형론은 형태적인 것에만 그치지 않고 문장의 구조를 통해서도 각기 다른 유형을 구분하기도 하였다. 그 유형들은 다음과 같다.

(137) ⅰ. those, as in Chinese, no overt grammatical links between words.
(중국어와 같은 언어들로서 단어들을 연결하는 데 어떠한 연결 표현도 나타나지 않는 경우이다.)

ⅱ. those like Sanskrit wherein word forms signal grammatical relations.
(산스크리트어와 같은 언어들로서 단어의 형태에 문법적인 정보가 표시되어 있는 경우이다.)

ⅲ. the type evinced by some American-Indian languages in which the essential structure of the sentence is incorporated into a single word.
(미국 인디안어에 속하는 언어들로 문장의 핵이 되는 구조가 하나의 단어로 포함되는 경우이다.)

훔볼트의 유형은 1950년대까지 이용되었다. 당시 그린베르크(Greenberg)는 훔볼트와는 달리 형태론에 의거하여 언어를 분류하지 않고 언어들이 보여주는 통사적인 차이점에 따라서 언어를 분류하였다. 통사적인 차이점이란 한 문장 내에서 주어, 동사, 목적어가 늘어서는 방법을 말한다. 레만(W. P. Lehmann)도 이 방법을 이용하여 역사적인 언어를 재구성하기 위해 노력하였다.

(138) S(subject)   V(verb)   O(object)
   V   S   O
   S   O   V

1900년대 가벨렌츠(G. von der Gabelentz)는 언어의 발전양상을 설명하는 데 있어 유형론의 분류들을 이용하여 발전방향을 제시하였다.

(139)

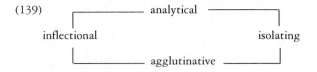

inflectional — analytical — isolating — agglutinative

2. 소쉬르

소쉬르(Ferdinand de Saussure, 1857~1913)는 주로 19세기경에 활동
하였다. 당시 주류를 이루던 정신적인 흐름은 두 가지 경향을 보이고
있었다. 첫 번째는, 실증주의(positivism)를 근간으로 하여 무엇이든 가능
하다고 생각하는 경향으로, 일을 수행함에 있어 실리적인 측면을 강조하
였다. 두 번째는, 정신과 육체를 일치된 하나의 존재로 인식하여 이를 바
탕으로 하여 심신일체설(holism 'whole')을 내세운 경향이다. 뿐만 아니라
심리학에서는 'Gestalt'라 하여 하나의 구조물을 인식할 때 그 구조를
이루는 하위구조들을 개별적으로 파악하는 것이 아니라 하위구조들과
전체와의 유기적인 관계를 중심으로 그것을 이해하려는 경향이 뚜렷하
였다. 다음은 위에서 언급한 내용들을 요약한 것이다.

> (140) philosophy—holism 'whole'
>> A whole is more than the sum of its single parts.
>> 전체는 자신을 형성하고 있는 개개의 부분들을 모두
>> 합친 것보다도 더 크다.
>
> psychology—Gestalt
>> The form of the body: when we perceive something
>> we do not perceive it in isolation, but as the whole;
>> within a structure.
>> 구조물의 형태를 말하는 것이다. 인간이 어떤 대상물
>> 을 인식할 때에는 그것을 개별적으로 인식하는 것이
>> 아니라 전체와 함께 인식하고 한 구조내에서 그것을
>> 이해한다는 내용이다.

이와 같은 정신적인 환경은 구조주의(structuralism)라는 사조의 형성
을 가능하게 하였고 이것에 바탕을 두고 언어가 연구되기에 이르렀다.
구조주의에 의하면 언어란 단순히 그 속에 내재되어 있는 개별적인 요

소들을 합함으로써 모두 설명되는 것이 아니다. 여기에는 단순한 합산의 원리 이외에 더 많은 복잡한 요인들이 고려되어야 한다. 이와 같은 언어학적인 연구 경향은 소쉬르에 의해 창시되기에 이르렀다. 언어학에서 소쉬르를 구조주의 언어학의 아버지라고 일컫는 이유가 여기에 있다.

소쉬르는 1857년 스위스에서 태어났으며 1875년 라이프치히에서 쿠르티우스(Curtius)의 제자로 대학생활을 시작하였다. 이미 앞에서 언급하였듯이 쿠르티우스는 18~19세기에 가장 활발한 학문적인 활동을 보였던 역사언어학자들에게 지대한 영향을 미친 인물이었다. 당시 같은 대학에서 학문을 연구한 교우로는 레스킨(Leskien)과 브루크만(Brugmann)이 있었다. 1879년 22세가 되던 해 소쉬르는 그의 유명 저서라고 할 수 있는 Mémoire sur le Système primitif des voyelles dans les langues indo-européennes을 통하여 능력을 인정받기에 이르렀다. 그는 학문적인 과정을 마친 후 파리 대학으로 가서 'Société Linguistique'의 중요 회원으로서 활발한 활동을 벌였으며 1881년부터 1889까지 브레알(Bréal)이라는 곳에서 비교언어학을 강의하였다. 1981년 이후에는 제네바(Geneva) 대학에서 강의를 하였다. 죽은 후 그의 제자들에 의하여 그를 대표하는 유고 저서라고 할 수 있는 Cours de Linguistique Générale이 편집되어 출판되었다.

이 저서를 만들어내는 데 중요한 공헌을 하였던 학자는 세슈에(A. Sechehaye)와 발리(A. Bally)였다. 그들은 소쉬르의 강의를 들었던 학생들의 강의 노트를 수합하고 소쉬르가 평소에 강의하였던 내용을 요약하여 그의 이름으로 1916년에 저서를 출판하였다. 이 저서를 읽었던 많은 학도들은 이 저서에 대하여 공통적인 의문을 가지게 되었다. 그 의문점이란 이들 학도들이 읽은 저서가 이 책을 편집하였던 제자들의 생각이 아니라 소쉬르 자신의 생각이라는 것을 어디까지 믿을 수 있느냐

하는 것이었다. 이런 의문은 고디에(R. Godie)가 1955년에 출판한 저서
에 잘 나타나 있다. 고디에는 소쉬르의 원고를 자세히 살펴본 후 세슈
에와 발리가 편집한 책은 소쉬르가 생각한 바를 정확하게 표현한 것은
아니라고 생각하기에 이르렀다. 그리하여 그는 새로운 편집을 통하여
문제점을 해소하려고 하였다. 엔글러(Engler)는 1967년에 새로운 편집
방법을 이용하여 다시 소쉬르의 강의내용을 편집하였다. 그것은 '헥사
플러'(Hexapla)라는 방식을 사용한 것인데 책 내용을 여섯 부분으로 분
류하여 소쉬르의 사상을 보이고자 한 것이었다. 이 책의 특징은 그동안
다르게 편집된 저서와 다른 학생들의 기록과 소쉬르의 강의록을 비교하
여 보인 것이다. 그 형식은 다음과 같다고 볼 수 있다.

(141)

Sechehaye, Bally	Student #1	#2	#3	#4	소쉬르 note

　칼베트(Calvet)는 위에 제시된 저서들이 소쉬르의 의도를 완전히 왜곡
하고 있다고 주장하고 이들 저서들을 편집한 방법이 얼마나 무모하고
대담하였는지에 대해 의견을 개진하였다. 그러나 후세에 이르러서는 세
슈에와 발리가 편집한 저서가 소쉬르의 사상을 가장 잘 전달한 것으로
서 여겨지게 되었다.

　소쉬르의 저서에서 가장 특기할 사항은 당시 언어학 연구를 주도하였
던 신문법주의(Junggrammatiker)에 대한 비판이다. 그는 언어학을 연구
함에 있어서 역사적인 측면만을 강조하는 당시의 역사언어학을 강하게
비판하고 언어를 과학적인 분석을 통하여 관찰하기 위해서는 새로운 접
근방법이 필요하다고 역설하였다. 그는 언어의 학문적 연구에 세 가지
의 목적을 설정하였다. 각각의 항목들은 다음과 같다.

(142)　ⅰ. to make the synchronic study of language scientific.
　　　　　언어의 공시적인 연구를 과학화한다.
　　　ⅱ. to show that linguistic facts exist.
　　　　　언어학과 관련된 사실들이 존재함을 보인다.
　　　ⅲ. to establish the methods for identifying and dealing with
　　　　　linguistic facts.
　　　　　위에 나온 언어학의 사실들을 확인하고 다루는 방법론을 정립하
　　　　　는 것이다.

1) 역사언어학과 구조주의

　소쉬르는 구조주의 언어학의 창시자로 누구보다도 역사언어학적인
측면에 많은 노력을 기울였던 학자였다. 특히 그는 역사언어학을 통하
여 언어의 연구에 있어 구조적인 측면을 강조하기에 이르렀다. 여기에
서 말하는 구조란 언어 구성 및 언어 변천의 체계성을 의미한다. 소쉬
르는 역사언어학적으로 언어의 변천에 중심을 두고 언어가 시간을 두고
변하는 데 있어서 체계적인 성격을 보여주는 것을 근거로 하여 언어의
변천과정 중에서 미처 확인되지 않은 사실들도 추론해낼 수 있다는 사
실을 보여주었다.

　소쉬르는 인구어 내의 언어들 간의 역사적인 연관관계를 설명하는 과
정에서 언어변화의 체계성에 근거하여 미처 설명되지 못한 중간단계를
나름대로 추정함으로써 변화의 규칙성을 정확하게 보여주었다. 후일 쿠
릴로비치(Kuryłowicz)는 히타이트(Hittite)어를 이용하여 소쉬르의 추정
이 옳은 것임을 입증하였다.

　다음 예는 소쉬르가 언급하였던 언어변화의 체계성을 보인 것이다.
소쉬르가 설명을 위하여 의존하였던 현상은 모음 변화의 일종이라고 할
수 있는 'ablaut'(vowel alternation in Indo-European morphemes which
expresses morphological category)다. 이것은 영어에서 주로 동사의 시

제 변화 중에서 불규칙적인 변화에 해당하는데, sing, sang, sung을 예로 들 수 있다. 다음의 예는 인구어에 속하는 두 언어 사이에 발생하는 모음 구조의 차이를 예시한 것인데 예를 잘 살펴보면 아래 부분에 나온 예들이 윗부분에 나온 것들과 차이를 보여주고 있음을 알 수 있다. 윗부분에 나오는 것들은 모음축약(vowel contraction) 현상을 보이는 것으로 이 현상으로 인하여 어떻게 모음이 없어지는지를 보여주고 있다. 축약현상으로 삭제된 모음이 다른 자음과 같이 나올 때에는 자음만 남는 것을 알 수 있다. 반면에 아래 부분의 예에서는 모든 모음이 하나의 모음으로만 바뀌며 위에서 보았던 것과는 달리 모음이 삭제되는 현상으로만 설명되기는 어렵다는 것을 알 수 있다.

(143)

I	II
e	ø
er	r
em	m
ei	i
eu	u
.	.
ē	ə
ā	ə
ō	ə

소쉬르는 위의 예 중에서 아래 부분에 나온 것을 설명하기 위한 방법으로 중간단계가 필요하다는 것을 1876년에 주장하였다. 그가 주장을 뒷받침하기 위하여 사용한 방법은 다음과 같다. 'x'는 변수(variable)로 표기된 것이다. 이 방식의 요점은 'e'라는 모음이 본래 이중모음 상태로 존재하던 단계가 있었음을 설정하고 이것이 나중에 모음삭제 현상에 의하여 해당 모음을 잃고 그 나머지만이 남게 되는 과정을 도식으로써 보여준 것이다. 도식 아래에 나온 예들은 위 도표에서 아래 부분에 위치

한 모음들의 중간단계를 가정하여 표기한 것이다. 이 방식에서 소쉬르
는 장모음과 'ə'가 서로 상보적인 분포성을 가진다는 성질을 이용하
였다. 여기 말하는 상보성이란 두 요소가 서로 보완적인 위치에 있어
야 하기 때문에 같은 환경에는 절대로 같이 나타날 수 없다는 것을
뜻한다.

(144)   ē ·····························⫶⫸ ə

             ē   x   Ø   x

여기에 표기된 방법대로 위 도표의 아래 부분에 위치한 모음들을 다
시 구성하면, 도표는 다음과 같이 바뀔 것이다.

(145)

e	Ø
er	r
em	m
ei	i
eu	u
.	.
.	.
ēə	ə
āə	ə
ōə	ə

2) 소쉬르 언어이론의 주된 요점

소쉬르가 언어학 발전에 기여한 공로는 그가 만들거나 새로운 정의를
부여한 개념들에 잘 반영되어 있다. 무엇보다도 소쉬르가 언어이론에
기여한 바는 그 자신이 내세웠던 각각 분야에서 사용한 이분적인 접근

방법인데 이것은 후일 언어학을 근대화시키는 데 지대한 공로로 여러 학자들에 의하여 평가되고 있다. 그의 분야별 설명을 간단히 요약하면 다음과 같다.

(146) ⅰ. the distinction among la langue, and la parole.
     랑그(langue)와 파롤(parole)의 구분
    ⅱ. the distinction between diachronic and synchronic language study.
     통시적 언어연구와 공시적 언어연구의 구분
    ⅲ. the distinction between paradigmatic and syntagmatic relations in language.
     언어에서의 어형변화성과 통어성의 구분
    ⅳ. the distinction between substance and form.
     내용과 형식의 구분
    ⅴ. his definition of the "linguistic sign".
     언어학적 기호에 대한 정의에 의거한 표의와 표기의 구분

다음에는 위에 제시된 항목들을 순서대로 하나씩 살펴보기로 하겠다.

(1) 랑그 대 파롤(Langue vs. Parole)

① 개념의 유래

랑그(langue)와 파롤(parole)은 언어학 연구에서 소쉬르에 의하여 처음으로 구분된 것으로서 구조주의 언어학을 수행함에 있어서 가장 중심적인 개념으로 지금까지도 중요시되고 있다. 소쉬르는 자신이 활동하던 당시 언어학에 대한 연구들이 주로 역사적인 변천에만 국한되어 있는 것에 문제점이 있음을 감지하였다. 소쉬르는 이러한 문제를 해결하기 위하여 언어학 연구의 새로운 방향이라고 할 수 있는 두 개의 새로운 개념을 자신의 언어학 이론에 제시하기에 이르렀다. 소쉬르는 이들 두

개념을 통하여 언어학이 단순한 기술이 아닌 과학적인 연구의 대상으로 반드시 역사적인 측면이 고려되지 않더라고 연구가 가능하다는 것을 보이고자 하였다.

소쉬르는 언어학을 체계적으로 연구하기 위해서는 반드시 역사적인 측면이 고려되어야만 된다는 것에 강한 불만을 가지고 있었다. 그렇지만 언어를 과학적으로 연구하는 데 역사적인 측면을 고려하지 않는다면 어떤 방법으로 접근해야 하는지에 대해서는 해답을 찾지 못하고 있었다. 이와 같은 학문적인 답보 상태에서 그에게 연구방법론상의 탈출구를 마련해준 학자가 있었다. 그는 사회학자 뒤르켐(Emile Durkheim, 1858~1917)이었다. 뒤르켐은 프랑스의 유명한 사회학자였다. 그가 그토록 유명했던 것은 같은 시대의 인류학이나 심리학과 달리 사회학을 사회과학으로 자리매김하는 데 아주 중요한 역할을 하였기 때문이었다. 그의 저서인 *Rules of the Sociological Method*는 사회학을 과학의 한 분야로서 정착시킬 수 있는 가능성을 보여주었다는 점에서 아직도 많은 후학들의 귀감이 되는 고전으로 남아 있다. 이 책에서 뒤르켐은 사회적인 사실(fait social, social facts)을 하나의 연구대상으로 정의하려고 하였다. 사회적인 사실이 대상으로 재정립된 것은 물리학에서 대상을 정해놓고 연구를 진행하는 것과 비교될 수 있다는 것이었다. 그에 의하면 사회적인 사실이란 근본적인 성질에 있어 사회적으로 정해진 범위 내에서는 일반성을 유지하며 개체에 대해 외적인 제약(external constraints)을 실행시킬 수 있다는 점에서 개인의 심리적인 행동과 구분된다. 이러한 입장은 개별의식(individual consciousness)의 총합은 공유의식(collective consciousness)과 동일하지 않다는 생각에서 출발하는데 이것은 위에서 보았듯이 당시 철학 사관의 주를 이루던 'holosm'과 그 맥을 같이 하는 것으로 이해될 수 있다. 뒤르켐의 사회적인 사실에 대한 정의를 다음과 같이 정리할 수 있다.

(147) any kind of action, whether of a set nature or not, capable of
exercising external constraint over the individual… [Its chief
property was not of] being general throughout the extent of a
given society.

위의 정의 중에서 '외부제약'(external constraint)이란 두 가지 측면에
서 다시 정의될 수 있다. 첫째는, 일단 그것을 의사소통수단으로 사용
하기로 정하면 다른 방안은 있을 수 없다(it consists of our lack of alter-
natives, if we wish to communicate through it). 둘째는, 이 제약은 교
육이라는 수단을 통하여 전달되며 피교육자가 습득과정을 완수한 후에
는 제약조건 자체를 느끼지조차 못하게 된다(it is imposed on us by
deucation, but when we master it, we are aware of no constraint). 예
를 들어 우리가 허리를 굽히는 행위를 상대방에게 진정한 존경의 의미
를 전달하는 인사수단으로 정하면 이것 이외에 다른 방도로 같은 뜻을
전달할 수 없어야 한다. 그리고 이와 같은 인사예절은 교육을 통하여
다음 세대에게 전달되며, 이 예절 방법에 익숙해지면 그들은 같은 행위
를 더 이상 교육이 요구하는 제약으로 생각하지 않게 된다. 다음은 외
부 제약에 대한 내용을 정의한 것이다.

소쉬르는 뒤르켐의 사회적 사실에 대한 정의를 언어학에 적용함으로
써 언어에도 사회적 사실과 같은 연구대상이 존재함을 주장하기에 이르
렀다. 소쉬르에 의하면 언어는 그것이 사회 내에서 개별적으로 이용되
는 것과는 별도로 사회적인 사실과 같은 하나의 대상으로 정의될 수 있
다. 언어는 우선 하나의 인간집단체를 통하여 공통적으로 이용되고 있
고 그 언어의 화자에게 외적인 제약을 적용할 수 있기 때문이다. 일단
한 사회가 특정 언어를 자신들의 의사소통수단으로 택하게 되면 구성원
들에게는 다른 차선책이 더 이상 존재하지 않게 된다는 것이다. 이 언
어는 다음 세대들에게 교육이라는 수단을 통하여 전수되고 새 세대에

속하는 젊은이들은 그 언어를 습득하고 그것에 익숙해지면 더 이상 제약을 제약으로서 느끼지 못하게 된다. 이것은 앞서 보인 두 가지의 외적 제약과 같은 내용을 보여준다. 앞에서 지적한 '사회 내에서의 개별적인 사용'이란 한 언어의 화자 개개인들의 언어활동이라고 할 수 있는데 소쉬르는 언어의 연구를 제대로 수행하기 위해서는 이쪽 방면에는 가능한 한 적은 관심을 가지는 것이 바람직하다고 생각하였다.

이를 통해 구조주의 언어학에 있어서 소쉬르가 뒤르켐에게 얼마나 많은 영향을 받았는지 잘 알 수 있다. 소쉬르가 사회학적인 체계를 언어학에 그대로 적용했다고 해도 무방할 정도로 둘 사이에는 이론적으로 긴밀한 관계가 존재한다. 뒤르켐의 연구업적은 언어학을 더 이상 역사의 변두리에서 맴돌지 않게 해주었으며 이론적으로 진퇴양난 상태에 있던 소쉬르에게 새로운 길을 열어준 구세주와 같은 존재라고 할 수 있다.

① 용어의 개념

랑그(langue)의 중요한 개념 중의 하나는 이것이 모든 인간에게 존재하며 한 언어 내에 객관적으로 내재되어 있는 체계라는 것이다. 그 언어의 화자들은 이러한 체계를 잘 알고 있으며 화자들 각자에게 동일한 규칙형태로 존재한다. 이것은 다른 말로 인간 상호 간의 체계(interpersonal system)라고 명명할 수 있다. 소쉬르는 랑그가 뒤르켐이 지적하였던 사회적인 사실이며 이것은 정해진 사회 범위 내에서 모든 이들이 언어라는 수단으로 서로를 이해하는 데 중요하다고 주장하였다. 또한 랑그는 해당 사회집단 내에서 교육을 통하여 수동적으로 습득되는 것이다. 그리고 랑그에 대한 교육은 사람과 사람이 서로 이해하고 한 화자가 다른 화자들이 이해할 수 있는 방향으로 언어적인 조합을 수행하는데 중요한 역할을 담당한다. 만약 특정 사회의 화자가 다른 사회의 화

자가 생성한 말소리를 들으면 그것을 단순한 잡음 이외의 어떤 것으로
도 인식될 수 없다. 그 말소리의 근간이라고 할 수 있는 그 사회의 사
회적인 사실이 그 말소리를 듣는 청자가 속한 사회의 사회적인 사실과
다르기 때문이다. 즉, 듣는 이는 자신이 들은 말소리와 그것이 만들어
진 사회의 사회적인 사실을 연관 지을 수 없다는 것이다. 여기서 말하
는 사회적인 사실이란 정해진 집단내의 공유의식을 의미하며 언어학적
으로는 랑그와 동일한 개념으로 이해될 수 있다. 랑그에 대한 내용을
간략하게 서술하면, 다음과 같으며 이것은 위에서 상세히 설명한 바와
동일하다.

파롤(parole)은 랑그의 개별적인 측면이라고 할 수 있으며 이미 발화
로서 말로 실현화된 것(what is said)을 가리킨다. 파롤은 실제로 발화된
결과를 가리키기 때문에 한 사회에서 실질적으로 언어화된 것은 그 사
회내의 모든 발화 결과들의 총합과 동일하다고 볼 수 있다. 파롤은 현
실화된 언어를 가리킨다는 점에서 나중에 촘스키에 의하여 언급될 언어
수행(language performance)과는 다르다. 언어수행이 가능성은 있지만
아직 구현되지 않은 추상적인 발화까지도 자신의 영역에 포함시키는 데
반해 파롤은 구체화된 발화만을 의미하기 때문이다. 파롤은 개별적인
것으로서 공유적인 면에서는 결함이 있으며 구현된 실제의 발화만을 가
리킨다고 요약할 수 있다. 경우에 따라서는 파롤을 'speaking'과 연관시
키기도 하는데 그것의 성격을 감안한다면 전혀 무리가 없다고 간주된
다. 소쉬르가 파롤에 대하여 언급한 내용을 소개하면 다음과 같다.

파롤을 위와 같이 정의하면 파롤과 같은 개념이라고 여겨지는
'speaking'은 전혀 사회적인 사실로서 여겨질 수 없다. 그 이유는 사회
적인 사실이란 특정 사회내에서 두루 일반성을 띠고 있어야 하며 자유
로운 선택 대신 정해진 제약이 적용되어야 하기 때문이다. 그렇지만
'speaking'과 연관된 모든 행위는 위에서 보인 사회적인 사실의 조건들

과 상당한 차이를 보이기 때문에 랑그와는 구별되어야 한다.

만일 한 사회에서 수행된 발화 행위를 모두 종합하면 그 집합 속에는 발화의 실제 결과와 한 언어의 문법적인 제약들을 실현한 것들이 들어 있게 된다. 여기서 말하는 문법적인 제약이란 모든 화자들이 항상 문법적인 언어만을 사용한다는 전제하에서 위의 집합에 포함되는 것이다. 소쉬르는 파롤과 언어의 문법규칙들을 합쳐 'le langage'라고 명명하였다. 'langage'는 그 속에 들어 있는 파롤의 요소들인 개별성과 구현성 때문에 "반드시 사회적인 사실이다"라는 관점에서 정의되어서는 안 된다. 소쉬르가 지금까지 언급한 세 용어들을 하나의 도식으로 그려보면 다음과 같다.

(148)

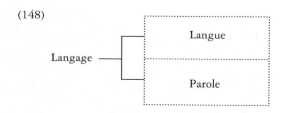

다음은 랑그와 파롤에 대한 특징들을 항목별로 비교하여 요약한 것이다.

㉠ 랑그는 각각의 개체에 내재되어 있으면서도 모든 사람들에게 공유된 것이다. 이것은 마치 같은 사전을 똑같이 복사하여 개인에게 분배한 것과 동일하게 생각할 수 있다.

㉡ 랑그는 언어에 대해 주어진 능력(faculty)의 사회적인 생성물인 동시에 그 사회단위에 의하여 받아들여진 관습으로서 사회는 이 관습을 필요로 하고 또한 위의 능력이 발휘될 수 있는 여건을 마련

해준다.

ⓒ 랑그는 각각의 개인이 자신이 살고 있는 사회로부터 배운 기호들
  을 모아놓은 것으로서 파롤보다는 이 점에서 훨씬 수동적이다.

ⓔ 랑그는 이미 전 세대에 만들어진 관습들을 지금에 와서 받아들인
  것으로서 비록 이 과정에서 언어상에 약간의 변화가 야기되기는
  하지만 그 변화의 폭이 너무 미미하여 배우는 이들로 하여금 전혀
  변화가 없는 것으로서 인식하게 한다.

ⓜ 파롤은 항상 개별적이며 전혀 공유되지도 않고 경우마다 색다른
  측면을 보인다. 이런 이유로 파롤은 하나의 단위로서 원리를 가질
  수 없고 따라서 과학적인 연구의 대상이 되지 못한다.

ⓗ 파롤은 개별적인 선택들, 조음 행위들, 기존의 것과는 다른 소리의
  조합들을 무한대로 합친 것이기 때문에 과학적인 연구를 위한 항
  상성이 요구되는 대상으로는 적합하지 않다.

ⓢ 파롤은 공유적인 행위가 아니며 이와는 반대로 개별적이고 이질적
  이고, 나아가서는 순간적인 행위이다.

다음은 랑그와 파롤에 대한 특징들을 하나씩 비교하여 도표로 만들어
놓은 것이다.

(149)

LANGUE	PAROLE
• social	• individual
• essential	• contingent
• no active individual	• active role
• not designed	• designed
• conventional	• not conventional
• furnishes a homogeneous	• furnishes a heterogeneous
• subject matter for a branch of social psychology	• subject matter studied by different disciplines

그러나 랑그와 파롤의 구분에 전혀 문제가 없는 것은 아니다. 이 구분의 문제점들을 간단히 살펴보면 다음과 같다.

㉠ 소쉬르의 랑그에 대한 개념은 그가 언어를 정의하는 근거로서 삼고 있는 rosuad인 'sign'과 상당한 차이점을 보이고 있다.
㉡ 파롤에 대한 개념을 독립적으로 내린 것이 아니라 langage에서 랑그를 제외시킨 나머지를 파롤로 정의함으로써 실제로 이 부분에 대하여 명확히 설명하고 있지 못하다.
㉢ 랑그가 단순히 수동적이라고 하는 것은 언어습득 측면에서 보면 항상 옳은 것은 아닐 수도 있다. 즉, 언어능력이 언어를 배우는 데 능동적인 역할도 수행할 수 있다.

(2) 통시적 방법과 공시적 방법

① 용어의 정의
소쉬르가 언어학 연구에 몰두해 있던 시절에는 주로 역사언어학이 연구의 주를 이루고 있었다. 이는 파울(Hermann Paul)의 저서 *Prinzipien der Sprachgeschichte*(*Principles of the History of Language*)에 역사언어학의 이론적인 위치설정의 종합으로서 잘 설명되어 있다. 이처럼 역사언어학은 역사라는 시간적인 개념을 언어라는 대상과 합치시켜 연구하는 분야이다. 당시 이 조류를 따르던 사람들은 역사를 언급하지 않고서는 언어연구를 생각하기조차 어려웠다. 이런 분위기에도 불구하고 소쉬르는 언어연구에서의 공시성, 즉 역사적인 시간의 흐름보다는 현재라는 한 시점에 정착된 환경에서의 언어연구가 더 절실함을 주장하는 당시로서는 상당히 급진적인 생각을 내놓게 되었다. 소쉬르는 나름대로 이 두 개념을 구분하였는데 역사언어학자들이 주로 관심을 가졌던 언어학 연구방법

론을 통시적 언어학(diachronic linguistics)이라고 하고 후일 자신이 내
세운 역사성이 배제된 언어학을 공시적 언어학(synchronic linguistics)이
라고 하였다. 이에 대한 소쉬르의 정의는 다음과 같다.

(150) Diachronic linguistics

It will study relations that bind together successive terms not
perceived by the collective mind but substituted for each other
without forming a system.

Synchronic linguistics

It will be concerned with the logical and psychological relations
that bind together coexisting terms and form a system in the
collective mind of speakers.

소쉬르의 정의에 의하면 통시적인 언어학은 언어의 개별적인 요소
(individual items)의 연속성에 입각한 관련성을 연구하는 방법이다. 개
별적인 요소란 화자들이 전혀 의식하고 있지도 않고 체계성도 결여된
것을 의미한다. 소쉬르 자신은 이와 반대로 공시적인 언어학인 랑그를
연구하는 데 적지 않은 노력을 기울였다. 랑그란 인간의 사고 속에 실제
로 존재하는 것으로서 화자들 사이에 공유된 하나의 체계를 의미한다.

소쉬르는 위의 정의를 바탕으로 기존의 언어이론을 신랄하게 비판하
였고 언어학이 단순히 역사적인 변화만을 찾고 기록하는 것이 아니라는
입장을 확고하게 보여주었다. 그러나 그가 이처럼 역사언어학에 대한
비판의 태도를 취한 것은 역사비교언어학 이론을 전반적으로 부인하고
자 한 것은 아니었고 대신 역사언어학을 연구함에 있어서 기존의 언어
학 이론들이 생각하지 못하였던 부분을 보강하여 좀 더 향상된 방법론
을 역사비교언어학에 제공하고자 하였기 때문이다. 소쉬르는 위에서 통
시적인 언어학과 공시적인 언어학을 구분하여 소개함으로써 정립된 역
사언어학적인 방법론을 완성하기에 이르렀다. 소쉬르의 새로운 방법론

은 세 단계로 구성되어 있다.

(151) i . describing its state at two different times t and t´.
언어의 상태를 t, t´라는 상이한 두 시간대에 걸쳐 표기한다.
ii . comparing the two states to see in what respects the later
state at t´ differs from the earlier state at t.
나중 시간대의 언어의 상태와 처음 시간대의 언어의 상태를 비
교하여 서로간의 차이점을 살펴본다.
iii . identifying the causes of the differences between the two
states.
각각의 차이점의 원인이 무엇인지를 규명한다.

이 방법론은 지금까지의 역사언어상의 방법론들과는 달리 역사언어
학의 이론들을 공시적인 분석방법에 의존하게 하는 특징이 있다. 'i'의
경우 이것이 언어 분석에 적용될 때 각각의 시간대(즉, t와 t´)는 해당
시간에서의 공시적인 언어상태를 의미하며 이것이 완성되어야만 진정
한 통시적인 언어연구가 가능하게 되기 때문이다. 이것은 언어연구에
있어서 공시적인 연구가 무엇보다도 선행되어야 함을 가리키는 것이고
이것이 이루어지지 않고는 통시적인 언어연구가 단단한 기반을 마련할
수 없음을 의미한다. 소쉬르가 공시적 언어학과 통시적 언어학을 언급
할 때 예시의 효과를 극대화하기 위하여 보였던 도식이 있었는데 그것
을 보이면 다음과 같다. 아래 그림에서 AB축은 공시적인 방법론을 가
리키며 CD축은 통시적인 방법론을 가리킨다. 각 축에 대한 설명은 다
음과 같다.

(152)

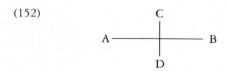

AB축: the *axis of simultaneities*, which stands for the relations of coexisting things and from which the intervention of time is excluded.

동시성의 축으로서 동일한 시점에 존재하는 대상들 사이의 관계를 대표하며 여기서는 시간의 관련성이 완전히 배제된다.

CD축: the *axis of successions*, on which only one thing can be considered at a time but upon which are located all the things on the first axis together with their changes.

연속성의 축으로서 한 시간대에 오직 하나의 대상만이 고려되고 이 축에는 동시성의 축에 있던 모든 것들이 그것들의 변화와 함께 위치하게 된다.

소쉬르는 위의 분류의 중요함을 강조하였지만 모든 학문 분야에 이와 같은 분야가 있어야 한다고 주장하지는 않았다. 특히 과학에 연관된 분야들의 경우는 통시적인 방법론을 필요로 하지 않다고 생각하였다. 예를 들어 천문학을 연구하는 경우에는 천문학 원리를 밝히는 공시적인 방법론만 알아내면 되는 것이지 그 원리가 역사성과 무슨 관련이 있는지에 대해서는 구태여 분석할 필요가 없다는 것이다. 소쉬르가 위의 분류를 언어학의 연구에 도입하게 된 이유도 언어의 원리를 밝히기 위해서는 역사적인 측면이 고려될 필요가 없음을 인식하게 되었기 때문이었다. 즉, 하나의 소리의 영역과 의미의 영역을 연관 짓는 원리(소쉬르는 이 원리를 체계라고 함. 영어로는 value)는 통시적인 방법론과는 무관하다는 것을 알아낸 것이다. 그래서 그가 주장한 원리라고 할 수 있는 랑그는 역사적인 연구로는 규명될 수 없으며 공시적인 방법론만으로 연구되어야 한다고 생각하였다.

지금까지 언급된 공시적 방법론과 통시적 방법론의 구분을 앞의 랑그와 파롤의 구분과 연결시켜 도표로 보이면 다음과 같다.

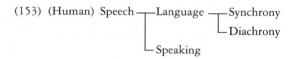

(153) (Human) Speech ⌐Language ⌐Synchrony
                       └   └Diachrony
                        └Speaking

 이 도표는 소쉬르의 구분을 따른 것이며 여기서 특히 주의해서 보아야 할 것은 공시적이건 통시적이건 모두 랑그와 관련되어 있고 파롤은 이 두 분야에서 완전히 배제되어 있다는 것이다. 하지만 이것은 항상 맞는 것은 아니다. 소쉬르 자신이 언어의 통사적인 측면은 발화된 상태(parole)에서만 통시적일 수 있다고 주장한 것과 상치되고 있기 때문이다. 그러므로 발화와 밀접한 관계를 가지고 있는 파롤을 공시적인 것과 통시적인 것으로부터 완전히 배제시키는 것은 소쉬르 자신의 설명을 보더라도 납득하기 어렵다고 할 수 있다. 만일 도표를 이에 따라 다시 수정한다면 다음과 같이 될 것이다.

(154) (Human) Speech ⌐Language ⌐Synchrony
                       └   └Diachrony
                        └Speech ─────┘

② 두 용어의 차이점

 이 장에서는 위에서 보인 공시적 방법론과 통시적 방법론의 차이점을 살펴보고자 한다. 우선 두 용어의 차이점을 정리하면 다음과 같다.

(155)

Synchronic facts	Diachronic facts
a. not concerned with values	concerned with values
b. not intentional	speakers 'breathe life' into differences
c. changes produced are not designed	
d. involve only one term; the new one replaces the old.	involve two terms; the opposition between two terms.
e. not systematic	systematic

a항의 경우는 앞에서 이미 언급하였듯이 언어연구에 있어 언어내의
체계에 대한 규명 과정은 통시적인 방법론과는 무관하다는 것을 보여준
다. 언어의 랑그는 해당 항목에서 보았듯이 자체의 특징상 통시적인 관
점과는 무관하다는 것을 알 수 있다. 소쉬르는 연구방법론에 있어서 통
시적인 관점의 배제는 비단 언어학에만 국한된 것이 아니라 다른 과학
분야에 있어서도 같은 경향을 보인다고 주장하였다. 그는 천문학, 물리
학, 화학 등의 과학분야에서는 단지 해당 분야가 목표로 삼고 있는 대
상에 내재되어 있는 체계를 연구 시점에서 밝히면 되는 것이라고 보았
고 연구에 목표를 달성하는 데 역사적인 시간 개념은 전혀 관련되어 있
지 않다고 언급하였다. 연구의 주체가 되는 'value'란 언어에서 소리의
영역과 의미의 영역이 어우러지는 체계를 의미하는데 이것에 대한 정의
는 후에 'substance vs. form'의 항목에서 'value'를 'form'과 동일시하
여 설명하는 과정에서 자세하게 살피기로 하겠다.

b항은 다음의 예를 우선 살펴보고, 설명에 들어가기로 하겠다.

(156) Stage 1   Stage 2   Stage 3

Stage 1	Stage 2	Stage 3
fōt : fōti	fōt : fēti	fōt : fēt
tōþ : tōþi	tōþ : tēþi	tōþ : tēþ
gōs : gōsi	gōs : gēsi	gōs : gēs

위 예의 제1단계(stage 1)는 앵글로색슨(Anglo-Saxon) 명사의 복수형
을 나열한 것으로서 단어말의 '-i'는 복수형 어미의 기능을 가지고 있는
요소이다. 제2단계는 첫째 단계의 명사들에 음성변화가 발생한 결과를
나열한 것이다. 음성변화는 단지 이 예에만 국한하여 발생한 것이 아니
라 'i'가 강세를 가지고 있는 모음 다음에 나타날 때는 품사의 구분 없
이 언제나 발생한다. 이와 같은 음성변화를 거쳐서 이 단계에 속하는
단어들은 전자의 단어들과 달리 'o'가 'e'로 변한 것을 볼 수 있다. 이

단계에 속하는 언어의 복수형을 '-i'라는 어미뿐만 아니라 'o vs. e'의
대별을 통해서도 알 수 있다. 제3단계는 두 번째의 음성변화가 발생한
결과들인데 그 특징은 어말 모음인 'i'가 삭제된다는 것이다. 이 단계에
들어선 단어들은 복수와 단수의 관계를 보일 때 단지 'o vs. e'로만 보
일 수밖에 없다. 이 예에 대한 설명을 도식으로 보이면 다음과 같다.

(157) the relation between a singular and a plural can be expressed at
each moment by a horizontal axis:

Whatever facts have brought about passage from one form to
another should be placed along a vertical axis:

If giving the overall picture,

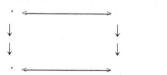

위의 예가 b항목과 관련이 되는 이유는 다음과 같다. 음성적 변화현
상이 언어에 반영되어 앵글로색슨이 제3단계에 접어들게 되면 이 단계
에서 해당 언어를 사용해야 하는 화자들은 명사의 복수와 단수를 구분
하는 기존의 방법 대신 다른 방법을 찾아야만 한다. 기존의 복수형은
단수형에 '-i' 어미를 합쳐서 형성되었지만 어말 모음삭제 현상이 이 모
음을 없애자 이것이 더 이상 복수형을 형성하는 방법이 되지 못하기 때
문이다. 화자들은 복수형을 구분하기 위하여 'o vs. e'의 대별적 구분

기준을 대신 사용하게 되었는데 이것은 해당 시간대의 화자들이 주어진 환경조건에서 가장 최적의 것을 이용하는 것이라고 할 수 있다. 이처럼 주어진 환경 내에서 자신들의 목적을 위하여 최적 형태를 골라서 그것에 새롭게 생명력을 불어넣는 것은 공시적 방법론에서만 가능하다. 반면에 통시적 방법론에서는 주어진 변화에만 초점을 맞출 뿐 그 이상의 현상에 대해서는 전혀 관심을 갖고 있지 않기 때문에 통시적 방법론에서 주어진 단계내의 최적 형태를 골라 그것에 새로운 기능을 부여하는 것은 기대하기 어렵다.

c항의 요점은 언어에 발생하는 변화가 반드시 계획성을 가지고 이행되는 것은 아니라는 것이다. 변화의 양상은 다분히 우연적(fortuitous)이라는 것이며 변화가 발생한다고 해서 언어의 상태가 직접적으로 변모되는 것이 아니라는 것이다. 소쉬르는 이것을 "changes never modify language states directly"와 같이 요약하여 표현하였다.

위의 예를 통해 설명하면 복수형이 제3단계에서 'o vs. e'의 대별로 나타난 것은 언어의 변화가 복수형을 이처럼 표현하고자 해서 발생한 것이 아니라 두 단계의 음성변화라는 현상이 언어 전반에 걸쳐 발생하게 됨으로써 'o vs. e'의 대별이 복수형과 단수형을 구분짓는 기준으로 등장하게 되었다는 것이다. 이는 제3단계에서의 복수형이 음성변화를 통하여 간접적인 영향을 받은 것이지 복수형 구분만을 위하여 직접적으로 언어변화가 생겨난 것은 아니라는 것을 의미한다.

d항은 말 그대로 통시적 방법론에서는 시대별로 하나의 형태가 다른 형태를 대치하는 현상이 두드러지게 나타나는 반면에 공시적 방법론에서는 공존하는 형태들 사이에서 서로 대별되는 관계를 보여야 하기 때문에 하나의 형태만 나타나는 것이 아니라 대별성을 보이는 형태도 아울러 나타난다는 것을 의미한다. 위의 예를 보면 통시적인 방법론에서는 각 단계별로 복수형이 대치되는 관계를 보여주고 있다. 즉, 제1단계

에서 복수형을 위한 어미 '-i'는 제3단계에서 'o vs. e' 모음의 대별로 대치되는 것을 알 수 있다. 공시적인 방법론에서는 하나의 단계인 제3단계에서 '복수형 : 단수형'이 'fēt : fōt'로서 서로 대별되어 있는 관계에 더 관심을 가지게 되고 이들의 체계를 밝히는 데 더 초점을 기울이게 된다.

e항은 d항에 대한 소쉬르의 주장이다. 통시적인 방법론에는 항상 하나의 단어만이 관련성을 가지는데 최후로 남는 것은 항상 바로 앞 시대의 표기를 대치한 것이기 때문이었다. 그러나 경우에 따라서 해당 단어가 둘 이상 존재하는 것도 가능하다고 보았는데 이것에 대한 체계가 정확하게 나타나지 않는다는 것이 그의 주장의 요점이었다. 이것은 언어의 통시적인 변화가 체계성을 결여하고 있다는 말과 일맥상통한다. 많은 학자들은 이에 대한 비판을 그치지 않고 있다. 각 언어의 변화는 체계를 달리하면서 서로 다른 언어로 발전해간다고 주장되어온 것이 사실인데 통시적 언어학에서 체계성을 전면적으로 부인한다면 그것이 불가능해지기 때문이다.

(3) 통합성과 계열성

소쉬르의 이분법 양식을 대표하는 세 번째 개념은 통합성(syntagmatic)과 계열성(paradigmatic)의 구분이다. 각각의 용어를 필자는 통어적 관계와 어형변화 관계로 부르고자 한다. 어형변화 관계는 소쉬르에 의하여 'associative relations'로 명명되었으나 나중에 가서 루이 옐름슬레우(Louis Hjelmslev)에 의하여 '계열성'(paradigmatic)이라는 용어로 대신하게 되었다.

① 통어적 관계

'통합성'(syntagmatic)은 어원적으로 'syn-'(together)이라는 접두사와

'tagmatic'(to join or organize in a line)이라는 어근이 어우러져 만들어진 단어이다. 우리말로는 통어적 관계라고 부른다. 이것은 언어의 일직선상 구조(linear construction)를 나타내며 서로 함께 연결된(chained together) 단어 사이에 존재하는 관계를 가리킨다. 이러한 관점에서 통어성은 연결체로 형성된 것을 뜻하기도 한다. 소쉬르가 의미를 좀 더 명확히 하기 위하여 이용한 예가 있는데 're-'와 'read' 사이에서 관찰되는 관계에 의하여 통어적 관계를 갖는 어구인 're-read'를 형성하는 것이다. 여기서 통어적 관계란 하나의 요소와 그 요소를 앞서거나 뒤따르는 또 다른 요소들의 관계를 가리킨다. 다른 예로는 'God is good'가 있다. 여기서 통어적 관계를 갖는 어구인 'is'는 이 어구에 앞서는 'God'과 동일한 어구를 따르는 'good'의 통어적인 관계를 갖게 된다. 'God _____ good'은 통어적 어구인 'is'가 올 수 있는 전후 관계의 환경이 된다는 것이다.

소쉬르에 의해 통어적 관계는 'in praesentia'라고 불린다. 통어적 관계에 관련되는 요소들이 언어에서 실제로 발생되고 있는 요소들에 대한 것이기 때문이다. 따라서 통어적 어구란 최소한 두 개 이상의 분리가 가능하고 연속적인 단위들의 조합의 결과를 가리키며 이들의 조합에 있어 몇 개의 단위가 조합되는지는 그리 중요한 문제가 되지 못한다. 조합에 참여하는 단위로는 음소, 음절, 형태소, 단어, 단어, 품사, 구 등이 있다. 소쉬르가 보인 예들은 다음과 같다.

(158) read   음소와 음절이 참여한 어구
      re-read   형태소와 단어가 참여한 어구
      against all   단어들이 참여한 어구
      If the weather is nice, we'll go out.   구가 참여한 어구

소쉬르에 의하면 조합으로 만들어진 통어적 어구 중에서 가장 분명한

예는 문장(sentence)이다.

통어성이 랑그와 파롤 중에서 어느 것과 관련성이 있는가는 이미 언급된 내용을 참조하면 쉽게 알 수 있다. 위에서 언급한 통어적 관계에 있어 'in praesentia'는 통어적 관계에 관련된 요소들이 실제로 발현된 언어행위로서 동시에 발생되는 것들을 가리킨다. 이것은 이미 발화의 과정을 마친 요소들과의 관련성을 가리키는 것이며 이를 바탕으로 우리는 언어의 통어성이 파롤과 관련된다고 말할 수 있다.

② 어형변화 관계

어형변화 관계란 하나의 요소와 다른 요소들이 서로 통어적인 관계에 의존하지 않고 형식(form)과 의미의 유사성에 의거하여 관련성을 보이는 경우를 가리키는 말이다. 소쉬르는 어형변화 관계를 다른 학자들보다도 광범위하게 사용하였다. 하나의 요소와 다른 요소들이 어형변화 관계를 맺을 때 의미적인 측면에서 뿐만 아니라 의미를 나타내는 표기에 있어서도 관련이 있으면 같은 부류로 묶을 수 있다고 주장하였기 때문이다. 예를 들면 다음과 같다.

(159) a. teaching : teaching,(to) teach,(we) teach,(he) teaches
b. teaching : walking, singing, dancing
c. teaching : training, lecturing, tutoring, educating
d. teaching : teasel, teatime, teapoy

a항은 'teaching'이라는 요소와 다른 요소들을 의미적인 차원에서 서로 공통성이 있는 것으로 묶을 수 있음을 보여주고 있다. b항은 표기에 있어서 '-ing'라는 어미와 어간의 관계가 동일성을 보임으로써 서로를 묶을 수 있다는 것을 보여주고 있다. c항은 표의, 즉 의미에 있어 서로 유사성을 보여주는 것들로 하나의 집합에 넣을 수 있음을 보이고 있다.

d항은 표기에 있어 각 단어의 'tea-'라는 첫 음절이 서로 동일하다는 점에서 같은 부류에 들어갈 수 있음을 보이고 있다. 이처럼 소쉬르가 내린 어형변화 관계에 대한 정의는 a에서 d까지가 다양한 기준에 의하여 하나의 집합이 될 수 있으므로 그 적용 범위가 광대하다는 것을 알 수 있다.

어형변화 관계가 랑그와 파롤 중에서 어느 것과 관련되는지는 소쉬르가 어형변화 관계를 언급할 적에 지적하였던 'in absentia'라는 용어를 참고로 하면 알 수 있다. 어형변화 관계는 랑그와 관련된다. 이 말은 어형변화 관계에 관련되는 요소들이 실제 발화에서 나타나는 것과 나타나지 않는 것으로 구성되어 있다는 데 근거를 두고 있다. 또한 소쉬르는 어형변화의 관계가 통어적 관계와는 달리 인간의 뇌에 내재되어 있으며 이것의 작용으로 인하여 각 개인의 언어가 형성된다고 생각하였다. 단지 문제가 있다면 소쉬르가 어형변화 관계를 언급할 때 사용한 무엇인가 공통되는 점(something in common)이라는 용어가 상당히 불분명하기 때문에 이것과 랑그의 관련성을 설명하는 것이 어렵다는 데 있다.

(4) 형식과 내용

형식(form)과 내용(substance)은 하나는 조직화된 체계이고 다른 하나는 만들어진 결과라는 점에서 다르다. 두 개념에 대한 정의를 위하여 소쉬르는 'value'라는 개념을 도입하였으며 형식과 내용은 'value'를 설명하는 과정에서 자연적으로 도출되는 것으로 이해하였다.

소쉬르는 'value'를 설명하는 방법으로서 장기(chess game)를 인용하였다. 그가 보이고자 한 것은 장기 게임에서 가장 중요한 것은 그 장기에 사용되는 기구들이 어떤 재료로 만들어졌는지가 아니라 장기의 장기알이 다른 것들과 어떤 관계에 있는지 그리고 그중 하나를 움직였을 때 장기판 전체에 어떠한 변화를 야기하는지가 더 중요하다는 점이다. 장기의 가치는 이처럼 각 장기알들의 위치와 움직임에 의하여 결정되는 것이다. 소쉬르는 장기알의 가치에 비견할 수 있는 'value'의 개념이 크게 두 가지로 나누어질 수 있다고 보았고 그것을 지폐에 비유하였다. 첫째는, 교환의 가치를 보는 것이다. 즉, 해당 대상의 진정한 가치를 알기 위해 그것을 어떤 것과 교환할 수 있는지를 보는 것이다. 예를 들어 1,000원이라는 지폐의 가치를 알기 위해서 이 지폐로 살 수 있는 다른 물건을 살피고 그것으로 그 지폐의 가치를 가늠하는 것이다. 둘째는, 주위의 비슷한 종류들과의 비교를 통한 가치의 이해이다. 즉, 해당 대상과 유사한 것들과 비교하여 그것의 가치를 알 수 있다는 것이다. 예를 들어 1,000원의 경우는 화폐라는 집합에 속하는 다른 단위들(미국 달러, 영국 파운드, 독일 마르크)과 비교하여 가치를 알 수 있다.

이와 같은 성격의 'value'를 언어학적인 측면에 적용하면 사고적인 (conceptual) 면과 물질적인(material) 면으로 나눌 수 있다. 전자는 사고 (thought)와 같은 개념으로 이해된다. 소쉬르에 의하면 '사고'는 형태를 잡기 어려우며 구분이 불가능한 집합체로서 정의된다. 이에 반하여 물질은 단어로 표시된 표현으로 좀 더 구체적인 것을 가리키며 소리라는 용어로 대치될 수 있다. 소쉬르는 언어가 이 두 부분에 걸쳐 독자적으로 나뉘어져 있는 하부단위의 종합으로 정의될 수 있다고 보았다(Language itself can be "pictured in its totality as a series of contiguous subdivisions marked off on both the indefinite plane of jumbled ideas and the equally vague plane of sounds").

이처럼 언어에는 사고와 소리의 공통분모적인 성격이 있기 때문에 사고라는 측면을 제외하고 소리의 측면을 생각할 수는 없으며 소리와 관련된 구체적인 측면을 제외하고 사고를 생각할 수도 없다. 언어가 형성되는 과정은 사고적인 측면과 물질적인 측면이 동시에 작용하는 것으로 이해되어야 하며 'la langue'도 이 두 집합체 사이에서 모양을 잡아가는 과정에서 자신의 단위를 형성한다고 보았다. 소쉬르는 언어학의 성격을 "소리의 요소와 사고의 요소들이 서로 합치는 경계선에서 작용한다"라는 관점에서 규정하였으며 "그 두 종류의 요소들의 조합은 내용이 아닌 형식을 생산한다"고 보았다. 이처럼 형식은 'value'의 사고적인 측면과 물질적인 측면이 서로 조합되어 형성되는 겹치는 부분을 통하여 이루어진다고 보았다(it is chracteristic of linguistics that "it works on the borderland where elements of sound and thought combine; their combination produces a form, not a substance").

이 말의 의미는 언어가 소리와 사고가 겹치는 부분에 존재한다는 것을 의미한다. 언어를 경계선 존재 현상으로서 본 것이다. 이 현상은 언어가 경계에 나타난다는 것을 가리킨다. 여기에 인용된 내용과 위에 보인 내용을 비교하면 공통점을 쉽게 찾을 수 있다. 그것은 언어가 소리와 사고, 즉 의미의 일대일의 관계가 아니라 소리와 사고가 겹쳐진 부분을 모두 합친 총집합체라는 것이다. 우리는 언어를 연구할 때 단순히 소리에만 관련이 있는 내용(substance)을 살피기보다는 그것이 실질적인 의미와 어떤 관계에 있는지를 알아냄으로써 언어를 좀 더 확실하게 이해할 수 있다. 언어를 소리와 의미의 연결만으로 보아왔던 기존의 언어이론들과 달리 소쉬르는 겹치는 부분의 종합 부분을 언어로 봄으로써 하나의 단어가 오직 하나의 의미를 갖지 않고 다양한 의미를 가질 수 있다는 것을 설명하였다(Language is, therefore, the area of overlap between sound and thought. Language is a limi+trophous(boundary+food, living) phenomenon.－Phenomenon which exists in the boundary). 이 내용은 다음의 도식에 잘 나타나 있다.

(160)

	exists in the boundary	
////////////	//////////////////	
sound	\\\\\\\\\\\\\\\\\\	\\\\\\\\\\
	language	thought

'value'의 사고적인 측면은 다시 크게 세 개의 하부구조로 나뉠 수 있는데 각 내용은 다음과 같다.

㉠ signification: "association of a given sound with a given concept" and, therefore, essentially implies the traditional notion of referential meaning.
주어진 소리와 개념의 연결을 의미한다. 이것은 전통적인 지시상의 의미를 가리키는 것이다.

㉡ value: establishes by studying the other terms of the linguistic system, to which it is opposable, on both the paradigmatic and syntagmatic axes, since, according to de Saussure, la langue is "a system of interdependent terms in which the value of each term results solely from the simultaneous presence of the others."
이것은 대별의 가능성이 있는 언어학적인 용어들과의 비교를 통하여 이루어지는 것인데, 여기서 말하는 대별이란 통어적 관계 축과 어형변화 관계 축에서 관찰될 수 있는 비교를 가리킨다고 할 수 있다. 다른 요소와의 대별성은 소쉬르를 따른 것이다. 그에 의하면 랑그는 상호의존적인 용어들의 체계라고 정의된다. 그는 각 용어들의 value가 다른 용어들이 동시에 출현한 상황에서만 결과로서 도출될 수 있다고 보았다.

㉢ content: considered the sum of the signification and the value. "content is truly determined only by the contrast with what

exists outside of it. Since it is part of a system, it is endowed
not only with a signification but also, and especially, with a
value."

이것은 위의 두 개념들의 집합으로 여겨지고 있다. 이것은 해당하
는 용어와 그 이외에 존재하는 다른 용어들과의 대별로서만 이루
어지기는 하지만, 사실 이러한 상황은 언어체계의 일부분이기 때
문에, 개념은 표기화뿐만 아니라 value에 의해서도 주어진다고 보
았다.

위에서 살펴보았듯이 'value'는 소리와 의미를 지시적으로만 결정하던
종래의 방법과는 다른 입장을 취하고 있다. 언어의 의미를 단순하게 소리
와 단어 간의 일대일 대응으로만 여긴다면 다음과 같은 경우를 설명할 수
없기 때문이다. 즉, 영어의 'sheep', 'mutton'과 불어의 'mutton'은 '양'
과 '양고기'를 표의하는 데 있어서 영어에서는 두 단어가 개별적으로
대상을 가리키지만 불어에서는 한 단어가 양쪽을 다 의미한다는 것 이
외에는 한 단어와 의미의 지식적인 측면은 동일하다고 볼 수 있다. 그
렇지만 'value'는 각각의 단어가 어떠한 환경에 놓이느냐에 따라서 상
당한 차이를 보일 수 있다. 영어의 'sheep'은 다른 동물들의 이름과 대
별되는 집합의 부분집합으로 되어 있고 'mutton'은 음식용 고기들과
대별되는 집합의 부분집합인 반면에 불어의 'mutton'은 양쪽 집합의
부분 집합으로 동시에 나타날 수 있다는 점에서 상당한 차이를 보이고
있다. 이와 같은 단어간의 'value'에 있어서의 차이점은 표의와 'value'
를 총체적으로 보는 개념에서는 당연히 다른 결과를 도출하게 된다. 이
처럼 단어들은 적절한 환경에서는 서로 동일한 표의 관계를 보일 수도
있지만 개념적인 측면에서는 'value'의 차이로 인하여 다른 결과를 보
일 수 있으므로 한 용어를 단순히 소리와 의미의 연관으로만 보던 전통

적인 의미론이 진정한 의미를 가리킴에 있어서 적절하지 않음을 알 수 있다.

(161) association of a given sound with a given concept

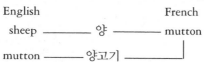

English   French

sheep ———— 양 ———— mutton

mutton ———— 양고기 ————┘

     by comparing with all other members

        '*sheep*' is part of system in which all other members are the names of live animals(cow, rabbit, goat, etc.).

        (다른 동물들의 이름과 대별되는 집합의 부분집합이다.)

        '*mutton*' is part of system in which all other members are the names of food(pork, beef, chicken, etc.).

        (음식용 고기들과 대별되는 집합의 부분집합이다.)

        '*mutton*' is part of both systems above.

        (양쪽 집합의 부분집합으로 동시에 나타날 수 있다.)

'value'의 물질적인 측면은 언어의 음성적인 측면과 동일하게 생각할 수 있다. 언어의 단위에서 물질적인 면으로 가장 많이 요구되는 사항은 그 단위들이 다른 음성적인 단위들과 어떻게 대별되느냐를 보이는 것이다. 음성학적으로 하나의 단위가 다른 단위와의 차이를 보일 수만 있다면 한 언어에서 어떠한 소리를 사용하여도 상관이 없다는 것인데 이것은 철자법에도 그대로 적용된다. 즉 아무리 같은 철자를 다른 모양으로 기술하여도 글자 모양들 사이에 차이를 보일 수 없다면 언어적인 면에서 아무런 가치가 없다는 것이다. 아래 예에서 두 번째의 경우는 'A'를 각각 다른 글꼴로 표기하였지만 각각의 글꼴들은 진정한 의미에서 서로가 대별된다고 볼 수 없다. 그 대신 'A'와 관련된 철자들은 'b', 'c', 'd' 또는 'r'과 같은 다른 철자들과 대별된다고 볼 수 있다. 이것은 'value'의 물질적인 측면이 언어의 음성적인 대별에 중점을 두고 있는 바에 어긋난다고 할 수 있다.

(162) Abracadabra
       AbracAdAbrA

소쉬르가 언어에서 관심을 가졌던 것은 언어의 형식적인 면이다. 그는 내용적인 면에는 별로 비중을 두지 않았다. 소쉬르에 의하면 다른 소리란 하나의 주어진 언어 내에서 서로 대치될 수 있는 것을 의미하며 같은 대별 관계가 존재하는 한 같은 언어를 다루고 있는 것으로 볼 수 있다.

(5) 표의와 표기

이 두 용어에 대한 이해는 우선 '기호'(sign)에 대한 정의를 살피는 데서 시작해야 한다. 소쉬르는 la langue를 기호의 저장소(deposit of signs)로 간주하였다. 대부분의 사람들은 이것을 단순화하여 기호의 저장소를 구체화된 단어들의 모임으로 이해하려고 하였다. 그렇지만 그것은 해당 용어에 대한 올바른 이해가 아니다. 여기서 말하는 기호란 언어 속에서 구화로서 구현되고 관찰이 가능한 요소들을 의미하는 것이 아니라 아직 정신세계 속에 존재하는 것(psychic entity)을 가리키는 것이다. 소쉬르의 기호에 대한 정의도 이와 유사한 경향을 보이고 있다. 그에 의하면 언어학상의 기호는 대상과 그 대상의 명칭관계를 나타내는 것이 아니라 개념과 음향적 표상의 관계를 나타낸다. 이것은 다음의 도식에 잘 나타나 있다. 아래 도식에 있는 표의(signifié)는 'things meant'를 의미하며 표기(signifiant)는 'signifier'를 가리키는데 이와 같은 분류는 이미 스토아 철학(Stoics) 언어이론에서 언급한 바 있다.

(163)

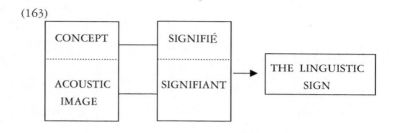

① 음향적 표상

먼저 음향적 표상에 대하여 살펴보기로 하겠다. 여기서 표시를 하는 요소를 음성적인 결과 대신 음향적인 표상으로 정의한 것은 소쉬르 자신이 초기에 구분하였던 la parole의 부담으로부터 벗어나기 위함이었다. 소쉬르에 의하면 언어학 연구는 주로 la langue에 비중을 두어야 하는데 기호의 저장소라고 할 수 있는 la langue를 연구함에 있어 la parole의 중심 개념이라고 할 수 있는 소리를 끌어들인다면 본래 의도하였던 대로 설명을 진행시킬 수가 없었다. 또 다른 이유로는 인간이 언어를 다루는 과정에서 주로 다루게 되는 대상은 언어를 듣고 기억에 남은 흔적이며 실제로 발음되는 것들 자체를 분석하는 것은 아니라는 점을 들 수 있다. 이처럼 기억 속에 흔적으로 남아 있는 것을 소쉬르는 음향적 표상이라고 명명하였다.

음향적 표상은 언어를 음성적으로만 다루는 데서 야기되는 문제를 해결하는 데 중요한 역할을 하기도 한다. 예를 들어 음성적으로는 하나의 단어를 하나하나 분절음으로 발음한 결과를 정확하게 나눌 수 없지만 음향적 표상을 이용하면 실제로는 불가능하지만 개념적으로 소리가 하나씩 분절음으로 나누어지는 것을 설명할 수 있다. 우리가 소리를 모아서 하나의 단어로서 발음할 때에는 해당되는 분절음들을 하나씩 또박또박 별개로 발음하는 것이 아니라 앞뒤 소리들의 상당 부분을 겹치기 때문이다. 그러나 음향적 표상이란 소리를 단지 개념적으로만 생각하여 이것들이 어떤 모양으로 하나의 개념을 표시하는지에 관심을 기울일 뿐, 각 소리들의 실제 발음에는 별로 큰 비중을 두지 않는다. 이와 같은 소리 음향적 표상은 음소(phoneme)라는 개념과 동일시할 수 있다. 음소의 변화는 표시되는 대상의 개념을 다르게 할 수 있기 때문이다(The "sound image" is "nothing more than the sum of a limited number of elements or phonemes, which in turn can be called up only by a corresponding number of written symbols").

표시(signifiant)에서 또 하나 알아두어야 할 것은 언어학적인 기호에 나타나는 표시가 선상 구조(linearity)를 이루고 있다는 점이다. 이것은 음향적 표상에 해당하는 음소가 시간의 흐름과 함께 일렬로 늘어선다는 것을 가리킨다. 소쉬르는 이 구조를 'chain of speech'라고 부르기도 하였고 선상 구조를 통하여 소리가 늘어설 수 있는 가능성의 무한성과 선상 구조를 통한 언어들 간의 구분을 예측하기도 하였다.

② 개념
소쉬르는 개념에 대하여 그다지 정확하게 설명하지는 않았다. 다만 개념은 음향적 표상보다는 일반적으로 좀 더 추상적이라고 언급하였다. 그의 생각의 다음 인용문에 잘 나타나 있다.

"concept is generally more abstract than the sensory acoustic image, which is the psychic impression of a sound, the representation of it which our senses give us."
개념은 일반적으로 음향적 표상보다는 더 추상적인 측면을 소유하고 있다. 음향적 표상은 소리의 심리적 인상을 표현하는 것으로서 인간의 감각이 제공하는 표시를 가리킨다.

3. 프라하학파

프라하학파(Prague Linguistic Circle, 1920~1940)는 언어학의 흐름이 전통적인 역사언어학에서 공시적인 현상을 주로 다루는 새로운 언어학의 이론으로 변화하는 시기에 시작된 유럽을 중심으로 한 새로운 언어학의 모임이었다. 이 모임을 이끌어나가던 학자들은 다음과 같다.

(164) 마테시우스(Vilèm Mathesius)-프라하(Prague)를 중심으로 활동하였음

뷜러(Karl Bühler)-비엔나(Vienna)를 중심으로 활동하였음

트루베츠코이(Nikolai Sergeyevich Trubetzkoy)-러시아에서 비엔나로 옮김

야콥슨(Roman Jakobson)-러시아에서 프라하로, 그리고 제2차 세계대전에 즈음하여 미국으로 옮김. 미국의 구조주의 형성에 지대한 공헌을 함

이들 중 마테시우스는 프라하의 카롤린(Caroline) 대학에서 강의를 하던 체코 출신의 영문학자로서 그의 강의는 주로 공시적인 언어이론에 대한 것이었으며 1911년에 처음으로 비역사적인 접근을 기반으로 하여 언어연구에 대한 저서를 내놓았다. 이것은 유럽 대륙에 역사성이 배제된 새로운 공시적 언어이론이 싹트고 발전하게 되는 계기를 마련해주었다. 이와 때를 같이하여 소쉬르도 공시적인 언어이론을 중심으로 1911년에 새로운 언어학 강의를 하고 있었고 미국에서는 보애스(Boas)가 공시적인 이론을 바탕으로 자신의 저서인 *Handbook of American Indian Language*(1911)를 저술하였다.

이와 같은 시대조류 속에서 학문적으로 뜻을 같이하던 학자들이 1926년 이후 체코슬로바키아의 수도인 프라하에 모여 자신들의 모임을 만들고 정기적으로 회합을 가지게 되었는데 이것이 바로 오늘날까지 알

려져 있는 프라하학파의 기원이다. 이 학파가 다른 언어학의 조류와 다른 점은 이 학파의 학자들이 언어를 기능적인 측면에서 규명하려 했다는 것이다. 즉, 언어를 일정한 목적에 도달하려는 기능적인 존재로 규정하였으며 언어 내부의 각 부분들도 이와 같은 목적을 성취하기 위한 수단으로 분석하고 이해하였다. 이것은 같은 구조주의를 표방하면서도 프라하학파가 주장하였던 목적을 위한 기능성을 배제한 미국의 기술언어학자들과 완연히 다른 점이다.

이제부터는 프라하학파를 이 학파의 일원이었던 각 학자들의 활동과 이론체계를 통해 살펴보기로 하겠다.

1) 마테시우스

마테시우스(Mathesius, 1880~1945)는 프라하학파에서 가장 오래된 학자로 당시 영어학 교수였다. 그는 나중에 공시적 언어학으로 옮겨가 영어의 문장 속에서 단어들의 순서에 대한 제반 현상들을 관찰하고 자신의 발견을 바일(H. Weil)의 *Word Order in Classical Languages*(1840)와 접목시키려고 시도하였다. 바일의 저서는 주로 문장의 구조와 관련된 내용을 담고 있었다. 이 저서에 의하면 모든 언어들은 통사론적인 어순을 보여주는데 영어에서는 주어, 동사, 목적어(SVO) 구조를 보여준다. 서로 다른 언어는 각각 다른 어순을 보여주고 또한 주어진 어순일지라도 언어에 따라서 해당 어순의 당위성의 정도에 있어 상당한 차이를 보인다는 것이다. 예를 들어 영어의 경우에는 SVO의 어순이 문장의 정확한 의미 전달을 위해서는 필수적이지만 그리스어나 라틴어의 경우에는 어순이 그렇게 엄격하지 않고 어순에 있어서 상당한 융통성을 보여준다.

마테시우스는 이와 같은 어순의 성격을 바탕으로 나름대로 어순과 문장을 형성하는 부분들이 의미와 연관성이 있음을 밝히려고 노력하였고

그와 같은 노력은 이 분야에 적지 않은 성과를 가져왔다. 그가 설정한
연관을 보면 문장의 전체적인 의미는 이미 알려져 있는 기존의 정보로
부터 아직 알려지지 않은 새로운 정보의 흐름으로 구성되어 있다. 후세
의 프라하학파의 학자들은 이와 같은 문장구조를 'Functional Sentence
Perspective'(FSP)라고 명명하였으며 이것을 문장 또는 한 언어의 실
제 형태나 실질적인 구성으로 간주하였다(real form of a sentence or
language; actual articulation of the sentence).

그는 주어진 문장에서 오래된 정보와 관련된 부분을 'theme'라고 명
명하고 새로운 정보와 관련된 부분을 'rheme'라고 명명하였다. 그는 이
와 같은 구조를 영어 문장을 분석하는 데 다음과 같이 응용하였다.

(165) a. definition of theme and rheme

theme: refers to something about which the hearer already
knows(because it has been discussed in immediately
preceding sentence.)
청자가 이미 알고 있는 대상에 대하여 언급하는 것이다.
(청자가 이미 알고 있는 이유는, 그 내용이 바로 전의
문장에서 언급되었기 때문이다.)

rheme: states some new fact about that given topic.
주어진 주제에 대하여 새로운 사실을 이야기하는 것이다.

b. Unless certain special effects are aimed at, *theme* will precede
rheme, so that the peg may be established in the hearer's mind
before anything new has to be hung on it.
특별한 효과를 도모하지 않는 이상 주어진 문장에서 theme이
rheme을 앞서는 것이 보통이다. 그래서 새롭게 주어질 정보가
이미 주어진 주제 이전에 청자의 마음속에 자리잡도록 해준다.
다음은 영어 문장의 예를 보인 것이다.

eg) John kissed Mary in the garden.

theme	*rheme*
John	kissed Mary in the garden

위에서 주어진 영어 문장에서 'John'은 주어진 정보로서 이미 청자들에게 알려진 주제이고 'kissed Mary in the garden'은 주어진 주제에 대한 새로운 정보를 전해주는 부분이다. 이처럼 주어진 구정보와 새로운 정보를 중심으로 문장을 분석하는 것은 통사론에서 주부와 술부(subject and predicate)를 나누는 것과 동일하게 여겨져 왔다. 만일 이 문장을 전하는 사람이 술부에 나온 내용을 기존의 정보로 하고 주부에 나온 내용을 새 정보로 하고 싶은 경우에는 영어에는 새로운 구조가 도입되어야 하는데 그것이 바로 영어 통사론에서의 수동구문 구조이다. 이 구조는 본래 구조에서 술부에 있던 목적어를 주부 위치로 옮기고 주부에 있던 것을 문장 제일 뒤로 옮기는 것이다. 마테시우스는 문장 속에서 기존 정보와 새 정보를 나누는 기준을 문장 속의 위치에 초점을 맞추었기 때문에 어느 통사구조든지 결과로 나오게 되는 문장에서 앞에 나오는 것은 옛 정보로 보고 뒤에 나오는 것은 새 정보로 보게 된다. 그러므로 수동구문의 주어는 비록 그것이 과거에는 새 정보였으나 주부로 위치를 옮긴 이후에는 더 이상 새 정보라고 할 수 없으며 본래 주부에 있던 내용도 문장 뒤로 간 이후에는 더 이상 옛 정보라고 할 수 없다. 이로써 본래 옛 정보와 새 정보로 나뉘어 있던 내용들은 수동구문에서 문장 속의 새로운 위치 배정에 따라 서로의 역할을 바꾸게 된다. 예를 들면 다음과 같다.

(166) John kissed Mary in the garden.
　　　　옛 정보　　새 정보

　　　　　　　　　　　　　　　　　　　　　수동화 규칙

　　　　Mary was kissed in the garden by John.
　　　　옛 정보　　　　　　　　　　　　새 정보

영어 수동구문을 자세히 살펴보면 위의 예에서 보았듯이 'by-'구의 빈도수가 상당히 적다는 것을 알아낼 수 있다. 영어의 수동문의 기능 중의 하나가 'by-'에 나타나는 내용을 별로 언급하기 원치 않을 경우에 이것을 명시하지 않으려는 경향을 표시하는 것이기 때문이다. 화자가 피행위자를 밝히고는 싶지만 행위자 자체에 대해서는 별로 밝히고 싶어 하지 않는 심리적 상태를 가리키기도 한다. 즉, 옛 정보에 대한 새로운 정보를 더 이상 주기를 꺼리는 경우에 능동문 구조보다는 수동문 구조를 사용한다는 것이다.

마테시우스 혼자서만 'Functional Sentence Perspective'를 주장했던 것은 아니었으며 미국의 기술언어학에서도 같은 방법이 이용되었다. 미국의 기술언어학자들은 동일한 개념에 대하여 다른 용어를 사용하였다.

(167)

Mathesius	theme	rheme
	old information	new information
American Descriptivists	topic	comment

마테시우스가 'Functional Sentence Perspective'로 문장의 어순을 나누었던 방법에는 위에 제시한 것 이외에도 다음과 같은 종류의 어순들이 있다.

(168) a. functional word order
    b. emotional word order
    c. emphatic word order
    d. reversed word order

위와 같이 문장 구조를 보이는 경향은 후일 언어학에 많은 영향을 미쳤다. 웨일스(Wales)는 문장이 이러한 구조를 이루는 이유를 밝히고자 노력하였고 문장을 구분하는 데 있어 정상어순(normal word order)과 강조어순(emphatic word order)이라는 용어들을 이용하였다. 홀리데이 (Michael Halliday)는 의사소통의 기본적인 흐름을 인정하면서 문장 구조에 있어서 'topic or item'과 'comment'의 구분을 받아들였다. 이와 같은 문장 어순은 규칙이라기보다는 하나의 경향으로 예외 없이 적용되는 것으로 받아들여졌다.

2) 트루베츠코이

트루베츠코이(Nikolai Sergeyevich Trubetzkoy, 1890~1938)가 처음부터 프라하학파에 속해 있었던 것은 아니다. 그는 본래 러시아 귀족으로 학자 집안에 속하였던 사람이다. 그의 아버지는 모스크바에서 철학을 가르치던 교수였다. 이로 인해 그는 어려서부터 언어학적인 소양을 쌓을 수 있었다. 그는 어려서 피노-우고르(Finno-Ugric)나 코카서스 (Caucasian)의 전설과 그 언어에 대한 학습을 시작하였으며 대학에 가서도 인구어에 대한 연구를 계속하였다. 그러나 러시아혁명이 일어나자 망명하여 오스트리아의 비엔나에 머물렀고 1922년에는 비엔나에서 슬라브 언어학 의장에 임명되었으며 그해에 그가 사는 곳으로부터 150마일쯤 떨어진 프라하에 위치한 프라하학파의 일원이 되었다. 트루베츠코이가 언어학에 대하여 피력하였던 기본적인 생각은 유명한 저서인 *Principles of Phonology*(*Grundzugeder Phonologie*)에 잘 묘사되어 있다. 이 저서는 작고하기 직전에 완성한 것으로 그가 죽은 후 1939년에 출판되었다.

트루베츠코이에게 학문적으로 가장 많은 영향을 준 것은 카잔(Kazan) 학파이다. 당시 이 학파에 속하였던 학자들로는 보두앵 드 쿠르트네 (Baudouin de Courtenay; Polish)와 크루셰프스키(M. Kruszewski)가 있었다. 이들은 근대 음운론에 대하여 생각하기 시작하였고 자신들의 연구를 위하여 무엇이 의미를 나타내는지 언어가 어떠한 구조를 가지고 있는지에 대한 질문을 끊임없이 던졌다. 이것은 후일 트루베츠코이와 야콥슨(Jakobson)에게 전달되었으며 이들 두 학자는 이러한 가르침을 통하여 근대 음운론의 기초를 형성하기에 이르렀다. 이들이 생각하였던 음운론에 대한 생각들 중에서 특기할 만한 사항은 음소론과 음운론을 구분한 것이다. 특히 트루베츠코이의 구분을 보면 이 두 용어에 대한 차이를 어렵지 않게 이해할 수 있다.

> (169) Lautleher(phonology) —study of sound historically
> (음성을 역사적으로 연구함)
> Phonetik —phonetics(음성학)
> 1930: Trubetzkoy called his study of sound in system as
> Phonologie —came into English as 'phonemics'.
> (트루베츠코이는 자신의 소리에 대한 연구를 음운론이라고 불렀으며, 이것이 나중에 음소론으로 영어에 나타나게 된다.)

나중에 나온 변형문법(Transformational Grammar; TG)에서는 자신들의 이론의 우수성을 입증하고자 당시 널리 받아들여지고 있던 구조주의 언어학(structuralism)의 문제점들을 샅샅이 파헤쳤다. 음운론의 경우 자신들이 수행하는 음운론을 'phonemics'라고 부르면 구조주의 언어학과 너무 흡사하게 여겨질 수도 있다는 우려 때문에 'phonology'를 사용하였다.

트루베츠코이는 음운론을 소쉬르가 보여준 통어적 관계와 어형 변화적 관계에서 연구하였다. 통어적 관계란 주로 음소가 늘어서는 제약조건들을 밝히는 것으로 그는 어떤 음소들은 서로 같이 늘어설 수 있는 반면에 어떤 음소들은 서로 배척하는 것을 음운론을 통하여 규명하였다. 이것은 후일 다른 음운론자들에 의하여 형태소 구성 제약조건(morpheme structure condition)으로 불리게 되었다. 예를 들어 영어에서 단어가 세 자음으로 시작되는 경우 's' 다음에 자음으로는 반드시 'p, t, k'가 오고, 그 다음에는 'r, l, y, w'가 와야 하는데 이런 음소 배열조건을 가리켜 형태소 내부에서의 음소 구성상의 제약조건이라고 하였다. 그렇지만 트루베츠코이나 그가 속했던 프라하학파의 다른 학자들은 음운론의 기본이라고 할 수 있는 음소(phoneme)를 연구함에 있어 주로 음소들의 대칭성에 중심을 두어 어형변화적 관계(paradigmatic relation)를 밝히는 데 주력하였다. 그는 음소간의 대칭적인 관계를 크게 세 가지로 나누었는데 각각에 대한 용어도 자신이 직접 생각해냈다.

> (170) i. privative opposition
>   하나의 음성 자질에 대한 유무 이외의 다른 면에서 두 음소는 동일하다.
>   eg) /f/   /v/
>   ø   + voice
>   ii. gradual opposition
>   음소들이 하나의 자질에 대하여 단계별로 차이를 보이는 경우임.
>   eg) /i/ ~ /e/ ~ /æ/ 모음 개구도(vowel aperture)
>   iii. equipollent opposition
>   음소들이 상대방이 가지고 있지 않은 자질에 의하여 서로 구분되는 경우이다.
>   eg) /p/ ~ /t/ ~ /k/

위와 같은 대칭개념은 자동적으로 대칭관계가 유지되는 경우와 유지되지 않는 경우를 구분하도록 하는데 경우에 따라 대칭관계가 유지되지 않는 것을 가리켜 중화현상(neutralized)라고 불렀다. 이와 같은 현상은 주로 독일어에서 어말 자음인 /t/ ~ /d/가 더 이상 구분되지 않게 되는 것에 의거하여 설명되었다(예, /ba:dən/ baden 'to bathe' vs. /ba:t/ Bad 'bath'). 이와 같은 설명은 트루베츠코이로 하여금 경계와 음운현상과의 연관성을 연구하는 계기를 마련해주었다. 위에서 제시된 중화현상이 주로 어말이라는 경계와 깊은 연관성이 있기 때문이다. 그는 이와 같은 경계현상을 다른 언어에서도 찾기에 이르렀고 이것은 그로 하여금 경계현상에 대한 하나의 집합을 형성하게 하였다. 그가 경계현상으로 묶은 예들에는 독일어 외에도 불어에서 어말에 강세가 오는 현상과 폴란드어에서 끝에서 두 번째 음절에 강세가 오는 현상들이 포함되었다.

트루베츠코이는 음운론적인 대칭관계에 의거하여 세 가지 기능을 열거하였다.

> (171) a. distinctive function
>   단어의 차이를 보여주는 기능이다.
>   eg) pin tin kin
>   b. delimitative function
>   비록 단어나 다른 구조의 차이를 정해진 자질의 유무로 보여주지는 않지만, 청자로 하여금 듣는 내용에 대하여 어느 정도의 분별성은 허용하는 기능이다.
>   eg) 강세(stress)의 유무가 단어 경계를 인식하게 해주는 경우이다. 단어내에 /ts/나 /ps/의 자음군이 오면, 두 자음 사이에 형태소 경계가 오는 것을 알려준다.
>   독일어의 경우에는 /j/가 항상 어두에 나타남으로써 어두를 알게 하는 기능을 한다.
>   c. culminative function
>   강세의 경우 단어의 차이를 보여주지는 않더라도, 하나의 단어에 강세 하나만을 허용하게 하여 청자로 하여금 자신이 듣고 있는 구조가 몇 단어로 구성되는지를 알도록 해주는 기능이다.

3) 뷜러

뷜러(Karl Bühler)는 비엔나에서 심리학 교수로 재직하였던 학자로서 언어영역에 상당한 관심을 가지고 있었다. 그의 업적은 크게 세 가지 분야로 요약될 수 있다.

첫째는, 추상적인 관련성(abstractive relevance)에 대한 원리를 언급한 것이다. 이것은 인간이 언어를 이해하는 과정이 언어의 각 분야로서 주어진 각 범주를 여과장치로서 거치면서 형성된다는 사실을 의미한다. 영어와 산스크리트어에 존재하고 있는 기식음을 예로 들 수 있다. 산스크리트어를 모국어로 사용하는 화자는 이 언어에 나타나는 기식음을 분별하고 여기에 수반되는 의미의 차이를 인식할 수 있는 데 반하여 영어를 모국어로 사용하고 있는 화자는 비록 자신들이 발음상으로(즉, 하나의 자음의 이음으로서 이용한다는 것이다) 기식음을 이용하기는 하지만 산스크리트어의 모국어 화자에 비한다면 기식음을 거의 판별하지 못한다. 이와 같은 현상은 비단 음운적인 면에만 나타나는 것이 아니라 형태론과 통사론에도 나타난다. 굴절어와 교착어의 경우 각각의 언어를 사용하고 있는 화자들은 서로 대칭되는 언어의 특징들에 관해서 직접 그 언어를 모국어로 하고 있는 화자들과 달리 거의 판별 능력이 없는 것이다.

둘째는, 뷜러가 나누어놓은 언어현상에 대한 분류이다. 그는 언어현상을 크게 넷으로 나누고 있는데, 그 기준은 'collective, individual, potential, actual'을 중심으로 하고 있다.

(172)

		collective	individual
potential		social interpersonal (communication between at least 2 people) langue(Saussure) ergon(Humboldt) competence of ideal speaker	idiolects (variety of interpersonal communication) competence(Chomsky)
actual		energea(Humboldt) performance	parole(Saussure) performance(Chomsky)

소쉬르도 이와 같은 경향의 분류를 보이고 있다. 그의 분류는 다음과
같다.

(173) parole—actual and individual phenomenon
       langue—potential thing, collective

뷜러가 사용한 또 하나의 용어는 'organon'이다. 이것은 훔볼트의 'ergon'
(something done)과 'energeia'(dinamic force)와 일맥상통하는 개념으로
여기서 'org'는 'erg'를 가리킨다. 'o'와 'e'의 차이는 다른 예에서도 아
주 많이 나타난다.

(174) log   ← leg
       songth ← sength

셋째는, 언어의 기능에 대한 언급인데 여기서 나열하는 순서는 기능
들 사이에 어떠한 상하 개념이 있다는 것과는 무관하다는 것을 먼저 밝
힌다. 언어의 기능별 종류는 다음과 같다.

(175) a. representative function(cognitive function)
         It indicates the function of stating facts. Language represents
         the world and stands for the extra-linguistic reality.
         언어가 사실을 알려주는 기능을 가리킨다.
      b. emotive function(expressive function)
         It indicates the function of expressing temporary or permanent
         characteristics of the speaker. Representative function does not
         always represents the real existence in the world(eg. talk
         about 'unicorn'). Emotive function gives expression to speaker's
         emotion.
         화자의 시간상 관련된 상황의 변화를 표현하는 기능을 가리킨다.

c. appeal function(contact function)

It indicates the function of influencing the hearer. For example, 'Could you give me 10 dollars, please?'

In this sentence, 'please' does not represent the reality nor expressemotion.

청자에게 영향을 미칠 수 있는 기능을 가리킨다. 부탁과 같은 내용이 여기에 속한다고 할 수 있다.

트루베츠코이는 이와 같은 분류가 음운론의 분석에도 적용될 수 있음을 보여주었다. 하나의 음성적인 대립이 'representative function'을 만족시키면 그것은 음소상의 대립으로 간주될 수 있다는 것이다. 그렇지만 하나의 음소로부터 파생되고 음소적인 대립을 보이지 않는 이음(allophone)들의 경우는 때에 따라서 'expressive function'과 'contact function'의 역할을 보이기도 한다. 예를 들어 영국 영어에서 이중모음인 /au/는 첫 번째 모음을 발음하기 위하여 수반되는 개구도(mouth openness)에 따라 자체의 발음의 차이가 [aʊ]부터 [æʊu]와 [ɛʊ]로 나타나는데 이와 같은 차이는 음소적인 차이로 나타나는 것이 아니라 이음의 한 부류로서 나타난다는 것이다. 이와 같은 차이는 음소적으로 대립되어 각자가 의미적인 차이를 도출해내는 것이 아니라 사회적인 계급이 이들을 구별하는 기능으로 작용한다는 것이다. 즉 사회적으로 상류계급에 속하는 사람의 경우는 앞에 오는 모음을 개구도를 크게 하여 발음하는 반면 하류계층으로 갈수록 개구도가 적어진다는 것이다. 트루베츠코이는 이처럼 언어의 기능을 음운론에 적용하여 뷜러의 분류의 타당성을 보여주고자 하였다.

위의 분류의 기본적인 바탕은 언어를 하나의 도구로서 인식하는 학문적인 입장에 놓여있다. 이것은 프라하학파가 언어를 보는 공통된 시각이다. 이와 같은 관점은 다른 학파에서도 나타난다. 영국 학파를 이끌던 퍼스(J. R. Firth)와 같은 학자는 언어를 도구로 보는 프라하학파에 상당히 고무되었다고 볼 수 있다. 그는 특히 민족지학자(ethnographer) 말리놉스키(Malinowiski)에 의하여 상당한 영향을 받게 되어 위에서 예시한 언어의 기능들 외에 두 가지의 다른 기능들을 추가하기에 이르렀다. 추가된 기능들은 다음과 같다.

> (176) e. phatic function
>> eg) "How are you?"
>> This sentence does not communicate nor ask. It does not practically carry no meaning but carry only the phatic function that does not mean anything.
>> 상투적인 표현을 나타내는 기능을 가리킨다(일상적 인사).
> f. aesthetic function
>> It is also added by R. Jakobson. In this functio, 'form' is mentioned. For example, poems impress people not by content but by form.
>> 시론과 같이 미학적인 기능을 가리킨다.

뷜러는 언어의 기능을 언급하는 과정에서 문장들을 이해할 때 표면적으로 보이는 의미만을 보아서는 안 된다고 주장하였다. 같은 문장이 경우에 따라 다른 기능을 수행하기도 하기 때문이다.

4) 야콥슨

야콥슨(Roman Osipovich Jakobson, 1898~1982)은 러시아 태생의 학자로 모스크바 대학에서 동양어에 대한 학위를 받은 것을 시작으로 1920년에는 프라하에서 연구하였으며 체코슬로바키아의 브르노(Brno)에 있는 대학의 대표를 지내기도 하였다. 그는 러시아의 카잔(Kazan) 학파로부터 지대한 영향을 받았으며 또한 러시아의 형식주의(Formalism)에 깊이 심취되기도 하였다. 이와 같은 방대한 학문적인 배경은 후일 독일의 나치가 제2차 세계대전을 전후하여 기승을 부리게 되자 미국으로 망명하여 미국 내의 언어학적인 발전에 상당한 공헌을 하는 계기를 마련해주기도 하였다. 야콥슨은 미국에서 주로 동부를 중심으로 학문적인 역할을 수행하였으며 특히 하버드의 교수로 연구생활을 지속하였다. 언어학에 있어서의 야콥슨의 업적은 크게 넷으로 나누어볼 수 있다.

(1) 현대 음운론의 기초 확립

야콥슨은 트루베츠코이와 함께 현대 음운론을 형성하고 발전시킨 학자로 트루베츠코이보다 한 단계 더 나아간 학문적인 업적을 보여준다. 그는 음소를 가장 작은 단위로만 생각하지 않고 각 음소의 성질을 규명할 수 있는 더 작은 자질들은 고안해냈는데 이것은 후일 음운론에서 'distictive feature'라고 불리면서 현대 언어학에서 소리의 성질과 주어진 성질들의 상호 연관성을 규명하는 중요한 기준으로 이용되고 있다. 이와 같은 자질에 대한 자세한 설명은 그의 주요 저서인 *Preliminaries to Speech Analysis*(1952 with Fand, Halle)에 잘 나타나 있다. 이와 같은 소리의 자질에 대한 언급은 음소 사이에 자연적인 묶음(natural class)이라는 새로운 개념을 소개하기에 이르렀고 이것을 중심으로 특정 음소들이 동시에 같은 현상을 보이는 이유를 설명할 수 있게 되었다. 다음의 예는 소리의 자질들이 음소들을 어떻게 분류하는지를 보여주고 있다.

(177) 무성음　　유성음

무성음	유성음						
p	b	p	b	f	β	m	입술소리
t	d						
k	g	t					
f	v	k					
θ	ð	f					
		θ					

(2) 언어의 기능

야콥슨이 언어의 기능으로서 중시한 것 중 하나는 시어적 언어(poetic language)이다. 그의 주장에 따르면 인간은 표현된 내용에 존재하는 형식(form)의 차이를 근거로 하여 서로를 분별한다는 것이다. 언어상의 형식이란 억양, 어휘, 음운적인 특징들을 말하는 데 표현된 내용들이 다른 측면에서는 모두 동일하고 억양에서만 차이를 보인다면 이 내용들을 접하는 사람들은 바로 억양을 중심으로 하여 주어진 내용들을 구분하게 된다는 것이다. 여기에서 구분의 기준이 되는 억양이 바로 언어상의 형식이고 이것이 하나의 기능으로서 자리를 잡게 된다는 것이다. 이와 같은 형식들을 다 모은다면 우리는 그것을 시어적 언어라고 일컬을 수 있는 것이다. 그 속에 들어 있는 형식들은 차이를 유발한다는 면에서 서로가 같은 기능을 소지하게 된다는 것이다.

(3) 통시적 언어관과 공시적 언어관

야콥슨의 언어관 중에서 특이한 것은 통시적인 언어학의 연구는 각각의 시대와 연관되는 공시적인 언어학 연구와 병행되어야 한다는 것이다. 이것은 현대 음운론을 만들어내는 데 중요한 공헌을 한 부분이며 과거의 언어연구와 달리 현대 음운론이 공시적인 측면에서 연구를 이끌어가는 데 중요한 역할을 담당하게 하였다(If a person studies from a diachronic standpoint, he should do it from the standpoint of synchronic stages).

(178) diachronic approach

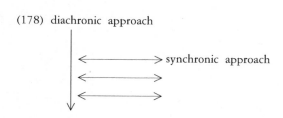

(4) 언어의 융합

야콥슨은 언어들이 발전하는 과정이 과거 역사언어학자들이 보여준 가지이론이나 파도이론 같이 단지 분화(diversity)만을 보이는 것이 아니라 때에 따라서는 융합(convergency)의 과정도 보인다고 주장하였다. 그는 자신의 주장을 증명하기 위하여 발칸(Balkan) 반도에서의 언어들간의 영향을 연구하였다. 그의 연구에 따르면 발칸에는 슬라브(Slavic), 로맨스(Romance), 알바니아(Albanian), 트루키쉬(Trukish) 등 전혀 상관이 없는 언어들이 공존하고 있는데 이와 같은 언어의 제한은 서로 관련성이 적은 언어들일지라도 세월이 흐름에 따라 서로 하나로 뭉쳐지는 현상을 야기한다. 야콥슨은 이와 같은 현상을 근거로 언어들 사이의 융합이론을 주장하였다. 야콥슨이 위의 언어들이 융합하는 과정의 증거로 사용한 것은 관사의 동일화 현상이다. 그리스어(Greek)의 경우 관사가 언어내에 존재함으로써 슬라브(Slavic) 언어들에 관사에 준하는 'deitic pronoun'이라는 표현을 만들어내게 하였고 불가리아(Bulgarian), 알바니아, 루마니아(Rumanian) 등도 슬라브나 로맨스 언어들과 마찬가지로 관사를 사용하기에 이르렀다는 것이다.

이처럼 비록 서로 어족으로는 거리가 상당히 있지만 같은 지역에 상당 기간 접하여 있다는 이유만으로 유사한 성질을 공유하게 되는 현상은 야콥슨에 의해서만 밝혀진 사실이며 이것은 언어의 발전과 지리적 여건과의 긴밀한 관련성을 보여주는 것이기도 하였다.

5) 마르티네

마르티네(Andre Martinet)는 프라하학파의 물결이 독일 및 유럽 각국에 강하게 미치는 시기에 출현하였다. 그는 프랑스인으로 주로 프랑스를 중심으로 프라하학파의 흐름을 따르던 언어학자였다. 마르티니를 언급할 때에 가장 중요한 것이 바로 그의 저서인 *The Economy of Phonological Change*(*Éco-nomie des Changements Phonétiques*)(1955)인데 책제목의 'economy'는 경제학이 아니라 'organization', 'coherence' 또는 'underlying prin-ciples'를 가리킨다.

마르티니가 주로 수행하였던 연구는 구조주의를 재확립하는 것이었다. 그의 주장에 따르면 언어에 있어서 소리의 변화의 원인은 소리 자체의 변화에서 뿐만 아니라 소리들이 변하기 전에 하나의 특정 언어에서 유지하고 있던 체계를 다시 유지하는 것에서 찾을 수 있다. 이것은 앞서 소리를 'substance'와 'form'으로 나누고 소리와 직결된 것을 전자로 소리들이 가지고 있던 체계를 후자로 보았던 소쉬르의 방법과 유사한 것이다. 만일 소리의 변화로 인하여 해당 언어 전반에 걸친 변화가 유발되면 기존의 체계를 유지하는 선에서 언어상의 변화가 일어나게 된다는 것이다. 만일 자음 'p'가 같은 폐쇄음인 'f'라는 마찰음으로 변하게 되면 다른 폐쇄음들인 't, k'도 전체적인 균형을 유지하려는 성질 때문에 같은 조음 위치의 마찰음으로 변하게 된다.

(179) p > f
     t > φ
     t > x

마르티니는 언어 체계상의 변화와 관련이 있는 세 가지의 변화들을 보여주었는데 그것들은 다음과 같다.

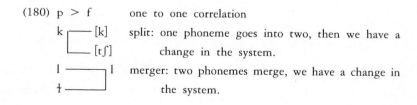

(180) p > f   one to one correlation
      k ⌐ [k]   split: one phoneme goes into two, then we have a
        └ [tʃ]   change in the system.
      l ────── l merger: two phonemes merge, we have a change in
      ł ──────┘   the system.

이와 같은 음운론적인 체계에서의 소리의 변화는 일정한 체제나 규칙에 따라 이루어진다. 마르티니가 보여준 예는 다음과 같은데 이것은 후기 라틴어와 이탈리아어의 변화를 보인 것이다.

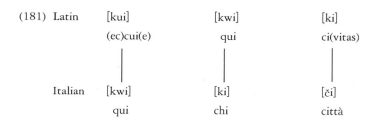

(181) Latin   [kui]   [kwi]   [ki]

              (ec)cui(e)   qui   ci(vitas)

    Italian   [kwi]   [ki]   [či]

               qui   chi   città

마르티니는 소리의 변화는 하나의 주어진 일관성에 따라서 이루어진다고 보았다. 변화과정에서 하나의 빈 공간(slot)이 생기면 무엇인가가 그 공간을 채워넣기 위하여 움직이게 되는데 이것은 문란하게 일어나는 것이 아니라 일정한 위치에서 이 현상이 시작되면 움직이고 남은 공간을 또 다른 것이 채우는 쇠사슬과 같은 형식(push chain)을 취한다는 것이다.

마르티니가 이룩한 또 하나의 발견은 소리 변화에 있어 기능적인 생산(functional yield)라는 것인데 이것은 가리키는 것은 음소들이 대치되는 과정에서 그와 같은 대치관계를 유지하기 위해 요구되는 노력의 양을 가리킨다. 영어에서 /θ/와 /ð/의 두 음소는 /f/와 /v/보다 둘 사이에 차이를 유지하는 데 더 많은 노력이 필요하고 이것은 상대적으로 기능적인 생산이 낮아지는 결과를 초래하게 된다. 전자의 두 음소를 대칭관계로 보여주는 최소대립자(wreath~wreathe)의 수가 후자의 음소를 대칭관계로 보여주는 최소대립자(foal~vole)의 수보다 훨씬 적기 때문이다.

마르티니는 언어에 있어서 소리 변화는 논리적 근거 및 결정된 방향

(teleology)을 가지고 있으며 대화의 효율을 극대화하려는 목적도 가지고 있다고 보았다. 소리의 변화가 이행되는 동안 위와 같은 효율의 극대화가 이루어진다면 소리의 변화는 더 이상 일어나지 않게 된다는 것이 그의 주장이다. 또한 소리의 변화는 위에서 언급한 대화의 효율을 극대화할 뿐만 아니라 전체적인 체계에 있어 균형(equilibrium)과 균등관계(symmetry)를 이룩하려는 목적으로 시작된다고 보았다.

그가 지적한 문제는 이미 균형과 균등이 형성된 언어에서 왜 소리 변화가 일어나느냐는 것인데 인간이 가지고 있는 주어진 환경이 불완전하기 때문이라는 것이다. 인간의 소리에 관련된 기관은 항상 변화할 수있는 잠재력을 가지고 있기 때문에 비록 한 시점에서 하나의 언어가 균형과 균등 관계를 유지하고 있더라도 앞에서 말한 불완전함이 이들 균형과 균등 관계를 무너뜨리게 되고 이처럼 일그러진 균형과 균등 관계를 회복하기 위하여 다시 소리 변화가 생겨나게 된다는 것이다.

이와 같이 소리의 변화가 반드시 균형과 균등 관계를 유지하기 위하여 발생하여야 한다는 논리는 결정론(teleology)적으로 받아들여졌는데 이런 결정론적인 소리 변화는 항상 불완전한 인간의 여건으로 인하여 시작의 동기를 부여받게 된다. 여기서 언급한 불완전한 요소는 비균형화(de-equilibrizing) 요소로 마치 소리 변화의 결정론적인 성격과 시소(seesaw) 같은 관계에 있다고 볼 수 있다.

4. 덴마크의 언어학

1) 옐름슬레우

옐름슬레우(Louis Hjelmslev, 1899~1965)는 덴마크 언어학의 대표적인

학자이다. 그는 특히 소쉬르의 구조주의 언어학을 좀 더 체계 있게 발전시
킨 사람으로 언어학사에서 중요한 사람으로 여겨진다. 세계적으로 단연
독보적인 구조주의자로서 많은 언어학자들에게 적지 않은 영향을 미쳤다.

그는 자신의 언어학적인 접근방식을 'Glossmatics'라고 명명하였는데
이 말은 그리스어의 'glōssa'(tongue or language)와 'mathē'(the English
combining form -matics that means study)가 합쳐 형성된 용어로 '언
어학'으로 해석될 수 있다. 이 용어와 기존의 'linguistics'라는 용어 간
의 차이는 언어를 수학적인 방법론에 의거하여 분석하는 측면이 가미되
었다는 데서 찾을 수 있다. 옐름슬레우는 기존의 언어학 이론들과는 달
리 수학적인 개념(mathematics)을 가리키는 -matics를 자신의 언어학 연
구 명칭에 넣음으로써 언어에서 관계(relation)이라는 개념이 무엇보다
도 중요함을 강조하려 하였고 수학에서 이용하고 있는 방식으로 언어학
에 대한 기술을 수행하려고 하였다. 그렇지만 언어에는 수학의 연산작
용(예, 가감승제)이 정확하게 나타나지 않는다. 옐름슬레우도 이 점을 인
식하고 언어이론에 관련되는 단위들, 예를 들면 음소나 형태소 같은 것
에 나타날 수 있는 관계들 중에서 관련성이 있는 것만을 추려낸다면 수
학처럼 언어학 이론의 설명력을 강력하게 만들 수 있다고 생각하였다.

이와 같은 언어학적인 사상을 바탕으로 옐름슬레우는 언어학에서 특히
중시해야 할 것이 언어의 구조적인 분석(structural analysis of language)
이라고 보았으며 구조적인 분석은 과학적 기술(scientific description)이
선행되어야만 가능하다고 주장하였다. 그가 과학적 기술이라는 말로 의
도한 바는 다음과 같다.

> (182) a description of language "in terms of relations between units,
> irrespective of any properties which may be displayed by these
> units but which are not relevant to the relations or deducible
> from the relations."

(언어의 기술은 단위들 사이의 관계에 의거하여 이루어져야 한다. 여기서 단위들이 어떠한 자질을 가지고 있는가는 언어의 기술과는 무관하다. 또한 이들 자질은 해당 관계를 기술하는 데 전혀 관련성이 없으며 위의 관계로부터 도출하는 것조차도 가능하지 않은 것들을 가리킨다.)

이처럼 그의 이론에서 관계(relation)라고 하는 개념은 무엇보다도 중요한 위치를 차지하고 있다.

2) 언어이론에 대한 서설

옐름슬레우의 저서, 『언어이론에 대한 서설(序說)』(Prolegomena to a Theory of Language)에서 그가 주장하고자 하는 바는 다음의 인용문에 잘 나타나 있다.

(183) he attempted "a structural definition of language which should account for the basic structure of any language in the conventional linguistic sense".
(어떤 언어든지 그 언어의 기본적인 구조는 관습적인 측면에 근거한 언어학적 관점에서 설명되어야만 언어에 대한 구조적인 정의를 제대로 내린 것이라고 할 수 있다.)

그가 언어를 이해함에 있어 언어의 관습적인 측면인, 즉 약속이라는 개념에 바탕을 둔 것은 다음에 나열된 언어의 개념에 잘 나와 있다. 그리고 그는 이들 개념들을 보다 선명하게 설명하기 위하여 아주 지엽적인 언어(marginal language)까지도 놓치지 않고 관찰하였는데 여기에는 신호등 체계, 전화번호 돌리는 것, 시계를 울리는 것, 전신부호(Morse code), 감옥의 죄수들의 두드리는 소리 방식들이 연관된다.

(184) a. A language consists of a content and an expression.
언어는 내용(의미)과 표현으로 구성되어 있다.

b. A language consists of a succession, or a text, and a system.
언어는 연속된 결과 등 체계로 구성되어 있다.

c. content and expressions are bound up with each other through communication.
의미와 표현은 의사소통에 의하여 서로 연관을 맺는다.

d. There are certain definite relations within the succession and within the system.
연속과 체계 내에는 서로 한정적인 관련성이 존재하고 있다.

e. There is no one-to-one correspondence between content and expression, but the signs are decomposable into minor components.
의미와 표현은 일대일의 관계에 있는 것이 아니지만 그렇다고 기호를 하부단위로 나눌 수 있는 것도 아니다.

또한 옐름슬레우는 언어의 분야를 다음과 같이 크게 두 부분으로 나누어 자신의 언어에 대한 개념을 나타내고 있다.

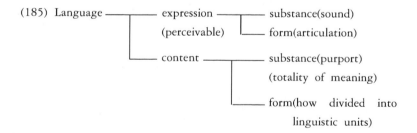

(185) Language — expression (perceivable) — substance(sound) / form(articulation) — content — substance(purport) (totality of meaning) / form(how divided into linguistic units)

위에서 제시한 저서는 23단원으로 나누어져 있는데 각 단원의 제목은 1961년에 화이트필드(Whitefield)가 번역한 것을 따랐다.

(186) 1. The study of language and the theory of language
2. Linguistic theory and humanism

3. Linguistic theory and empiricism
4. Linguistic theory and induction
5. Linguistic theory and reality
6. The aim of linguistic theory
7. Perspectives of linguistic theory
8. The system of definitions
9. Principle of the analysis
10. Form of the analysis
11. Functions
12. Signs and figure
13. Expression and content
14. Invariants and variants
15. Linguistic schema and linguistic usage
16. Variants in the linguistic schema
17. Function and sum
18. Syncretism
19. Catalysis
20. Entities of the analysis
21. Language and non-language
22. Connotative semiotics and metasemiotics
23. Final perspective

3) 이론의 적합성

여기서 말하는 적합성이란 'adequacy'를 가리키며 옐름슬레우는 언어학 이론의 적합성이 크게 세 가지로 나뉜다고 보았다.

(187) adequacy ─┬─ consistent with data(해당 자료와의 일치성)
　　　　　　　　├─ exhaustive(완전성)
　　　　　　　　└─ simple(간결성)

위와 같은 이론의 적합성과 관련된 조건들은 실험적인 분석 원칙(em-pirical principle)을 형성하게 되었으며 이 기준들은 다음과 같은 특성을 가지게 되었다.

(188) a. There is a hierachical ordering of importance of these items in evaluating analyses.

분석 내용을 판정하는 데 해당되는 요소들 사이에 순서가 있다.

b. These had a great impact on linguistics by disabusing us of the idea that we are dealing with facts.

우리가 사실을 다루고 있다는 생각에만 치우치지 않게 해주는 강한 영향력을 가지고 있다.

eg) God's Truth Linguistics — believe only in one right way
Hocus-pocus Linguistics — form over substance

c. Theories must be deductive.

이론은 연역적이어야 한다.

4) 언어 사이의 비교

옐름슬레우가 언어 사이의 비교를 추구한 것은 언어들이 같은 의미를 나타낼 때도 각각 다른 모양으로 표기된다는 것을 보이기 위해서였다. 이것은 그의 저서의 항목들 중에서 'Expression and content'에 해당하는데 그에 의하면, 'content'는 주로 위에서 보인 언어의 분류 중에서 'purport'에 해당한다. 예를 들면 다음의 각 단어들은 '나무'를 가리킨다는 면에서는 의미상 서로 동일하지만 언어에 따라 사용되는 음성표기 (substance of expression)가 서로 다르다는 것이다.

(189)

German	English	French	Korean
Holz	wood	bois	나무
Wold			

위와 같은 예는 비단 단어의 차이에만 나타나는 것이 아니라 구의
단위에서도 관찰될 수 있다. 다음은 '사고'를 의미한다는 면에서는 동
일하지만 언어에 따라 동일한 의미를 표기하는 방식이 다름을 보인 것
이다.

(190) I do not know   (English)
   je ne sais pas   (French)
   en tiedä   (Finnish)
   jeg véd det ikke (Danish)
   naluvara   (Eskimo)

옐름슬레우는 또한 언어학의 분야 중에서 의미론에 상당한 관심을 기
울였으며 이것은 그로 하여금 야콥슨의 음성적인 측면의 자질 분석을
의미론적인 측면에 적용하도록 하였다. 그 예는 다음과 같다.

(191)

	human	young	male
man	+	−	+
woman	+	−	−
boy	+	+	+
girl	+	+	−

7

미국의 언어이론

1. 기술언어학 이론

19세기말과 20세기 초엽에 소쉬르가 유럽을 중심으로 구조주의 언어학을 발전시키고 있을 무렵에 미국에서는 기술을 중심으로 하는 인류학적 바탕의 언어학 이론이 태동하고 있었다. 이것은 유럽의 언어학이 아직도 역사언어학적인 경향을 완전히 벗어나고 있지 않은 상황에서 나름대로의 언어학적 방법론을 발전시켰다는 점에서 매우 중요한 의의를 지닌다고 하겠다. 미국중심의 기술중심 언어학은 1950년대까지 세계의 현대 언어학을 이끌었고 지금까지도 현대 언어학 이론 발전에 지대한 영향을 미치고 있다. 이와 같은 새로운 언어학의 발전에 지대한 공헌을 하였던 학자는 보애스(Franz Boas)였으며 이러한 전통은 사피어(Edward Sapir)와 워프(Benjamin Lee Whorf)에 의하여 지속되었고 후일 블룸필드(Leonard Bloomfield)에 의하여 하나의 이론으로서 완성되기에 이른다.

미국을 중심으로 하여 발생된 인류학중심의 언어학은 당시 유럽을 풍미하였던 구조주의 언어학과 상당한 관련성을 가지고 있다. 기술중심의 언어학은 역사언어학과 달리 공시적인 언어관을 따르고 언어의 변화보

다는 해당 시기의 언어의 구조를 관찰하고 밝히는 데 주력하였기 때문
이다. 몇몇 학자들은 미국에서 발생하였던 언어학의 조류를 기술주의
언어학(descriptivism), 분포주의 언어학(distributionalism), 구조주의 언
어학(structuralism)이라고 명명하기도 하였다. 하지만 기술중심의 언어
학이 모든 측면에서 구조주의 언어학과 동일하였던 것은 아니었다. 지
금부터 소쉬르를 중심으로 유럽에서 발전하였던 구조주의 언어학과 보
애스를 중심으로 미국에서 발전한 기술중심 언어학의 차이점을 살펴보
기로 하겠다. 다음에 나오는 도표는 소쉬르를 중심으로 하는 구조주의
언어학(Saussurean tradition)과 보애스를 중심으로 하는 기술언어학(Bo-
asian tradition)을 비교하여 나타낸 것이다. 양자는 크게 네 가지 기준
으로 대별되어 있다. 첫째는, 양쪽 조류가 학문적인 관점을 주로 어디
에 두고 있는가에 따른 차이점이다. 둘째는, 자신들의 설명을 뒷받침하
기 위하여 자료로 이용하였던 언어들의 차이점이다. 셋째는, 언어의 역
사성과 자신들의 이론적인 관련성에서 나타나는 차이점인데 유럽을 중
심으로 한 이론들이 역사와 전통을 더 많이 반영하고 있다. 유럽에서
사용되고 있는 언어들은 이미 여러 학자들에 의하여 여러 차례 연구된
반면에 미국의 원주민 언어는 별로 연구된 바가 없었기 때문이다. 넷째
는, 양쪽의 이론들이 자신들의 학문적인 성향의 주안점을 어디에 두고
발전하였는지에 따른 차이점이다.

(192)

소쉬르중심의 구조주의 (Saussurean tradition)	미국중심의 기술중심주의 (Boasian tradition)
1. seized attention by inventing of new way of looking at the phenomena.	1. had little time to spare for drawing logical distinction between langue and parole or the like.

<table>
<tr><td>

2. illustrated his theoretical dis-cussion by reference to his own tongue, French and other European languages.

3. the languages that he used had been worked over for centuries by many historical linguists.

4. his interest mainly lay in the abstract conceptual analysis rather than in the facts to which the analysis applied.

</td><td>

2. had seized the attention of the scholarly world by inventing a new way of looking at linguistic phenomena.

3. had no need to worry about being misled by history because no one knows the route by which the languages had reached their current state.

4. tended to think of abstract linguistic theorizing as a means to the end of successful partical description of particular languages. In all cases their general theories were backed up by the intensive research on the detailed structure of various exotic languages.

</td></tr>
</table>

2. 기술언어학자들

1) 프란츠 보애스

보애스(Franz Boas, 1858~1942)는 미국의 웨스트팔리아(Westphalia)에서 태어났다. 그의 학문적 여정은 물리학과 지리학으로부터 시작되었으며 이것은 인류학으로 연결되게 된다. 그는 처음 인류학을 접할 때에 이 학문 분야가 지리와 밀접한 관련성이 있는 것으로 간주하였다. 그렇지만 그는 지리와 관련된 물리적인 조건이 인간 사회를 모두 좌지우지할 수 없음을 깨닫고 정신과 관련성이 깊은 문화적인 측면에 관심을 기울여 인류학을 연구하였다. 이와 같은 학문적 전환은 그로 하여금 문화와 언어의 밀접한 관련성을 인식하게 해주었으며 이후 그는 인류학에 바탕을 둔 언어학적인 연구를 수행하기에 이르렀다. 이런 이유로 어떤 학자든 보애스에 대하여 언급할 때 인류학과 언어학을 잘 조화시킨 학자로 설명하게 된 것이다. 또한 그는 언어학에 있어 민족중심의 언어학 (ethnolinguistics)을 발전시켰는데 인류학에 근거를 두었던 언어연구가 이와 같은 방법론의 자연스러운 도출을 도왔다고 할 수 있다.

보애스는 소쉬르와 달리 언어학에 있어서 독자적인 연구만을 수행했던 학자로 여겨지기보다는 새로운 학파의 창시자로 알려져 있다. 그의 연구가 당시 스미소니언 연구소(Smithsonian Institute)의 연구보조를 바탕으로 조직적으로 이행되었기 때문이다. 그가 연구대상으로 삼은 지역은 주로 멕시코 북단인데 지금의 텍사스, 애리조나, 뉴멕시코 주들이 위치하고 있는 곳들이다. 그가 그 지역 원주민어들을 중심으로 하여 수행한 연구는 그의 유명한 저서인 *Handbook of American Indian Languages* (1911)에 잘 나타나 있다. 이 저서는 크게 셋으로 분류되어 있다.

(193) a. the phonetics of the language
　　　언어의 음성학적 측면
　　 b. the meaning categories expressed in the language
　　　언어에서 표현되는 의미의 부류들
　　 c. the grammatical process of combination and modification by which these meanings must be expressed.
　　　의미가 표현되는 문법적 조합 방식이나 수식 등

이 책에서 보애스는 기술중심의 언어학이 무엇인지를 잘 요약하여 설명하였으며 각 언어에 대하여 각 장들에서 자신이 연구한 내용을 직접 작성하였다. 또한 그는 자신을 도와서 해당 지역의 언어연구에 동참한 사람들에게 자신이 사용하였던 방법론을 상세하게 가르쳤다. 향후 수십 년 간 미국을 중심으로 활동하게 될 언어학자들은 그가 제시한 방법론을 직·간접적으로 배우고 이것을 활용하여 자신들의 연구를 수행하였다.

2) 에드워드 사피어

사피어(Edward Sapir, 1884~1939)는 보애스로부터 영향을 받아 언어에 대한 연구를 시작한 학자이다. 언어에 대한 연구를 수행하기 전에는 주로 고전 철학을 연구했지만 보애스를 만난 이후 미국 대륙의 북서쪽지역에서 사용되고 있던 원주민어인 테켈마(Tekelma)에 대한 분석을 시작하였다. 그 이후 사피어는 많은 언어를 자유자재로 습득하고 사용할 수 있는 학자로 유명해졌으며 그의 언어에 대한 지식은 이론적인 분야뿐만 아니라 실질적인 측면에서도 해박함을 보여주었다. 그가 연구대상으로 삼았던 미국 원주민 언어로는 Kwakiutl, Chinook, Yana, Wishram, Wasco, Ute, Nootka, Nahuatl, Cheyenne, Wiyot, Yurok, Comox, Na-dene, Kutenai, Coahuiltecan, Haidan, Tsimshian, Navaho 등이 있다. 사피어는 비단 미국 대륙에 국한된 언어에만 관심을 가졌던 것은 아니었다. 그는 미국 대륙 이외에 중국, 아프리카 등에 산재해 있던 언어에 대해서도 상당한 관심을 보였다. 당시의 학자들에게 그는 천재로 통하였으며 이와 같은 능력을 바탕으로 하여 1917년과 1931년 사이에 언어학뿐만 아니라 시, 음악, 비평 등에서도 수많은 논문을 남겼다.

그의 많은 논저들 중에서 언어학적으로 그를 대표하는 가장 중요한 저서가 바로 *Language*이다. 그의 저서에 대하여 간단히 살펴보기로 하겠다. 우선 서두에서 사피어는 언어에 대한 자신의 정의를 보여주었다.

(194) Language is a purely human and non-instinctive method of
      communicating ideas, emotions and desires by means of a system

of voluntarily produced symbols.
언어는 사람들이 생각, 감정, 욕망 등을 자발적으로 생산되는 기호
체계로 전달하려는 아주 인간적이면서도 본능과는 상관이 없는 방
법을 일컫는다.

위의 정의를 내리면서 사피어는 두 가지의 조건을 내세우고 있다. 첫
째는, 언어의 의미적인 측면은 간단하게 논의될 수 없다는 것이다. 언
어 자체가 그렇듯이 의미도 인간 내부의 어디에 존재하는지 알 수 없기
때문이다. 둘째는, 말과 의미의 연결의 당위성에 대한 부정이다. 의미와
관련된 심리적인 현상과 당시의 상황이 상당히 유동적이기 때문이다.
이 저서의 2장에서는 언어의 기본적인 요소들을 밝히고 있다. 그가
언어의 요소들을 밝히면서 사용한 용어들로는 'radicals', 'grammatical
elements', 'words', 'sentences' 등이 있다. 그리고 사피어는 표기의 용
이함과 각 요소들 간의 연관성을 좀 더 효과적으로 보여주기 위하여 대
표적으로 네 가지의 부호를 사용하였다.

(195) a. 영어 철자 중 대문자: A, B, C …
독립형(free form)을 위해 사용함
b. 영어 철자 중 소문자: a, b, c …
어간에 붙는 형을 위해 사용함
c. 소괄호 부호: (　) 종속형(bound form)에 사용함
d. 더하기 표시: + 어간과 어미의 관계를 보여줌
eg) hortus 'garden'
hort - us = (A) + (b)

사피어는 언어를 연구하는 데 있어 'linguistic form'이라는 측면을 중
시하였다. 이것은 소리의 체계 자체와 소리가 구성되는 형태를 밝히고
자 하는 것이다. 소리들이 구성을 이루어 늘어서게 되는 원인이 소리가
늘어서서 만들어내는 특정 구조가 특정 의미를 전달하기 때문이라고 생

각하였다. 이처럼 소리들이 의미전달을 위하여 특정 구조를 갖추는 과
정을 사피어는 문법작용(grammatical process)이라고 명명하였고 그것을
크게 여섯 가지로 구분하였다.

(196) a. word order 어순
　　 b. composition(process of uniting two radicals in a single word) 조합
　　 c. affixation(employment of prefixes, infixes, suffixes) 접사화
　　 d. internal modification of the radical or grammatical elements
　　　　 내부조정
　　 e. reduplication(repeating all or part of a stem) 중첩
　　 f. accentual differences 강세 차이

　사피어는 언어, 인종, 문화 사이의 관련성을 중시하였던 당시의 다른
인류학자들처럼 해당 언어 화자의 인종상의 특징과 언어적 관습은 밀접
한 관련성이 있음을 밝히는 데 많은 노력을 기울였다. 이것은 이미 보
애스에 의해 언급된 바 있다. 그의 제자였던 사피어는 자신이 배운 대
로 여러 언어에서 그 언어들과 그것을 사용하는 화자들의 문화적인 특
징의 관련성을 예측할 수 있음을 많은 언어연구를 통하여 밝히고자 부
단히 노력하였다. 이와 같은 그의 학문적인 노력은 *Language*와 다른 논
문들에 잘 나타나 있으며 많은 후학들은 이것들을 통하여 언어와 문화
사이의 평행관계를 인식할 수 있었다.

3) 벤저민 리 워프

　워프(Benjamin Lee Whorf, 1897~1941)는 17세기경 미국으로 건너온 이
주민의 자손으로서 그의 조상들은 미국 동부 매사추세츠(Massachusetts)
를 중심으로 거주하였으며 그곳을 중심으로 학문활동을 전개하였다. 워
프가 다른 학자들과 다른 점은 학문을 전문적으로 하던 언어학 교수가

아니라 아마추어로서의 학문적인 경력을 가지고 있었다는 것이다. 그는 연구활동을 하는 중에도 보험회사에서 지속적으로 근무하였고 비록 대학에서 그에게 교수로서 자리를 제공해도 그것을 마다하고 자신의 직장을 유지하면서 언어학에 대한 연구를 계속하였다. 그래서 워프는 비전문인으로서 언어학에 지대하게 영향을 미친 학자로 아주 유명하다.

워프의 언어학에 있어서의 학문적인 업적은 자신이 직장을 가지고 있던 코네티컷(Connecticut)주 하트포드(Hartford)에서 그리 멀지 않은 예일 대학에 사피어가 부임하면서 싹트기 시작하였다. 사피어의 학문적인 동료로서 그는 주로 애리조나주를 중심으로 사용되던 호피(Hopi)어에 대하여 관심을 기울이기 시작하였다. 이것은 후일 워프로 하여금 호피어가 비유럽 언어로서 상당히 특이한 성질을 보이고 있음을 인식하게 하였고 이러한 새로운 발견은 그가 유럽에서 발전하였던 방법론들과는 다른 방법으로 언어이론을 발전시키는 데 중요한 계기가 되었다. 워프가 호피어를 통하여 배운 특성은 크게 둘로 나눌 수 있다.

첫째는, 호피어에는 생물/무생물(animate/inanimate)에 대한 구별이 언어 자체에 반영되어 가시적으로 표시되지 않더라도 보이지 않게 내재되어 있다는 것이다. 비록 접두사나 접미사와 같은 것들이 구별을 위하여 직접적으로 나타나지는 않지만 이 언어를 사용하는 화자들이 해당 단어를 생물적인 것으로 보고자 한다면 그것이 다른 방법으로 언어에 반영된다는 것이다. 호피어에서는 생물적이라고 생각되는 단어(특히 명사의 경우)를 복수형으로 만듦으로써 자신들이 믿는 바를 나타내고자 한다는 것이다. 예를 들어 호피족의 주술사들은 비가 내리도록 기원하는 과정에서 구름을 마치 살아 있는 존재로 보고 비를 내려주도록 기원한다는 것이다. 상식적인 측면에서 구름이란 자연적인 현상으로 단순한 물질에 불과하지만 주술사들에게는 구름은 비를 내려주는 주체로서 직접적인 의지를 지닌 살아 있는 존재로 간주된다는 것이다. 결국 이들의 믿음은 구름을 살아 있는 생명체로 여기게 하고 구름을 지시하는 명사는 생물이라는 측면에서 복수형으로 나타난다는 것이다. 워프는 이와 같은 호피어의 예를 통하여 언어에는 밖으로 드러나 보이지 않는 부분이 존재할 수 있으며 이것이 언어현상에 적지 않은 영향을 미치게 된다는 것을 밝혔다. 그는 언어에서 보이지 않고 숨겨져 있는 부분을 'covert category' 또는 'cryptotypes'라고 불렀다. 이에 반하여 직접적으로 언어에 반영되어 나타나는 부분은 'overt category'라고 명명하였다.

둘째는, 유럽을 중심으로 발전해온 언어의 시제 개념이 모든 언어에 걸쳐서 일반적으로 적용되지 않는다는 것이다. 유럽 언어에서 사용되는 과거나 현재와 같은 시제형이나 속도와 같은 개념이 호피어에는 전혀 나타나지 않는다는 것이다. 예를 들면 유럽의 언어에서 흔하게 볼 수 있는 다음 표현들이 호피어에서는 허용되지 않는다.

(197) before noon
      between 9 and 10 a.m.
      in the morning
      five days

특히 마지막 표현은 유럽어에서는 아주 많이 사용되고 있지만 호피어에서는 날짜를 과일이나 다른 물건들처럼 셀 수 있는 것으로서 생각할 수 없기 때문에 표현으로는 허용되지 않는다. 또한 호피어의 동사들은 유럽의 언어와 달리 시제형을 반영할 수 없다. 시제에 대한 개념이 없기 때문에 시간과 밀접한 관계를 가지고 있는 속도도 표현될 수 없다. 영어에서는 'He runs fast'에서처럼 속도와 관련된 부사인 'fast'가 사용될 수 있지만 속도에 대한 개념이 전혀 없는 호피어에서는 그와 같은 부사를 사용할 수 없다. 따라서 위의 영어 문장이 같은 의미를 보여주기 위해서는 'He very runs'로 대신 나타내게 된다.

위에서 보았던 호피의 두 가지 특징은 워프로 하여금 유럽에서 유행하던 언어학 이론들과 다른 방법론을 찾도록 하였으며 이것을 바탕으로 나름대로의 가설을 정립하게 하였다. 후세 사람들을 그의 가설을 가리켜 'Sapir-Whorf hypothesis'라고 불렀다. 워프의 학문적 생각이 그만의 독창적인 것이 아니라 사피어에 의하여 상당한 영향을 받았기 때문이다. 이 가설의 내용은 다음에 잘 요약되어 있다.

> (198) Language differences introduce a new principle of relativity, according to which men are not led by their experience to the same picture of the universe unless their language backgrounds are the samr or similar.
> (언어들 사이의 차이는 상대성에 대한 새로운 원리로 나타난다. 즉, 인간은 자신들이 사용하고 있는 언어와 다른 환경에서는 비록 동일한 현상을 경험하더라도 같은 것으로 인식하지 않는다는 것이다.)

4) 레오나르드 블룸필드

블룸필드(Leonard Bloomfield, 1887~1949)는 처음에는 역사언어학을 통해 언어학 이론을 연구하였다. 학문연구의 초기에는 신문법주의 이론의 영향을 많이 받았다. 이러한 경향은 그가 20대를 라이프치히와 괴팅겐(Göttingen)에서 보냄으로써 형성되었다. 이후 그는 자신의 학문적 영역을 미국의 원주민 언어로 전환하였다. 처음으로 연구대상으로 삼았던 언어는 알곤킨(Algonquian)어족에 속하는 원주민 언어였다. 그의 연구방법은 당시에 미국에서 널리 받아들여지고 있던 기술중심의 언어이론이었고 그의 연구업적은 *Language*(1933)에 잘 나타나 있다. 이 저서는 자신이 1914년에 완성한 *Introduction to the Study of Language*를 수정하고 보완한 것이다.

다른 학자들과 다른 블룸필드의 특성은 언어학을 명실상부한 과학으로서 체계화시키고 발전시킨 데 있다. 그가 언어학을 하나의 과학분야로서 발전시키고자 취했던 방법은 당시 널리 유행하고 있던 행동주의 심리학(behaviorism)이었다. 이 시대에는 논리적으로도 실증주의 철학이 주류를 이루고 있었다.

행동주의 심리학이란 왓슨(J. B. Watson)에 의하여 제창되고 체계화된 심리학의 한 분야로 인간의 정신 속에는 우리가 알 수 없는 운용과정이 존재한다는 것을 전제하고 이러한 전제를 근거로 정신에 나타나는 운용과정이 자극과 반응으로 가정된 모델을 통해 알아내는 것을 목적으로 한다. 이 모델에서는 마음은 알 수 없는 하나의 존재로 '블랙박스' (black box)에 비유되며 자극과 반응이 각각 블랙박스의 양쪽에 위치하게 한다.

(199)

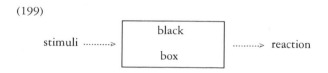

여기서 알아두어야 할 점은 정신은 직접적으로 알 수 없다는 것이며 만일 알고 싶다면 자극의 결과로서 도출된 반응을 관찰함으로써 추측하는 것이 고작이라는 점이다. 이처럼 행동주의 심리학은 '블랙박스'를 알기 위하여 내부를 들여다보는 것을 철저히 배격하였다. 들여다보는 방법 자체가 비과학적이라고 간주되기 때문이다. 이것이 비과학적이라는 것은 두 가지 측면에서 생각해볼 수 있다.

(200) a. Mind is not observational.
      (정신은 육안으로써 관찰이 불가능하다.)
   b. Mind defies experimental repetition.
      (정신은 반복되어 실험될 수 없다.)

블룸필드는 이와 같은 행동주의 심리학을 언어학에 적용하였다. 그에 의하면 언어는 대체 가능한 자극의 체계이다. 이미 언급하였듯이 정신 부분에서 언어와 관련된 정보를 얻으려면 정신 자체를 직접 조사하기보다는 반응으로 여겨질 수 있는 실제의 언어 재료를 조사해야 한다. 따라서 블룸필드는 대상으로 삼아야 하는 언어자료집(corpus of data)을 우선 체계화시켜야 했고 이런 이유로 언어가 기록된 기록문들을 연구하기에 이르렀다.

여기서 말하는 언어자료집에서 창의성(creativity)은 제외된다. 연구과정은 철저히 사실에만 근거해야 하기 때문이다. 이것은 언어자료집을 바탕으로 하고 있으며 자연히 제한된 자료 이외의 다른 상황이 발생되는 것을 철저하게 배제해야 한다. 기술이라는 측면도 언어자료집에 중심을 두어야 하고 상당한 정확성이 요구되기 때문에 어떠한 변화가 생기는 것을 용납하지 않는다. 이런 사실은 언어가 꾸준히 변화한다고 생각하였던 기존의 방법론에 비하면 훨씬 정체된 듯한 인상을 준다. 기술이 진행되던 초기에는 기술방법은 주로 음성을 직접적으로 묘사하였으나 나중에 녹음기가 생겨나자 이와 같은 노력은 모두 기계가 맡게 되었다.

또한 자료의 축적은 해당 언어의 화자가 자신의 언어에 대하여 내리는 판단을 철저하게 배제하여야 한다. 이것은 정신세계를 직접적으로 관찰하려는 의도가 옳지 않다고 생각하던 시기에는 아주 중요한 문제였다. 다음은 언어학자가 한 언어의 화자(informant)에게서 필요한 자료를 얻을 때 취해야 하는 태도를 요약한 것이다.

(201) informant —whatever the informant says in his/her language is a
fact and OK. However, whatever he/she says about his/her
language is suspect because it involves introspection.
(해당 언어의 화자가 말하는 것은 무엇이든지 언어자료로서 간주
될 수 있지만 같은 화자가 자신의 언어에 대하여 나름대로 고찰하

고 말한 내용은 자료로서는 의심되어야 한다.)

이런 이유로 하나의 언어학자를 교육하는 데에는 세 가지 요건들이 요구된다는 점을 들고 있다.

(202) a. get rid of selective listening
(선별적인 청취는 금지되어야 한다.)
b. phonetic description must be as narrow as possible.
(음성적 기술은 가능한 한 상세하게 이루어져야 한다.)
c. phonemic analysis or description is to find what are phonemes of a given language. In order to decide what are the phonemes in the language we must try to find contrastive paris(minimal paris) by method of substitution. (eg. /pin/, /tin/, /kin/)
(음소의 분석은 관찰대상이 되고 있는 언어에 존재하고 있는 음소를 밝히는 것이다. 그리고 음소를 정립해나가는 데 있어서는 철저하게 최소 대립의 원칙을 고수하여 각각의 음소들이 최소 대립의 환경에서 자유로이 대치되어야 한다.)

미국을 중심으로 발전된 구조주의 언어학은 다음의 세 가지 방식으로 연구를 수행하며 이 방식들은 음운론, 형태론 등 언어의 모든 단계와 연관을 가지고 있다.

(203) a. segmentation   p | h | i | n, s | p | o | t
      b. identification   allophones, allomorphs
      c. classification   by function like plural morphem

블룸필드는 미국과 유럽을 망라하여 언어학 발전에 지대한 공헌을 끼친 학자로 그의 공로는 이루 말로 다하기 어려울 정도이다. 지금까지도 유럽에서 미국의 언어학을 언급할 때 블룸필드를 거론하지 않고는 전혀 이야기를 해나갈 수 없을 정도이다. 그는 누구보다도 언어학을 과학이라는 반석 위에 올려놓는 데 주요한 역할을 하였다. 비록 언어학의 과학화가 모든 부분에서 도움이 된 것은 아니지만 아직까지는 언어학에 있어 과학적인 방법론의 도입은 부정적인 측면보다는 긍정적인 측면이 많았다고 여겨지고 있다.

8

현대 언어학 이론

1. 노엄 촘스키

촘스키(Avram Noam Chomsky, 1928~)는 미국 펜실베이니아주에 있는 필라델피아에서 태어났다. 그의 아버지는 히브리어(Hebrew) 학자였다. 히브리어에 대한 유명한 책의 저자이기도 하였다. 그의 가족은 유대계에 속하였으며 그들은 유대의 회복을 위한 각종 운동에 적극적으로 참여하였다. 그중에서 시온운동(Zionist movement)은 그의 가족이 가장 관심을 가지고 참여하였던 운동이었고 이것은 후일 촘스키가 정치학에 상당한 관심을 기울이는 데 지대한 영향을 미쳤다.

촘스키는 해리스(Zellig Harris)라는 학자를 펜실베이니아 대학에서 만나고 나서부터 본격적으로 언어학 연구를 시작하였다. 당시 해리스는 미국 구조주의 언어학의 대부와 같은 위치를 차지하고 있었다. 이로 인하여 촘스키는 구조주의 언어학에 대한 심도 있는 지식을 가질 수 있었다. 이곳에서 수학한 후 그는 MIT(Massachusetts Institute of Techonology)로 자리를 옮겼으며, 같은 대학에서 머물면서 자신의 연구를 계속하고 있다.

2. 언어학에 대한 정의

1950년대와 1960년대에 걸쳐 촘스키가 언어학과 그와 관련된 분야에 끼친 영향은 이루 다 말할 수 없을 정도이다. 오늘날 그는 생성문법이론(Generative Grammar)의 창시자 및 개척자로서 많은 사람들에게 알려져 있다. 촘스키는 새 이론에서 기존 이론의 문제점들을 과감히 비판하였는데 이것은 자신의 새로운 이론과 그 이론의 바탕을 이루고 있는 신방법론을 펼쳐가는 데 중요한 여건이 되었다. 촘스키가 이미 많은 학자들에 의하여 오랫동안 연구되어왔던 언어학에 새로운 바람을 일으키게 된 것은 언어학이 다루는 분야에서 어디까지가 범주로 형성되느냐에 대해 나름대로의 명쾌한 설명을 보여주었기 때문이었다. 촘스키는 언어학에 관련되지 않는다고 제외시키는 분야를 설정하기 이전에 "언어학은 과학이다"(Linguistics is science)라는 정의를 내리고 있다. 같은 언어학이라도 과학적이라고 할 수 없는 것은 언어학에서 배제되어야 한다는 것이다. 그는 이와 같은 목적을 위하여 언어학의 분야라고 할 수 없는 것들을 제외시켰다. 다음에서는 제외 대상이 된 것들을 살펴보기로 하겠다.

첫째, 언어학이란 언어에 상당한 관심을 가지고 있는 사람들이 많은 언어를 배우려 하고 'crossword'처럼 언어와 관련된 각종 오락을 즐기고 사전을 즐겨 찾으며 아름답고 훌륭한 언어를 찬미하고 다양한 연설들의 스타일들을 흉내냄으로써 기쁨을 느끼는 것들과는 근본적으로 다르다. 언어학이란 취미 정도로 언어에 관심을 갖는 것보다는 훨씬 더 심각하게 생각되어야 할 분야이기 때문이다.

둘째, 언어학이란 언어사용에 있어서 어려움을 절감하고 있는 사람들에게 도움을 주는 방법을 알고 있는 사람들이 그와 같은 어려움을 해결하는 과정을 다루는 방법론과는 거리가 있다. 종종 사람들은 자신들이

처한 상황에서 적절한 표현을 찾지 못하여 당황하는 수가 있는데 이것을 해결할 수 있는 방법을 아는 사람이 위의 문제를 풀어준다고 해서 이 사람이 언어학을 하고 있다고 말할 수는 없다는 것이다. 언어학이란 특수 과학 분야나 법률에서 사용하는 적절한 표현을 찾고 이해하는 데 도움을 주는 방법론들의 축적과는 다르기 때문이다.

셋째, 책들의 저자나 신문 기고가들처럼 언어로 항상 작업을 하고 있는 사람들을 언어학자라고 볼 수는 없다. 비록 정치가들도 자신의 선거민들이나 국민에게 연설을 할 때 자신이 사용하는 언어에 대해 적지 않은 연구를 하지만 이들을 언어학자라고 볼 수 없는 것과 마찬가지로 언어학이란 언어를 어떻게 사용하느냐 하는 것과는 다른 분야이기 때문이다.

넷째, 많은 학문 분야들이 언어에 대하여 항상 연구하고 언어에 대하여 끊임없이 토의하고 있지만 이것들은 엄밀하게 보자면 언어학이 아니다. 우선 문학작품의 언어사용에 대하여 늘 분석하는 문학비평가들 (literary critics) 단어들이 어떻게 사용되고 있는지를 항상 살피고 이를 기준으로 사전을 만들어가는 어휘론자들(lexicographers), 시간을 통한 언어의 변화를 관찰하고 고고학자들처럼 과거의 생활을 옛 언어로부터 유추해내려고 하는 역사언어연구자들(philologists), 언어와 사상과의 관련성을 연구하고 이것을 밝히려고 부단히 노력하고 있는 철학자들 (philosophers), 상대 적국의 암호를 해독하고 그 구조를 밝히는 데 주로 관심을 기울이는 암호 해독가들(code-brerkers)들은 모두 언어 자체를 연구하고 이것에 기초하여 문제점을 논의하는 사람들이지만 이들이 언어학자는 아니다.

지금까지 촘스키가 말하는 언어학에 속하지 않는 것들을 통해 진정한 의미의 언어학이 무엇인지에 대하여 생각해보았다. 다음은 촘스키가 기존에 언어학이라고 여겨져 왔던 생각들을 비판하고 자신이 생각하는 언어학이 무엇인지를 항목별로 나타낸 것이다.

(204) ⅰ. Chomsky rejects the view that the best way to think of linguistics is as a field which services other fields by providing a classification and a terminology to talk about language.
 ⅱ. Chomsky emphasizes similarities between languages rather than differences.
 ⅲ. Chomsky tends to focus on well-studied languages like English rather than languages from far afield.

첫째 항목은 이미 앞에서 보았듯이 언어와 관련성은 있으나 엄밀한 의미에서 언어학이라고 할 수 없는 것들을 제외시킨 단계에 해당하는 분야를 조목별로 보여준다. 둘째 항목은 기존의 언어에 대한 이론들이 주로 언어들 사이의 차이를 밝히는 데 주안점을 두고 있는 것을 비판한 것이다. 사실 역사언어학의 이론들을 보아도 각각의 언어가 어느 계통에 속하며 어떤 경로로 발전해왔는지를 중시하여 언어들 사이에서 관찰 가능한 차이점을 부각시키는 데 많은 시간을 할애하였다. 그러나 촘스키는 이와 같은 경향을 과감히 배척하고 언어들 사이에 유사성이 존재한다는 가정하에 자신의 이론을 발전시켜나갔다. 이것은 후일 모든 언어에 공통적으로 존재하고 있다는 보편문법(universal grammar)을 형성하는 데 아주 중요한 기반이 되는 출발점이다. 셋째 항목은 촘스키가 자신의 이론을 펼쳐가는 데 있어서 가장 중시하는 점이다. 그는 언어학에서 제시되는 이론의 목적이 단지 결집된 자료에 바탕을 두고 이것들을 자세히 관찰하고 기록하는 데 있다고 생각하지 않았다. 그는 진정한 언어학의 이론은 그와 같은 자료들이 어떤 이유로 관찰되는 결과를 소유하고 있는지를 설명할 수 있어야 한다고 믿었다. 그의 저서를 보면 이론의 단계를 세 가지로 구분하고 그중에서 설명성(explanations)을 보일 수 있는 이론을 자신이 추구하는 최종 단계의 목표로 설정해두고 있다. 그는 이와 같은 설명성을 이론에 반영하기 위해서는 이미 잘 연구된 언어를 대상으로 삼는 것이 전혀 알려지지 않은 언어를 대상으로 삼

는 것보다 유리하다고 생각하였다. 실제로 그의 이론들은 주로 영어를
바탕으로 하여 발전하였다.

3. 촘스키의 언어이론

위에서 살핀 세 가지 항목으로 축약된 언어학에 대한 정의를 기반으
로 촘스키가 추구하였던 언어학 이론의 목표는 다음과 같다. 각각의 내
용은 질문형식으로 자신이 추구하고자 하는 목표를 제시하고 있다. 다
음에서 각각의 질문에 대한 대답 형식으로 이 항목들을 구체화시키고자
한다.

> (205) ⅰ. What is the system of knowledge? What is in the mind/brain
> of the speaker of English or Spanish or Japanese?
> ⅱ. How does this system of knowledge arise in the mind/brain?
> ⅲ. How is this knowledge put to use in speech(or secondary
> systems such as writing)?
> ⅳ. What are the physical mechanisms that serve as the material
> basis for this system of knowledge and for the use of this
> knowledge?

첫 번째 질문의 답은 우선 하나의 특정한 언어를 알고 있는 화자가 그
언어에 대하여 가지고 있다고 가정되는 개별적인 생성문법으로부터 찾
을 수 있다. 영어나 스페인어나 일본어들은 개별적인 생성문법을 가지고
있으며 이들 언어 중에서 하나의 언어를 모국어로 사용하고 있는 화자는
그 언어에 대한 생성문법을 언어에 대한 지식으로 가지고 있다는 것이
다. 그 지식은 각각의 생성문법을 형성해감으로써 알아낼 수 있다.

두 번째 질문은 보편문법으로부터 그 답을 찾을 수 있는데 여기서 주

의해야 할 것은 보편문법 자체뿐만 아니라 이 문법이 어떤 원리에 의하여 각각의 개별적인 언어를 생성해내는 개별적인 생성문법으로 변하는지에 대한 설명도 아울러 밝혀야 한다는 것이다. 여기서 말하는 보편문법이란 언어의 기능(faculty)으로서 초기상태(initial state)에 놓여 있는 것에 대한 이론을 가리킨다. 초기상태라는 말은 아직 언어라는 외부적인 요인에 의하여 자극을 받지 않은 상태로 기능이 잠재되어 있는 모습을 가리킨다. 이것은 잠재상태로 있는 기능에 하나의 경험으로서 특정 언어가 접촉하게 되면 그 언어의 개별적인 생성문법을 위하여 그 기능이 발전하게 된다는 것을 의미한다.

셋째 질문에 대한 답은 이미 하나의 개별적인 언어를 위한 지식으로 자리를 잡은 기능을 설명하는 이론이 이 언어를 표출하고 표출된 언어를 이해하고 더 나아가서는 화자들 상호 간에 서로를 이해하는 의사소통을 설명하는 데 어떤 관련성을 갖는지에 달려 있다. 즉, 이론과 실제 언어사용 사이에서 우리가 가지고 있는 이론이 얼마만큼의 역할을 수행할 수 있는지에 관건이 있다고 할 수 있다.

네 번째 질문에 대한 답은 상당히 새롭게 떠오른 분야로서 사실 촘스키가 자신의 이론을 처음으로 내세울 때에는 그리 쉽게 시도할 수 있는 것이 아니었다. 그렇지만 최근 인간의 정신세계에 대한 과학적인 관측이 중심 과제로 떠오르면서 심리학뿐만 아니라 생물학과 관련된 분야의 중요 문제로 많은 학자들의 관심이 되고 있다. 여기서 주목해야 할 사항은 촘스키는 위의 질문을 던지면서 언어학과 심리학의 구분을 더 이상 중요하게 생각하지 않는다는 사실이다. 인간의 특정 정신 활동이 인간 육체의 어느 부분과 관련성이 있느냐 하는 것은 이미 심리학에서는 오래전부터 밝히려고 노력해온 분야이기 때문이었다. 그렇지만 이와 같은 질문에 대한 대답은 위에서 주어진 세 가지 질문에 대한 답이 우선되지 않고는 결코 얻어질 수 없음도 아울러 지적할 수 있다.

1) 언어를 기술하기 위한 통사론적 접근방법

(1) 단어순서문법

다음의 예는 구문론이 언어에서 하는 역할이 무엇인지 보여주는 것들이다. 인간이 비록 단어에 대하여 확실한 지식을 가지고 있다 하더라도 단어들을 단순히 무질서하게 열거만 한다면 전체적의 의미를 전달받아야 하는 수신자에게는 전달자가 의도하는 바를 전혀 알려주지 못하는 결과만 낳게 된다. 다음 예를 자세히 들여다보면 바로 단순한 단어의 열거가 의미전달과는 전혀 관련성이 없음을 잘 알 수 있다. 첫 번째 문장에서 수신자는 각 단어의 의미는 알 수는 있지만 단어들이 조합되어 형성된 전체적 구조가 가리키는 의미를 이해하기는 쉽지 않다.

(206) *Hit ball a he(doesn't make sense with this order).
　　　 We can't be called a language speaker only by memorizing words.

위와 같은 문제점을 해결하기 위하여 문법학자들은 문법의 모델을 설정하게 되었는데 이 모델에서 중시되는 것 중 하나가 바로 단어들의 순서를 결정하는 것이다. 그 결과로 문법에서 단어들의 순서만을 중시하여 단어순서문법(word order grammar)이라는 것이 나오게 되었다. 영어의 단어순서문법에 의하면 'He hit a homerun; a hit he homeron'의 두 가지 예 중에서 앞의 것이 옳은 문장으로 판정을 받는다.

이런 방식의 문법에 의하면 단어의 순서는 한 문장 내에서 단어들이 규칙적으로 어우러져 전체의 의미를 이해할 수 있도록 해줄 뿐만 아니라 단어들의 순서상 변화에 의하여 동일구조의 문장으로 하여금 다른 의미도 전달할 수 있게도 할 수 있다. 'The dog bit the man; The man bit the dog'의 예 가운데서 동사 'bit'의 앞뒤에 오는 명사인 'dog'와 'man'의 순서를 바꿈으로써 의미적으로 다른 두 개의 문장을 만들 수 있다.

그러나 단어순서문법의 문제점은 의미의 차이를 단어들의 위치에 근거를 두고 있기 때문에 중의적(衆意的) 의미 문장(ambiguous sentence)을 설명하기에는 역부족이라는 것이다. 그 이유는 중의 의미 문장은 동일한 구조의 한 문장이 둘 이상의 의미를 가리킬 수 있기 때문이다. 그러면 여기서 의미의 중의성에 대하여 살펴보도록 하겠다. 중의성이란 해석에 있어서 의미를 하나 이상 적용시킬 수 있는 경우를 가리킨다. 다만 적용대상이 되는 문장은 내부의 구조와 구성요소인 단어가 동일해야 한다는 것이 조건이라고 할 수 있다.

(207) ⅰ. old man and woman → old man, woman; old man, old woman
늙은이와 여자; 늙은 남자와 늙은 여자
ⅱ. little girl's bike → girl is little; bike is little.
소녀가 작다; 자전거가 작다.
fat general's wife → general is fat; wife is fat.
장군이 뚱뚱하다; 장군 부인이 뚱뚱하다.
ⅲ. They are fascinating girls.
('fascinating' can be a verb or an adjective)
'fascinate'이 동사인 경우에는 'girls'가 목적어가 된다.
'fascinate'이 현재분사화된 형용사라면 'girls'를 수식한다.
They are moving sidewalks.
'move'가 동사이면 'sidewalks'는 목적어가 된다.
'move'가 현재분사이면 'sidewalks'를 수식한다.

중의성의 가끔 애매성(vagueness)과 혼동하여 이해되는 경우가 있다. 중의성과 애매성은 분명히 다른 개념으로 설명될 필요가 있다. 우선 중의성은 문장의 구조적인 차이에 그 원인이 있지만 애매성은 구조적으로 완벽하더라도 의미적으로 분명히 이해될 수 있도록 세분화하지 않아서 생겨나는 경우이다. 'I have a new neighbor'에서 '이웃'이라는 단어가 구조적으로는 바른 곳에 위치하고 있지만 '이웃' 자체가 누구인지가 명시되지 않아서 의미적으로 애매함이 나타난 경우를 보여주고 있다.

단어순서문법은 의미의 차이를 설명할 때 단어가 나열되는 순서에 의거하여 생기는 것으로만 설명할 수밖에 없다. 그렇지만 이미 언급하였듯이 단어의 순서를 그대로 유지하고도 여러 가지 의미를 가리키는 경우들이 있었는데 이것은 단어순서문법이 설명할 수 없는 부분이기도 하다. 그 이유는 단어순서문법에 의하면 의미가 달라지려면 단어의 순서가 반드시 있어야 하기 때문이다.

중의성의 특징 중에 하나는 중의적 의미가 생길 수 있는 이유가 크게두 가지로 구분될 수 있다는 사실이다. 구조적 중의성(structural ambiguity) 과 어휘론적 중의성(lexical ambiguity) 이 바로 여기에 해당하는것들이다. 구조적 중의성에 대한 예는 위에서 이미 보인 바 있기 때문에 다음에는 어휘론적 중의성과 관련된 예들만 보이도록 하겠다.

(208) 어휘론적 중의성

       bank   ① money deposit place;   ② river bank
                   돈을 보관하는 장소   강을 따라 있는 둑

위 예에서 중의적 의미를 만들어내는 것은 바로 동음이의어(homonym)인데 'bank'라는 단어는 사전적인 의미가 하나 이상으로서 동일한 단어가 두 개 이상의 의미를 가리킬 수 있다. 이처럼 단어가 보여주는 의미상의 중복성은 어휘적 중의성이라고 한다.

지금부터 단어순서문법으로 설명할 수 없었던 예들 중에서 구조적 중의성을 가지고 있는 예들을 설명할 수 있는 방법을 생각해보기로 하겠다. 우선 문장을 분석할 때 a, b, c라는 세 단어를 단순히 평면적인 관계로만 보지 않고 각각의 단어들이 서로 연관된 구조를 가질 수 있음을보여줄 수 있는 계층방식(leveling)을 도입함으로써 세 단어가 어우러진구조가 단어들의 순서에 대한 변화 없이도 다른 의미를 나타낼 수 있음을 설명할 수 있다.

(209) a, b, c를 분석하는 방법
    (old man) and woman   (a + b) + c
    old (man and woman)   a + (b + c)

위 예에서 a, b, c가 앞뒤의 순서에만 한정하여 의미를 가리키는 것이 아니라 상위관계로 가질 수 있는 이유를 생각해보고자 한다. 우선 단어 순서문법에 의하면 여기에 제시한 세 단어들은 하나의 구조 내부에서 동등한 관계만을 가져야 한다. 그러나 위에서처럼 단어들의 묶음에 변화를 주는 경우에는 각 단어들은 부분적으로 먼저 묶일 수 있는 계층 구조를 가지게 된다. 따라서 문장의 의미 분석을 위하여 단어들 사이의 계층적 구조를 이용하면 한 문장이 단어의 순서를 바꾸지 않고도 다른 의미를 설명할 수 있다. 그 이유는 계층적인 방법은 단어들이 부분적으로 다른 묶음을 만들 수 있도록 함으로써 동일한 구조의 문장이라도 여러 의미를 가리키는 것이 가능하게 해줄 수 있다.

(2) 구조분석문법(structural grammar)

위에서는 문장을 단어의 순서에만 의존하여 분석하는 것이 아니라 계층을 따르는 단어들 조합을 보여줌으로써 동일한 구조의 문장이 의미가 달라질 수 있는 경우를 설명하였다. 이런 생각은 문장의 의미 차이가 단순히 단어들의 나열에만 있는 것이 아니라 단어끼리의 묶음으로도 의미 차이가 가능하다고 보는 것이다.

그러나 계층상의 묶음으로만 모든 문장의 속성을 다 설명할 수 있는 것은 아니다. 경우에 따라서는 문장이 완전히 다른 구조를 보이더라도 동일한 의미를 나타내는 것도 있다. 다음의 예들이 여기에 해당하는 것들이다.

(210) 상이한 구조임에도 의미가 같은 경우

    ⅰ. active: A tiger killed two hunters.

       passive: Two hunters were killed by a tiger.

       능동형 문장(active sentence)과 수동형 문장(passive sentence)은 구조가 다르지만 의미가 같은 예에 해당한다. 그 이유는 능동형과 수동형 모두에서 행동주 의미하는 대상과 동사의 결과를 받는 대상에는 전혀 차이가 없기 때문이다. 다음의 예들은 비록 다른 구조를 보이지만 의미적인 측면에서는 차이를 보이지 않고 있는 것들이다.

    ⅱ. I don't think he is sick.

       I think he is not sick.

       부정어인 'not'의 위치가 다를 뿐 기본적인 의미에서는 두 문장이 의미적으로는 차이를 보이지 않고 있다.

    ⅲ. I expected that he would go.

       I expected him to go.

       종속절의 주어가 주절의 목적형으로 바뀌었을 뿐 'go'의 주어라는 면에서는 전혀 차이가 없다.

    ⅳ. To play football fun.

       It is fun to play football.

       주어가 너무 길다고 생각되는 경우에는 가주어인 'it'을 대명사로 두고 해당되는 부분을 문장 끝 부분으로 옮기는데 이렇게 하여도 의미에 있어서는 차이가 없다.

그리고 구조는 동일하지만 여러 의미를 가질 수 있는 경우도 있다. 다음의 문장은 한 개의 구조가 두 개 이상의 의미를 보여주는 경우이다. 첫째 의미는 'flying'이 비행기의 의미를 가지고 있는 'plane'을 수식하는 것이며, 둘째는 'flying'이 현재분사의 형용사 용법이 아니라 동명사형으로서 비행기를 날리는 행위를 의미하고 있다. 각 의미에 대한 분석을 다음과 같다.

(211) 동일한 구조임에도 의미가 다른 경우

      i . Flying planes can be dangerous.   ① planes that fly

                                                ② to fly(=pilot) airplanes

      ii . Mary is easy to please.

         object.

        'Mary'가 'please'의 목적어로 해석되는 경우이다.

        (의미: Mary를 즐겁게 하기가 쉽다.)

        Mary is eager to please.

        subj.

        'Mary'가 전체 문장의 주어로 해석되는 경우이다.

        (의미: Mary가 누군가를 즐겁게 하기 위하여 열심이다.)

      iii. Chicken is too hot to eat.   ① chicken eat by itself

                                          ② you eat

        ①은 병아리가 무엇인가를 먹어야 하는데 그 먹이가 너무 뜨겁다는 것을 가리킨다. ②는 누군가 먹는데 먹히는 대상인 닭이 너무 뜨겁다는 것이다.

      iv. China is anxious to cooperate.

        subj.

        'China'가 전체 문장의 주어로 사용되는 경우이다.

        China is awesome to contemplate.

        object.

        'China'가 'contemplate'의 목적어로 사용되는 경우이다.

      v . Bill likes Jill more than Will.

        ┌ Will likes Jill.

        └ Bill likes Will.

        첫째는, 'Bill'이 'Will'이 'Jill'을 사랑하는 것보다 더 'Jill'을 더 사랑한다. 둘째는, 'Bill'은 'Will'보다 'Jill'을 더 사랑한다.

(3) 변형문법의 모델

촘스키는 위에서 언급한 구조주의 언어학의 방법론적인 맹점을 철저히 파헤치고 과거의 방법에 의한 분석상의 문제였던 중의성 문장들을 좀 더 주의 깊게 분석하려고 노력하였다. 예를 들어 동일구조로 둘 이상의 의미를 가질 수 있는 'Visiting professors can be boring'(첫째는,

현재 나를 방문하고 있는 교수에 대한 이야기로 이해할 수 있다. 이 의미를 위하여 'visiting'은 현재분사의 형용사적 용법을 가져야 한다. 둘째는, 교수를 방문하는 행위가 주어가 되는데 여기서 'professor'는 'visiting'의 동명사의 목적어로서 역할을 이행하고 있다)은 동일한 구조가 두 가지의 의미를 가지는 예가 된다. 이와 유사한 종류의 예들은 앞서 예시된 바 있기도 하다. 촘스키는 동일한 구조가 다른 의미를 보이는 경우뿐만 아니라 다른 구조가 동일한 의미를 나타내는 경우도 잘 설명할 수 있는 예들도 보여주었으며 이것 또한 앞에서 절 예시되어 있다.

촘스키는 위에 언급한 유형의 예들을 설명하기 위하여 음성적 표기로 실현되는 않는 가상의 계층을 설정하였고 음성적으로 실현되는 계층과 실현되지 않는 계층을 별개로 설정하여 각각 '기저형'과 '표층형'이라고 명명하였다. 다음의 예들은 기저형과 표층형 사이의 변형을 보여주고 있다. 여기서 왼쪽 것은 기저형이며 오른쪽 것은 표층형이다. 언어화자는 표층형을 음성적 표기형으로 사용하지만 기저형은 음성적 표기와 상관없이 표층형이 생성되기 위하여 먼저 가정할 수 있는 형태로 제안된 구조이다. 촘스키는 이 두 구조들 사이의 연관성을 '변형규칙'(transformational rule)이라는 개념으로 설명하였다.

우선 변형에는 두 가지 종류를 들 수 있다. 첫째는, 'i.'에서 동사와 주어와의 관계를 보인 것으로서 명사절(noun phrase; NP)로 표기된 표층형에서의 명사 'dog'는 기저형에서는 문장의 주어 역할을 한다. 'ii.'의 예는 동사와 목적어의 관계를 보이는 것으로서 표층형에서의 명사는 기저형에서는 동사의 목적어 역할을 한다.

(212) i . a dog is barking]$_s$ ⇒ a barking dog]$_{NP}$
a child is sleeping]$_s$ ⇒ a sleeping child]$_{NP}$
a man is dreaming]$_s$ ⇒ a dreaming man]$_{NP}$
ii. We wash cars]$_s$ ⇒ our washing cars]$_{NP}$

They read books]$_s$ $\Rightarrow$ reading books]$_{NP}$
He kill people]$_s$ $\Rightarrow$ killing people]$_{NP}$

기저형과 표층형의 변형을 이용하면 중의성 문장들을 어렵지 않게 설명할 수 있다. 즉 의미에 따라서 다른 기저형을 설정하고 이들이 동일한 표층형으로 유도되는 과정을 설명하면 된다는 사실이다. 기저형이 표층형으로 어떻게 유도되는지는 아래와 같다.

(213)　planes fly $\Rightarrow$ flying plane V__ing N$_{subj}$
　　　　'fly'가 형용사형으로 사용되는 경우의 기저형
　　　　fly planes $\Rightarrow$ flying plane V__ing N$_{obj}$
　　　　'fly'가 동명사형으로 사용되는 경우의 기저형
　　　　>Changing form = Transformational rule(TR)
　　　　(TR: permutation): 치환 변형규칙으로서 주로 능동-수동 변형규칙이 대표적인 예이다.
　　　active form: A hunter killed two tigers.
　　　　　　　NP$_1$　　　V　　　　NP$_2$
　　　$\Rightarrow$ NP$_2$ + be + V en + by + NP$_1$
　　　(TR: deletion): 삭제 변형규칙
　　　　　　Bob flew to Chicago, but Mary drove to Chicago.
　　　　　　'to Chicago' 부분은 앞 문장에서 이미 언급되었으므로 삭제될 수 있다.
　　　　　　Bill likes Jill more than Will.
　　　　　　Bill likes Jill more than [Bill likes] Will.
　　　　　　Bill likes Jill more than Will [likes Jill].

촘스키는 변형문법 모델의 완성을 위하여 기저형을 설정하는 구구조규칙(phrase structure rule)을 제안하였다. 구구조규칙은 기저형을 생성하는 부분으로서 문장의 기본적인 구조들은 이 규칙에 의하여 만들어진다. 예를 들어 영어에서 5형식 문형에 해당하는 기본 문형들은 구구조규칙에 의하여 만들어진다. 촘스키는 이 규칙을 이용하여 기본 문장을 만들어가는 과정을 '생성'(generation)으로서 명명하였다.

(214) S → Subj + Predicate
　　　Predicate → V + Object
　　　Subj → NP
　　　Object → NP
　　　NP → Det N
　　　V → read, see, love, etc.
　　　Det → a, the
　　　N → Mary, John, man, book, etc.

이 규칙의 과정은 주어나 술어와 같은 기능적인 용어들이 문법범주와 관련된 용어들로 대체되는 것이다. 즉, 'subj'는 주어로서의 주어진 위치에서 역할이 가능한 'NP'(noun phrase)나 'N'(noun)으로 바뀐다. 구구조규칙의 특징 중에 하나는 무한대의 구조를 생성하는 것을 가능하게 해준다는 사실이다. 다음 예에서 'NP → S'가 바로 무한대를 가리키는 규칙이라고 할 수 있다. 이 규칙은 구구조규칙에 무한성을 나타내는 부분으로서 이 규칙에 의하면 문장 내에 또 다른 문장이 포함되며 그 문장은 또다시 다른 문장을 포함할 수 있다.

(215) S → NP + VP
　　　NP → Art + N
　　　NP → S
　　　VP → V + NP

다음은 위의 구구조규칙으로 분석된 문장을 수형도로 보인 것이다. 이 그림에서 가장 아래 부분은 최종표기로서 이 표기 다음으로는 규칙이 더 이상 존재하지 못함을 가리킨다. 일단 최종표기까지 도달하면 각

표기에 위치하고 있는 문법범주와 연관성이 있는 단어들을 사전에서 골라 넣게 되며 이로써 문장은 최종적인 모습을 갖추게 된다.

(216)

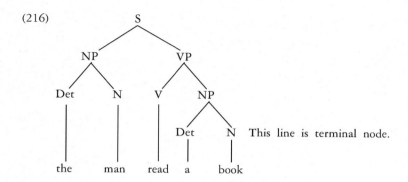

촘스키는 자신이 제안한 기저형 구조와 표층형 구조를 이용하면 구조와 의미 연결에서 제기되었던 모든 문제를 해결할 수 있다고 주장하였고 자신이 제안한 이론을 '생성변형문법'(generative transformational grammar)이라고 하였다

2) 통사론상의 기술 방법에 대한 정리

다음은 구문론 이론들이 보여주는 문제점들을 종류별로 나열한 것이다. 정리 내용 중 세 번째의 것은 문제라기보다는 위 두 방법들의 문제를 어떻게 설명할 수 있는지를 설명한 것이다.

(217)

1. Word Order Grammar	cannot explain the randomly ordered sequence of words
2. Structure Grammar	with only the surface structure it is not possible to account for the structural ambiguity

3. Transformational Grammar	with the deep structure and the surface structure the problem related with the ambiguity can be explained with the concept of deep structure, we can explain the ambiguity in sentence.

3) 생성변형문법 이론의 모델

촘스키가 제안하였던 생성변형문법의 기본적 모델은 다음과 같다.

(218) 변형생성문법 모델

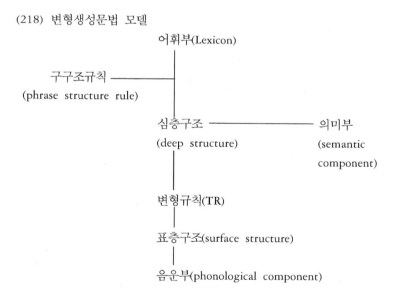

이 모델에서 기저형인 심층구조는 의미부(semantic component)로 전
환되어 문장의 기본적 의미를 부여받게 된다. 표층구조는 음운부에 대
입되어 최종형인 발음으로 나타나게 된다. 이처럼 표층구조가 아닌 심
층구조가 의미부와 연관성을 맺는 이유는 동일한 구조로 둘 이상의 의

미를 가리킬 수 있는 중의적 문장은 심층구조의 의미에 따라서 다른 구조를 설정함으로써 의미상 대표되는 구조를 보여줄 수 있지만 일단 표층구조로 나온 상태에서는 발음으로는 한 가지 모습 이외에는 어느 것도 허용할 수 없기 때문에 의미부는 심층구조를 살피도록 되어 있을 수밖에 없다. 그리고 심층구조와 표층구조를 연결하는 변형규칙은 양 구조에 존재하는 의미에 어떠한 영향도 미치지 못하도록 되어 있다. 이 규칙의 근본 목적은 단지 심층구조의 모습을 변형시켜서 최종적 표층구조를 얻어낸다는 데 있다.

| 참고문헌 |

Allen, W. Sidney. 1957, *On the linguistic study of language*, Cambridge: The University Press.

Bach, Emmon, 1964. *An introduction to transformational grammar*. N. Y.: Holt.

de Beaugrande, Robert. 1991, *Linguistic Theory: The Discourse of Fundamental Works*, Longman.

Bloch, B. and G. Trager. 1942, *Outline of linguistic analysis*, Baltimore: Waverly.

Bloomfield, Leonard. 1925, "Why a Linguistic Society," *Language* 1, pp.1-5.

―――. 1933, *Language*, N. Y.: Holt.

Bloomfield, M. W. and L. D. Newmark. 1891, *A Linguistic Introduction to the History of English*, N.Y.

Boas, Franz. 1911, *Handbook of american Indian Languages*, Washington D. C.

Bolinger, Dwight L. 1961, "On defining the morpheme," *Word* 4, pp.18-23.

Carroll, John B. 1953, *The study of language*, Cambridge: Harvard.

Chomsky, Noam. 1955, *The Logical Structure of Linguistic Theory*, Cambridge: MIT.

―――. 1957, *Syntactic structures*, Hague: Mouton.

―――. 1965a, *Aspects of the Theory of Syntax*, Hague: Mouton.

―――. 1965b, *Current Issues in Linguistic Theory*, Hague: Mouton.

―――. 1981, *Lectures on Government and Binding*, Foris: Dordrecht.

————. 1986, *Knowledge of Language*, N. Y.: Pareger.

————. 2000, *New Horizons in the Study of Language and Mind*, Cambridge.

Firth, J. R. 1934-1951, *Papers in Linguistics*, London: Oxford.

Fodor, J. and J. Katz(eds). *The Structure of Language: Readings in the Philosophy of Language*, Prentice Hall.

Gleason, H. A. 1961, *An Introduction to Descriptive Linguistics*, N. Y.: Holt.

————. 1965, *Linguistics and English Grammar*, N. Y.: Holt.

Greenberg, Joseph. 1957, *Essays in Linguistics*, University of Chicago.

Halle, Morris. 1959, *The Sound Patterns of Russian*, Hague: Mouton.

Harris, Roy. 1987, *Reading Saussure*, London: Open Court.

————. 1988, *Language, Saussure and Wittgenstein*, Routledge.

Harris, Roy and Andrew Pyle(eds.). 1996, *The Origin of Language*, England: Thommes.

Harris, Roy and Talbot J. Taylor. 1997, *Landmarks in Linguistic Thought I*, Routledge.

Harris, Zellig S. *Methods in Structural Linguistics*, University of Chicago.

Hattiangai, J. N. 1987, *How is Language Possible*, La Salle, Illinois: Open Court.

Hill, Archibald A. 1958, *Introduction to Linguistic Structures: From Sound to Sentence in English*, Brace & World: Harcourt.

Hjelmslev, L. and H. J. Uldall. 1957, *An Outline of Glossematics*, Copenhagen.

Hockett, Charles. 1955, *A Manual of Phonology*, Bloomington.

————. 1958, *A Course in Modern Linguistics*, N. Y.: Crowell collier and Macmillan.

Holdcroft, David. 1991, *Saussure: Signs, System, and Arbitrariness*, Cambridge.

Holenstein, Elmar. 1976, *Roman Jakobson's Approach to Language*, Bloomington.

Huck, Geoffrey J. and John A. Goldsmith. 1995, *Ideology and Linguistic Theory: Noam Chomsky and the Deep Structure Debates*, Routledge.

Jakobson, R. and M. Halle. 1956. *Fundamentals of Language*, Hague: Mouton.

Jakobson, R. 1971, *Selected Writings*, Hague: Mouton.

Jerpersen, J. Otto. 1937, *Analytic Syntax*, Copenhagen.

Jones, Daniel. 1940, An Outline of English Phonetics, N. Y.

Joos, Martin(ed.). 1957, *Readings in Linguistics*, Washington D. C.

Katz, J. and P. Postal. 1964, *An Integrated Theory of Linguistic Descriptions*,

MIT.

Kristeva, Julia. 1984, *Revolution in Poetic Language*, Columbia.

Ladefoged, Peter. 1962, *Elements of Acoustic Phonetics*, Chicago: University of Chicago: Chicago.

Lees, Robert B. 1957, "Review of Noam Chomsky's Syntactic Structures," *Language* 33, pp.375-407.

———. 1960, *The Grammar of English Nominalizations*, Bloomington.

Lepschy, Giulio(ed.). 1994, *History of Linguistics I*, II.: Longman.

McCawley, James D. 1982, *Thirty Million Theories of Grammar*, Chicago: : Univeristy of Chicago.

Martinet, A. and Ul Weinreich. 1958, *Linguistics Today*. Linguistic Circle of N. Y.

Miller, George A. 1951, *Language and Communication*, N. Y.: McGraw-Hill.

Mohrmann, C., A. Sommerfelt, and J. Whatmough. 1961, *Trends in European and American Linguistics 1930-1960*, Utrecht: Spectrum.

Moody, E. A. 1953, *Truth and Consequence in Medieval Logic*, Amsterdam.

Newmeyer, Frederick J. 1983, *Grammatical Theory: Its Limits and Its Possibilities*, Chicago: University of Chicago.

———. 1986, *The Politics of Linguistics*, Chicago: University of Chicago.

Nida, Eugene. 1949, *Morphology: A Descriptive Analysis of Words*, University of Michigan.

Pike, Kenneth. 1943, *Phonetics*, University of Michigan.

Postal, Paul. 1964, *Constituent Structure: A Study of Contemporary Models of Syntactic Description*, Bloomington.

Robins, R. H. 1957, "Dionysius Thrax and the Western Grammatical Tradition," *Transactions of the Philological Society*, London, pp.67-106.

———. 1964, *General Linguistics: An Introductory Survey*, London.

———. 1990, *A Short History of Linguistics*, Longman.

Rousseau, Jena-Jaques and Johann Gottfried Herder(trans.). 1966, *On the Origin of Language*, Chicago: University of Chicago.

Sampson, Geoffrey. 1980, *Schools of Linguistics*, Stanford.

Salkie, Raphael. 1990, *The Chomsky Update*, Unwin Hyman.

Sapir, Edward. 1921, *Language: An Introduction to the Study of Speech*. N. Y.

de Saussure, Ferdinand. 1959, *A Course in Genral Linguistics*(trans.), N. Y.:

Wade Baskin.

Simpson, Paul. 1993, *Language, Ideology and Point of View*, Routledge.

Thibault, Paul J. 1997, *Re-reading Saussure*, Routledge.

Trubetzkoy, N. S.(trans.). 1971, *Principles of Phonology*, University of California.

Waterman, John. T. 1963, *Perspectives in Linguistics*, Chicago: University of Chicago.

Whitney, W. D. 1885, *Language and the Study of Language*, N. Y.

兒玉德美 1998. 『言語理論と言語論』, くろしお出版.

林 榮一, 小泉 保 編. 1988, 『言語學の潮流』, ケイソオ書房.

立川健二, 山田廣昭. 1999, 『現代言語論』, 新曜社.

| 찾아보기 |

지은이 **김형엽** 金亨燁

고려대학교 영어영문학과 졸업
고려대학교 영어영문학과 영문학 석사
미국 일리노이주립대학교 언어학 석사 및 박사
현대영어교육학회 회장 역임
국제언어인문학회 총무이사 역임
현재 한국음운론학회 회장
현재 고려대학교 세종캠퍼스 글로벌비지니스대학 글로벌학부 영미학 전공 교수

저서 및 역서
『언어의 역사』(역서)
『언어의 탄생: 왜 인간만이 언어를 사용하는가?』(역서)
『영어학개론』(공저)
『언어의 산책』(저서)
『영문법의 이해와 실체』(저서)
『언어 그 신비의 세계로』(저서)
『생성문법의 음운론』(저서) 외 다수

한울아카데미 427

인간과 언어

언어학을 통해 본 서양철학

ⓒ 김형엽, 2001

지은이 ㅣ 김형엽
펴낸이 ㅣ 김종수
펴낸곳 ㅣ 한울엠플러스(주)

초판 1쇄 발행 ㅣ 2001년 9월 15일
초판 5쇄 발행 ㅣ 2021년 6월 15일

주소 ㅣ 10881 경기도 파주시 광인사길 153 한울시소빌딩 3층
전화 ㅣ 031-955-0655
팩스 ㅣ 031-955-0656
홈페이지 ㅣ www.hanulmplus.kr
등록번호 ㅣ 제406-2015-000143호

Printed in Korea.
ISBN 978-89-460-8075-1 94700

* 가격은 겉표지에 적혀 있습니다.